KB099736

Life
is
Hard

누구도 피할 수 없는
인생의 시련들에 대한
철학의 위로

Life is Hard

라이프
이즈
하드

누구도 피할 수 없는 인생의 시련들에 대한 철학의 위로

키어런 세티야
연아람 옮김

민음사

LIFE IS HARD
: How Philosophy Can Help Us Find Our Way
by Kieran Setiya

Korean translation edition is published by arrangement with
Kieran Setiya c/o The Cheney Agency through EYA.

누이는 닫힌 창문을 통해 밖을 내다보면서
지나가는 이의 이상한 움직임을 이해하지 못하는 사람 같군요.
그런 사람은 밖에 어떤 폭풍이 몰아치고 있는지 모르고,
그 행인이 간신히 버티고 서 있다는 것도 알지 못합니다.

루트비히 비트겐슈타인

이 책에 대한 찬사

어려운 시기를 위한 인간적인 위로.
이 책을 읽는 것은 사려 깊은 친구와 대화하는 것과 같다.
결코 힘내라고 말하지 않지만 부드러운 우정,
관점의 변화를 제공함으로써 우리를 위로한다.

《뉴욕 타임스 북 리뷰》

세티야는 외로움, 실패, 건강 악화, 슬픔 등
시련은 본질적으로 피할 수 없는 것이라고 주장한다.…… 하지만
힘든 경험을 받아들이는 것이 우리를 더 강인하고 친절하며
현명하게 성장시킨다는 것을 이 책은 보여 준다. **《뉴요커》**

고난에 관한 최고의 핸드북. 어찌하여 역경을 피할 수 없는지,
그리고 왜 행복에 대한 단순한 관념을 고집하는 대신
현실을 직시하는 것이 잘 사는 유일한 길인지 보여 준다.

다니엘 H. 핑크, 『후회의 재발견』 저자

눈물의 골짜기에 한 줄기 희망을 비추는
인도적이고 위로가 되는 안내서.

《이코노미스트》

가장 좋은 삶의 방식에 대한 희귀한 이론이 아니라,
있는 그대로의 삶에 최선을 다함으로써 폭풍우를 극복하는

방법을 알려 주는 철학의 힘을 웅변적이고 감동적이며
재치 있게, 그리고 무엇보다도 유용하게 보여 준다.

《뉴욕 타임스》

인간의 고통을 온전히 인정하면서 잘살 수 있도록 도와주는
철학자의 시도……. 이처럼 정직하고 인간적인 치료법은
오래전부터 필요했으며, 궁극적인 위로를 받지 못하더라도
독자들은 이 책을 읽고 성찰함으로써 자신의 인간성에
더욱 깊이 연결된 스스로를 발견하게 될 것이다.

《월스트리트 저널》

살 만한 가치가 있는 삶이란 고통과 아픔이 없는 것이 아니다.
명확히 알고 그것을 직면하는 것이 더 낫다.

《가디언》

마침내 한 철학자가 삶의 의미를 다루고
유용한 답을 제시했다.

《선데이 타임즈》(런던)

어두운 시대를 위한 빛의 길…….
실용적이고도 자비로운 충고.

《커커스 리뷰》

눈부신 지혜와 인간애가 담긴 작품.
인생에서 주기적으로 찾아오는 실패, 슬픔,
상실에 대한 나의 생각을 바꾸어 놓았다.

짐 홀트, 『세상은 왜 존재하는가』 저자

키어런 세티야는 삶이 고단할지라도
우리가 삶에 대해 더 나은 생각을 할 수 있는 방법과 함께,
그 모든 것에도 불구하고 어떻게
희망을 가질 수 있는지 보여 준다.

캐서린 메이, 『우리의 인생이 겨울을 지날 때』 저자

차례

들어가며

이 책은 코로나19 팬데믹 발생 이전에 구상되었다. 나를 둘러싼 세계가 무너져 내린 2020년 여름에 집필을 시작하여 18개월 동안 모든 것을 잊고 몰입한 끝에 이루어졌다. 나는 어떻게 살아야 하는가에 관한 이야기를 쓰는 철학자인데, 삶의 시련은 그 어느 때보다 혹독해 보였다. 나는 그런 사실에 주목하고 싶었다.

나와 삶의 시련 사이의 관계는 나이가 들면서 점차 바뀌었다. 이제 고난은 내 삶은 물론 내가 사랑하는 사람들의 삶 속에 바짝 다가와 있다. 사별, 암, 만성 통증과 같은 시련은 우리가 세상을 바라보는 시각을 바꾼다. 젊은 시절 난 둔한 편이었다. 루트비히 비트겐슈타인이 누이에게 보낸 편지에 쓴 말처럼 사람들의 고통은 밖으로 드러나는 것과 다르다는 사실을 표어로 삼아 늘 상기해야 할 정도였다. 시련은 눈에 보이지 않는 법이다.

나와 철학 사이의 관계 역시 바뀌었다. 10대 때 나는 형이상학의 추상적인 이론을 매우 좋아해 인간 정신과 세상의 기본 구조를 면밀히 연구했다. 내게 철학은 일종의 일상으로부터의 도피였다. 나는 여전히 난해한 형태의 철학을 높이 평가하며 이런 형태의 철학을 옹호한다.

과학도 답할 수 없는, 현실과 그 현실 속에서 인간이 차지하는 위치에 관한 연구를 격려하지 않는 사회는 심각하게 피폐한 사회다.

그러나 철학은 그보다 더 큰 의미이며 더 큰 의미일 수 있다. 철학을 공부하는 것은 난해한 문제를 통해 분석하고 추론하는 법을 배워 논쟁의 장인이 되는 일이다. 그것이 바로 내가 대학에서 배우고 오랜 세월 굳은 신념으로 가르쳐 온 것이다. 그러나 언젠가부터 나는 점차 삶과 더 긴밀하게 연결되는 철학을 원하게 되었다. 내가 대학원에서 석사 종합시험을 치렀을 때 심사자들의 평가는 대체로 호의적이었다. 하지만 긍정적인 평가 내용은 전부 잊혔고, 내 기억에 남아 있는 것은 비판적인 평가뿐이다. 그것은 나의 이론이 "직접적인 도덕 경험의 혹독한 시련에서 검증"되지 않았다는 충고였다. 당시 친구들과 나는 그 평가를 비웃었지만, 그 말은 내 머릿속 한편에 늘 남아 있었다. 중요한 것은 경험이 나의 미숙한 이론의 오류를 입증한다기보다 내 이론들이 경험과 너무 동떨어져 있다는 것이었다.

직접적인 도덕 경험의 시련에서 검증된 철학은 어떤

것일까? 어마어마한 질문이다. 어느 누구의 경험도 모든 사람의 경험을 대표할 만큼 넓고 깊지는 않다. 인간의 관점은 언제나 한정적이고 고유의 왜곡과 맹점이 있기 때문이다. 그러나 논거와 사고 실험, 철학적 이론과 구분에 기반을 둔 것이라 하더라도 자기 삶의 경험에서 우러나오는 철학은 있을 수 있다. 그런 철학은 논증적인 글과 개인적인 수필의 경계를, 철학이라는 학문과 철학을 역경 극복에 유용한 도구라 생각하는 사람의 삶의 경험 사이의 경계를 모호하게 만들 것이다. 그것은 지혜에 대한 사랑을 뜻하는 '철학'의 본래 의미와 삶의 방법으로서의 철학으로 우리의 관심을 되돌릴 것이다.

이것이 바로 혼탁한 시대에 내가 이 책을 집필하며 지녔던 마음이다.

현실을 직시하라.
눈을 깜박이는 게 아니라
더 자세히 들여다보아야 한다.
불행이 닥쳤을 때 우리에게 필요한 것은
그것을 인정하는 것이다.

서문

친구들이여, 인생은 고되다. 우리는 그렇게 말해야 한다. 인생은 어떤 사람들에게 조금 더 고달프다. 모든 이의 삶에는 비가 내리기 마련이지만, 문자 그대로나 비유적으로나, 운이 좋은 사람들이 불 옆에서 몸을 말릴 때 그렇지 않은 사람들은 폭우와 홍수로 홀딱 젖어 버리고 만다. 우리는 지금 기후변화로 인한 재해가 급격히 증가하고 파시즘이 부활하고 있는 가운데 전 세계적인 팬데믹과 대량 실업이 집어삼킨 세상에서 살고 있다. 이러한 재난과 고난은 빈곤층, 취약 계층, 억압받는 이들에게 훨씬 더 큰 타격을 입힌다.

나는 운이 좋은 편이었다. 나는 호시절을 지나온 잉글랜드 북동부 지역의 산업도시 헐에서 자랐다. 어린 시절 나름의 어려움도 있었지만, 철학과 사랑에 빠지면서 케임브리지 대학교에 진학했고 이후 대학원 공부를 위해 미국으로 이주한 후 정착했다. 현재 나는 MIT의 철학 교수로 있으면서 유별나지만 저명한 기관이 제공하는 부와 안정감 속에 보호받고 있다. 나는 집이 있고 행복한 결혼 생활을 하고 있으며 어린 시절의 나보다 더 현명하고 용감한 아이도 하나 있다. 나는 배를 곯아 본 적도

길거리로 나앉아 본 적도 없다. 나는 어떤 잔혹 행위나 전쟁에 희생된 적도 없다. 그러나 나도 질병, 외로움, 실패, 상실의 슬픔을 피해 가지는 못한다.

스물일곱 살 때부터 나는 만성 통증을 앓고 있다. 이 통증은 잘 낫지 않고 정도의 변화가 심하며 이상하고 넌더리가 날 정도로 계속되는 감각 장애다. 집중하기가 힘들고 때로는 잠도 이루지 못한다. 눈에 드러나지 않는 병이기에 나를 외롭게 만든다. 아는 사람이 거의 없기 때문이다. (1장에서 이 병에 대해 자세히 설명할 것이다.) 서른다섯 살에 나는 때 이른 중년의 위기를 겪었다. 삶이 반복적이고 공허하며 늘 거의 똑같은 것처럼 느껴졌다. 일련의 성취와 실패가 반복되며 미래에까지 계속되다 결국 노쇠하여 죽음을 맞을 것 같았다. 8년 전에는 어머니가 알츠하이머 조기 발현 진단을 받았다. 한동안 조금씩 소멸해 가던 어머니의 기억은 어느 날 갑자기 모두 사라져 버렸다. 아직 살아 계시지만 어머니를 생각하면 비통한 마음뿐이다.

주위를 둘러보면 너무나 많은 사람이 고통을 겪고 있다. 내가 이 글을 쓰던 때에도 수백만 명의 사람들이 코로나19로 인해 강제로 고립된 채 외로움과 절망 속에 살고 있었다. 많은 사람이 일자리를 잃거나 생활고에 시달렸다. 사랑하는 사람이 아프거나 죽어 갔다. 깊은 슬픔이 사회 전반에 감염병처럼 번졌다. 불평등은 걷잡을 수 없이 악화했고 민주주의는 불안정해졌다. 또 다른 폭풍우가 곧 불어닥칠 것이다. 인류가 지구온난화의 경고에 귀 기울이지 않았으니까.

그렇다면 우리는 무엇을 해야 할까?

인간의 조건을 고칠 수 있는 방법은 없다. 그러나 20년간 도덕철학을 가르치고 연구해 온 나는 도덕철학이 도움이 될 수 있다고 믿는다. 어떻게 도움이 되느냐가 바로 이 책이 설명하려는 것이다.

'도덕철학'이라는 이름에도 불구하고 도덕철학은 단순히 도덕적 의무에 관한 것이 아니다. 기원전 375년경 플라톤이 『국가』에서 이야기한 것처럼 도덕철학의 주장은 "오직 우리가 어떻게 살아야 하는가라는 주제와 관련이 있다." 도덕철학의 주제는 포괄적이고 삶에서 중요한 모든 것을 다룬다. 철학자들은 인간에게 무엇이 선하지, 인간이 어떤 열망을 품어야 하는지, 어떤 덕을 함양하고 높이 평가해야 하는지 묻는다. 그들은 안내자가 되어 주고 논거를 제시한다. 그들은 삶의 신념이 될 만한 이론을 정립한다. 여기에는 학문적인 측면이 있다. 철학자들은 관념적인 문제를 연구하고 서로의 견해를 논박한다. 그들은 익숙한 것을 낯설게 만드는 사고 실험을 한다. 그러나 도덕철학에는 현실적인 목적이 있다. 인류 역사에서 철학적 윤리와 '자조(自助)'가 뚜렷하게 구분된 적은 거의 없었다. 어떻게 살아야 하는가에 관한 철학적 성찰이 개개인의 삶을 더 낫게 만든다는 것을 기정사실처럼 여겼기 때문이다.

나는 모든 면에서 이것이 타당하다고 생각한다. 그러나 좋은 삶에 대한 열망은 최선의 삶, 이상적인 삶이라는 더욱 비현실적인 목적을 품고 있는 경우가 많다. 플라톤의 『국가』에서 정의는 현실의 불공정에 맞선 싸움이 아니라 유토피아적 도시국가를 통해 그려진다. 『니코마코스 윤리학』에서 플라톤의 제자 아리스토텔레스가 희구하는 것은 최고선, 곧 행복(eudaimonia)이다. 이것은 그저 적당히 좋은 삶이 아니라 선택할 수 있다면 누구나 선택할 수밖에 없는 삶이다. 아리스토텔레스는 인간이 신을 모방해야 한다고 생각했다. "우리는 인간으로서 인간의 것을 생각하라고 하거나 필멸의 존재로서 필멸의 것들에 대해 생각하라고 충고하는 이들을 따르면 안 되고, 가능한 한 스스로를 불멸의 존재로 만들고 전력을 다해 우리 안에 있는 가장 좋은 것에 부합하게 살아야 한다." 어떻게 살 것인가라는 문제에 대한 답으로 아리스토텔레스는 결핍이나 인간의 욕구가 없는 삶을 상상한다. 말하자면 아리스토텔레스가 생각하는 천국이랄까.

드물게 예외는 있으나 목표치를 낮게 잡은 사람들조차 고된 삶이 아니라 좋은 삶에 대한 이론을 세우는 경향이 있다. 그들은 고통이 아니라 기쁨에, 상실이 아니라 사랑에, 실패가 아니라 성취에 주목한다. 몇 년 전, 철학자 셸리 케이건은 "삶이 불행해지는 데 직접 영향을 주는 요소들"을 가리켜 "ill-being(불행)"이라는 신조어를 만들었다. 케이건은 "well-being(행복/안녕)에 관한 일반적인 논의에서 불행은 대개 다루어지지 않는다."라고 평했다. 여기에는 우리에게 고난과 시련에 연연하지 말고 원하는 삶을 꿈꾸라고 애원하는 긍정적인 사고의 힘과 유사한 특징이 있다. 삶의 역경을 극복하는 방법에 천착했던 고대 스토아학파도 의외로 낙관적이었다. 그들은 인간이 어떤 상황에 놓여 있든 번영할 수 있고, 행복이 전적으로 개인에게 달려 있다고 믿었다. 이런 관념에서는 모두 인간이 선을 추구하면서 고난을 억압한다.

이 책은 이런 접근법 전체가 잘못되었다는 것을 전제로 한다. 우리는 고난을 외면해서는 안 된다. 최고의 것은 대개 닿지 않는 곳에 있다. 그것에 도달하기 위해 애쓰는 일은 실망만 가져다줄 뿐이다.

이런 태도가 빙퉁그러지다거나 비관적인 것처럼 보일 수 있다. 그러나 더 강한 회복력을 갖기 위해 꼭 '최고의 삶'을 살 필요는 없다. 우리는 현실을 직시해야 한다. 누구에게나 있음 직한 일을 예로 들어 보자. 당신이 현재 당신을 괴롭히고 있는 문제, 이를테면 직장 상사에게 크게 혼이 난 일이든지 애인과 크게 다툰 일이든지, 건강에 대한 염려에 대해 친구에게 이야기한다. 그러자 친구가 곧바로 "걱정하지 마. 다 잘 해결될 거야!"라고 하며 당신을 안심시키거나 조언을 한다. 하지만 그런 친구의 반응은 그리 위로가 되지 않는다. 오히려 당신이 겪고 있는 일을 인정하지 않고 부정하는 것처럼 느껴진다. 이런 순간에 알 수 있는 사실은 그런 확신과 충고가 부인하는 말로 작용할 수 있다는 것이다.

부인보다 훨씬 나쁜 것은 "모든 일에는 일어나는 이유가 있다."라는 말과 같이 인간의 고통을 정당화하려는 욕구다. 당연히 사실이 아니다. 철학자들은 인간에 대한 신의 섭리가 있다는 주장을 "신정론(theodicy)"이라고 부른다. 신정론은 악이라는 문제, 즉 신이 전능하고 선하다면 어째서 이 세상에 그토록 다양한 악이 존재하는가라는 질문을 다룬다. 그러나 신정론은 엄격한 의미에서의 유신론이나 교리적인 맥락 밖에서도 독자적인 생명력을 갖는다. 신앙이 있든 없든 우리는 있어서는 안 되는 일이 일어났다고 불평할 때마다 악이라는 문제를 불러낸다. 그게 최선이라고 말하는 것 역시 신정론과 같은 것을 행하는 것이다.

신정론은 모든 논거가 빈약해서 이론적으로도 문제지만 윤리적으로도 문제다. 그런 식으로 자신 또는 타인의 고통에 대한 이유를 찾아 연민이나 불만을 잠재우는 것은 옳지 않다. 이것이 바로 세상에서 가장 유명한 신정론이 주는 교훈이다. 기독교 구약 성서인 욥기에서 사탄은 신에게 “흠 없이 고결한 인간” 욥을 시험할 것을 청한다. 사탄이 그의 아들딸들을 죽이고 재물을 파괴하고 피부를 “발바닥부터 머리 꼭대기까지” 고약한 부스럼으로 덮어 욥은 잿더미 속에서 질그릇 조각으로 제 몸을 긁는 신세가 되고 만다. 욥을 찾아온 친구들은 그가 그런 벌을 받을 만한 죄를 지었을 것이라고 주장한다. 신은 “(그들이) 나에 관하여 올바른 것을 말하지 않았다.”라며 욥의 친구들을 비난한다. 한편 욥은 자신의 무죄를 주장한다. 욥기는 신이 욥의 재산을 두 배로 불려 돌려주면서 “양 1만 4000마리와 낙타 6000마리, 겨릿소 1000쌍과 암나귀 1000마리”와 더불어 아들 일곱과 딸 셋을 새로 주어 욥이 구제되는 것으로 마무리되는 듯하지만, 신정론은 설득력을 잃는다. 새로 얻은 자식들이 욥이 본래 자식들을 잃은 데에 대한 보상이 될 수 있다는 생각은 터무니없는 것이다.

욥기에서 우리가 배워야 할 것은 선한 사람이 결국 복을 받는다는 것이 아니라 욥의 불행에 이유가 있다고 말한 그의 친구들이 틀렸으며 인간이 받는 고통은 인과응보가 아니라는 욥의 말이 옳다는 것이다. 세상에 신이 없다고 말하려는 게 아니다. (물론 나는 어떤 신도 믿지 않는다.) 내가 말하려는 것은 사는 동안 대부분의 사람들이 끊임없이 시련을 겪는다는 사실이 신의 존재와 양립할 수 있다면, 그 둘을 조화시키는 일이 자기 자신과 타인에 대한 연민의 불꽃을 누그러뜨리거나 부정해서는 안 된다는 것이다.

이것이 우리의 현실이다. 우리는 삶에서 가장 좋은 것에 주목하도록 강권하는 전통을 물려받았지만 인생이 고되다는 사실을 뼈저리게 잘 알고 있다. 눈을 뜬다는 것은 질병, 외로움, 상실의 슬픔, 실패, 불공정, 부조리와 같은 고통을 직면하는 것이다. 눈을 깜빡이는 게 아니라 더 자세히 들여다보아야 한다. 불행이 닥쳤을 때 우리에게 필요한 것은 그것을 인정하는 것이다.

이것이 바로 이 책이 품고 있는 숨겨진 목적이다. 이 책은 거친 광야에서 길을 안내하는 지도이자 개인의 트라우마부터 세상의 불공정과 부조리에 이르는 시련에 관한 지침서다. 각 장에서는 논거를 들어 주장을 펴고 옛 철학자들의 이론을 문제 삼기도 한다. 그러나 이 책에 담긴 성찰의 핵심은 고난에 관한 주장을 펼치는 것만큼 고난에 관심을 기울이는 것이다. 소설가이자 철학가인 아이리스 머독이 말한 것처럼 "나는 오직 내가 '볼' 수 있는 세계 안에서만 선택할 수 있다. 그리고 도덕적 의미에서 '보다'는 도덕적 상상력과 도덕적 노력에 (달려 있다.)" 우리에게 삶의 방향을 알려 주는 것, 어떻게 느끼고 어떻게 행동해야 하는지 알려 주는 것은 논거가 아닌 설명이다. 진짜 현실을 가감 없이 설명하는 일에는 노력이 필요하다. 여기서 철학이 문학, 역사, 수필, 영화와 연결된다. 나는 내가 아는 모든 것을 활용할 것이다.

앞서 언급했듯이 도덕철학과 자조는 오랜 세월 밀접하게 관련되어 있었다. 이 책도 그런 역사에서 기인했다고 할 수 있다. 인간 조건의 결함을 성찰하는 일은 그것의 해악을 줄이고 우리가 더 의미 있는 삶을 사는 데 도움을 준다. 그러나 그것이 "슬픔을 극복하는 다섯 가지 방법"이나 "애쓰지 않아도 성공하는 법"을 의미한다면 이 책은 자조에 관한 책이 아니다. 인간 조건의 결함을 성찰하는 일은 난해한 이론이나 어떤 죽은 철학자의 학설을 삶의 고난에 적용하는 것이 아니다. 주술적 사고도,

즉효의 해결책도 아닌 위로라는 인내의 작업이다. 시인 로버트 프로스트의 말을 빌리면 인간의 고통에 관한 한 "돌파하는 것만이 유일한 방법이다."

여기에 도움이 되는 두 가지 통찰이 있다. 첫 번째는 '행복하다'와 '잘 산다'가 동의어가 아니라는 사실이다. 행복하기를 바라는 경우 시련을 곱씹는 일은 유용할 수도 유용하지 않을 수도 있다. 그러나 단순한 행복이 목표가 되어서는 안 된다. 행복은 일종의 기분 또는 감정으로 주관적인 상태다. 거짓된 삶을 살면서도 얼마든지 행복할 수 있다. 마야를 예로 들어 보자. 마야는 자기도 모르게 생명을 유지해 주는 액체 속에 잠겨 뇌에 연결된 전극을 통해 매일 이상적인 삶을 모의로 체험하게 해 주는 의식을 주입받는다. 마야는 행복하지만 잘 살고 있다고는 할 수 없다. 자기가 하고 있다고 생각하는 행동, 자기가 알고 있다고 생각하는 것 대부분이 현실이 아닐뿐더러 오직 기계와 교류하고 있기 때문이다. 사랑하는 이가 영원히 홀로 커다란 탱크에 갇혀 가짜의 삶을 살기를 바라는 사람은 아무도 없을 것이다.

진실은 우리가 행복이 아니라 가능한 한 잘 사는

것에 목표를 두어야 한다는 것이다. 프리드리히 니체가 빈정대었듯이 “인간은 행복을 추구하지 않는다. 그건 영국인들만 하는 짓이다.” 물론 이것은 고통이 아닌 쾌락에만 가치를 둔 제러미 벤담과 존 스튜어트 밀 같은 사상가들을 두고 한 비판이다. 내 말은 우리가 불행을 추구해야 한다거나 행복에 무관심해야 한다는 의미가 아니다. 삶은 감정이나 기분이 전부가 아니라는 뜻이다. 우리가 해야 할 일은 역경을 제대로 직시하는 것이다. 여기서는 진실만이 유일한 수단이다. 우리는 우리가 바라는 세상이 아니라 있는 그대로의 세상에서 살아야 한다.

두 번째 통찰은 우리가 잘 살아가는 데에서 자기 이익과 정의를 구분할 수 없다는, 자신과 타인을 나눌 수 없다는 점이다. 자신의 고통, 외로움, 좌절에 대한 가장 배타적인 근심조차 내재적으로는 도덕적이라는 사실이 이 책의 논의가 진행되면서 드러날 것이다. 그것은 연민, 인간 삶의 가치, 불공정을 파악하기 어렵게 만드는 실패와 성공의 이데올로기와 복잡하게 얽혀 있다. 자신의 삶에 닥친 고난을 솔직하게 반추하는 일은 자기도취적인 자애가 아니라 타인을 향한 관심을 불러일으킨다.

이것을 과장하지는 말자. 플라톤의 『국가』에서 소크라테스는 명예가 실추된 한 정의로운 남성에 관해 설명한다. 그는 억울하게 죄를 뒤집어쓰고 기소되었을 뿐만 아니라 "채찍질을 당하고 고문대에서 사지가 찢기고 쇠사슬에 묶여 불로 눈이 멀었으나" 그러는 동안에도 옳은 일만 한 사람이었다. 플라톤에게 이 남자의 삶은 좋은 삶, 성공적인 삶이다. 그러나 아리스토텔레스는 이에 동의하지 않는다. 그에 따르면 해야 하는 것을 행하는 것, 곧 옳은 일을 하는 것(아리스토텔레스는 이것을 '유프락시아(eupraxia, 잘 행위하는 것)'라고 부른다.)과 자신이 살고자 하는 삶을 사는 것은 별개의 문제다. 앞서 설명한 남성은 전자에는 성공하지만, 후자에는 실패한다. 그가 선을 행하기는 하지만, 옳은 일을 하는 것에 엄청난 대가가 따르는 상황에서는 그런 삶을 추구해서는 안 된다는 것이 아리스토텔레스의 주장이다.

그의 주장이 가진 결함은 저 둘을 구분 지었다는 사실이 아니다. 오히려 그것은 충분히 일리가 있다. 문제는 그가 현실적인 범위에서 충분히 좋은 삶이 아니라 (살아 있는 인간이라면 누구나) 추구하는 삶에 주목한다는 사실이다. 이 책이 말하는 '잘 산다는 것'은 삶에서 소망할 가치가 있는 것을 충분히 찾는 와중에도 삶은 고되다는 사실을 잘 받아들이고 대처하는 것이다. 철학이 행복이나 이상적인 삶을 보장해 줄 수는 없지만, 삶에 따르는 고난의 무게를 더는 데는 유용할 수 있다. 이 책은 육체의 쇠약을 시작으로 사랑과 상실, 사회구조에 관해 논의한 뒤 '나머지 우주 전체'에 관한 이야기로 끝맺을 것이다. 여기서 잠깐, 스포일러 주의! 삶의 의미에 대해 알고 싶은 사람이라면 6장에 답이 있다.

1장은 연구에서 각광받지 못하는 주제, 신체장애와 고통이 미치는 영향에 관해 이야기한다. 나는 먼저 노쇠에 따른 점진적인 장애를 포함한 장애가 미치는 악영향에 대해 흔히 갖는 오해가 무엇인지 설명할 것이다. 활동가들이 주장하는 것처럼, 장애인에 대한 편견이나 장애인을 배려하지 않은 시설들을 제외하면, 신체장애가 삶을 더 고되게 만드는 것은 아니다. 활동가들의 이런 관점은 아리스토텔레스가 말한 이상적인 삶(결핍이 없는 삶)의 환상에 가려 잘 알려지지 않았다. 그러나 그런 이상은 논리적 맥락이 없고, 활동가들의 말이 옳다. 우리가 장애가 아닌 고통에 관심을 가질 때 철학은 한계를 지닌다. 철학은 마취제가 아니기 때문이다. 하지만 철학은 우리가 왜 고통이 나쁜지를 이해하는 데에 도움을 주는데, 이것은 생각보다 훨씬 심오한 문제다. 아파하는 사람들은 고통이 초래하는 해악을 드러내 이야기하고 인정하는 데서 위안을 얻는다. 그리고 이것은 연민의 발판이 된다.

고통에는 육체적 고통 외에도 소외, 상실, 실패로 인한 정신적 고통도 있다. 2장에서는 외로움에 대해 논의하면서 유아론(唯我論, 자기 자신만 실재한다는 관점)의 문제부터 인간은 사회적 동물이라는 관념에 이르기까지 사회가 필요로 하는 것이 무엇인지 좇는다. 그 과정에서 우리는 외로움의 해악이 우정의 가치를 방증하고 우정의 가치가 타인의 가치를 방증한다는 사실을 발견할 것이다. 이 가치를 표현하는 데 있어 사랑은 연민, 존중과 유사하다. 타인의 어려움에 관심을 기울이는 행위가 외로움의 치유제가 되는 것도 이 때문이다.

우정이나 사랑의 나쁜 측면은 슬픔에 빠지기 쉽다는 점이다. 3장에서 우리는 파국을 맞은 관계(추잡한 이별에 관해서도 이야기할 것이다.)부터 죽음에 이르기까지 상실의 여러 측면을 논의할 것이다. 이를 통해 사랑이 어떻게 슬픔의 이유가 되는지, 따라서 불행도 '잘 사는 것'의 과정임을 알게 될 것이다. 3장은 감동적이면서도 철학적인 수수께끼로 끝을 맺는다. 사랑하는 사람이 죽었다는 사실이 슬픔의 이유라면, 그 사실은 절대 변하지 않는다. 그렇다면 우리는 영원히 슬퍼해야 할까? 나는 슬픔을 다루는 데에 있어 이성이 지닌 한계를 살펴보면서 애도라는 행위가 이성은 이룰 수 없는 것을 어떻게 성취해 내는지 설명할 것이다.

개인의 실패를 다루는 4장에서는 분노한 불자들, 도스토옙스키의 『백치』의 주인공 므이쉬킨 공작, 전설적인 투수 랠프 브랑카를 만나 볼 것이다. 서사적 통일성이라는 유혹은 우리를 승자와 패자로 만든다. 우리는 그 유혹을 뿌리치고 인간의 삶을 단순하고 순차적인 방법으로 서술하거나, 과정보다 어떤 목표를 이루려는 계획을 더 가치 있다고 판단하는 행위를 거부해야 한다. 그러나 여기서도 사고의 한계는 존재한다. 이러한 지향성에 변화를 주기 위해 내가 제안하는 방법은 단순한 결심으로 이룰 수 있는 것이 아니다. 우리는 자신을 성찰하고 성취와 능력으로 인간의 삶을 재단하는 이념, 곧 부와 사회적 지위의 기괴한 불평등을 묵과하는 척도에 맞서 싸워야 한다.

이로써 개인적 실패에 관한 논의와 책의 후반 3분의 1을 차지하는 불공정에 관한 문제 사이에 가교가 구축된다. 5장에서는 비평가 존 버거의 유명한 금언 "이 지구상에 정의를 위한 갈망 없이 행복은 없다."를 검토한다. 또 플라톤의 『국가』와 테오도어 아도르노, 시몬 베유 이야기를 통해 부정한 사람들이 행복할 수는 있지만 잘 사는 것은 아니라는 사실을 증명해 보인다. 이런 사실은 소수만 이해할 수 있는 심원한 증거를 통해 내린 결론이 아니라, 우리가 주변 세상을 세심하게 읽음으로써, 즉 자신과 타인의 삶의 고통에 귀를 기울임으로써 배우는 것이다. 따라서 이 책의 전반부는 우리가 내밀한 수준에서의 인간의 고통을 파헤쳐 그것이 무엇인지 분명하게 이해할 수 있도록 돕는 윤리적 목적을 지닌다. 5장은 정의에 대한 인간의 책임과 그것을 위한 사소한 노력도 도움이 된다는 주장으로 끝을 맺는다.

6장과 7장은 전체로서의 우주와 인류의 미래를 논의한다. 나는 정의가 인간의 삶에 의미를 부여한다는 사실과 그 의미는 우리가 결정한다는 사실에 관해 이야기할 것이다. 여기서 부조리라는 실존적 문제는 해결이 시급하고 불안이라는 부담까지 지우는 기후변화의 문제와 충돌한다. 이 책은 온갖 재앙이 가득한 판도라 상자 안에 왜 희망이 자리하고 있었는지 고찰하며 희망을 논의하는 것으로 갈무리될 것이다. 나는 내 안의 혼돈을 마주한 채 희망의 활용법을 찾을 것이다.

궁극적으로 이 책의 의의는 인간의 조건이라는 악조건 속에서도 역경을 이겨 내는 데 있다. 이 책은 고통을 이겨 내는 것부터 다시 새 친구를 사귀는 것에 이르기까지, 사별로 인한 아픔부터 기품 있는 실패에 이르기까지, 불공정에 대한 의무에서 삶의 의미를 찾는 일에 이르기까지 시련을 헤쳐 나가는 안내서가 되어 줄 것이다. 어떻게 살아야 하는가에 대한 단순명료한 공식은 없다. 그 대신 내가 가진 것은 다양한 이야기, 이미지, 관념(어떤 것은 다른 사람에 빌려온 것이며 어떤 것은 내 생각이다.) 그리고 나의 깨달음으로부터 배워 우리가 직면한 문제에 최대한 솔직하고 인간적으로 관심을 기울이고자 하는 열망이다. 철학은 무익한 사색도, 논거로만 이루어진 기계도 아니다. 이 책의 뒷장들을 대충 훑어보다 보면 억지스러운 주장이나 설명 들도 발견할 수 있는데 모두 욕망을 좌우하는 방식으로 인간의 조건을 묘사하려는 것들이다. 이는 추상적 사고를 비하하려는 것이 아니라, 다만 철학자들도 감정이 있음을 보여 줄 뿐이다.

영국 철학자 버나드 윌리엄스는 저서 『도덕』의 서문에서 다음과 같은 경고를 던지는데, 이는 내가 자주 상기하는 말이기도 하다. "도덕철학에 관한 글쓰기는 위험이 따르는 일이다. 어려운 주제 또는 어떤 주제에 관해서든 글을 쓸 때 수반되는 문제 때문이기도 하지만 진짜는 두 가지 이유에서다. 첫 번째는 적어도 다른 종류의 철학에서보다 저자가 자기 인식의 한계와 불완전함을 더욱 직접적으로 드러낼 가능성이 높다는 사실이다. 두 번째는 진지하게 받아들여지는 경우 중요한 문제에 대해 사람들을 오도할 위험이 있다는 사실이다." 그의 말이 옳다고 생각하지만, 비인간성과 사소한 정보라는 대안은 더 좋지 않다. 인간의 조건을 다루는 철학자들은 세상을 설명할 때 자기 자신을 드러낼 수밖에 없다. 이 책을 쓰는 나도 마찬가지일까 두렵다. 두렵다기보다 그러길 바란다고 말하는 편이 더 정확하겠지만.

진실은 우리가 행복이 아니라
가능한 한 잘 사는 데
목표를 두어야 한다는 것이다.

세상에서 가장 강건한 사람도
늙고 기력이 쇠하기 마련이며
장애는 늙을 운명인 인간에게는
늘 중요한 문제다.

질병

누구라도 의사가 처음으로 포기를 선언한 날은 절대 잊지 못할 것이다. 더는 해볼 검사도 치료도 없어 할 수 있는 게 없다고, 이제 당신이 알아서 해야 한다는 말을 들은 그날을. 스물일곱이 된 해에 만성 통증을 앓던 내게도 같은 일이 일어났다. 하지만 이런 일은 어느 시점이 되면 장애를 일으키거나 결국 죽음에 이르게 하는 병을 앓는 많은 사람에게 일어나는 일이다. 육체의 취약성은 인간의 조건에 속한다.

그날 우리가 어떤 영화를 보러 갔는지는 기억나지 않지만, 그곳이 피츠버그 변두리에 있는 오래된 예술영화 극장이었다는 사실은 기억난다. 갑자기 옆구리에 칼로 찌르는 듯한 통증을 느꼈고 곧바로 소변이 급해졌다. 급하게 화장실을 찾은 후 좀 나아지는 듯했지만, 사타구니 쪽으로 근육이 경직되는 느낌이 퍼져 나갔다. 몇 시간 뒤, 통증이 잦아든 대신 다시 소변이 마려워져 새벽 한 시가 넘은 시간에 잠에서 깼다. 화장실에 갔지만 마치 악몽을 꾸는 것처럼 오줌을 누어도 달라지지 않았다. 몸이 어떻게 반응해도 그 느낌은 사라지지 않았다. 화장실 바닥에 널브러져 정신이 나간 채 뜬눈으로 밤을 새웠다. 이따금 소변을 보았지만, 몸이 보내는 이상 신호를 멈추는 데는 헛수고였다.

당연히 다음 날 아침 1차 진료 기관을 찾았다. 의사는 요로감염인 것 같다며 내게 항생제를 처방해 주었다. 그러나 검사 결과는 음성이었고 몇 가지 이름이 난해한 다른 질환을 확인하기 위해 진행한 다른 검사의 결과도 마찬가지였다. 통증은 잦아들지 않았다. 그때부터 사건의 순서에 대한 기억이 흐릿하다. 내 기억력이 형편없는 데다 11년 후 이사를 하면서 내 의무 기록을 피츠버그에서 MIT로 이관하려 했을 때 의료계의 요식 체계 때문에 번번이 실패했기 때문이다.

그러나 중요한 몇몇 사건은 절대 잊히지 않는다. 첫 번째 사건은 한 요역학 연구에 들어가 카테터(*여러 가지 진단과 치료를 위해 소화관이나 방광, 기관지, 혈관 등에 삽입하는 관 — 역주)를 삽입했을 때다. 나는 엄청난 양의 액체를 마신 후 소변의 속도, 흐름, 기능을 측정하는 기계에 소변을 보아야 했다. 결과는 정상이었다. 두 번째는 방광경 검사를 한 일이다. 얼핏 10대처럼 보이는 비뇨기과 의사가 내 요도에 구식 방광경을 삽입했는데 늘였다

줄였다 할 수 있는 라디오 안테나처럼 조금씩 들어갈 때마다 괴로움도 더해 갔다. 분명 무언가 잘못되었다는 느낌은 있었지만, 검사 결과는 또 음성이었다. 임상적으로 흥미를 불러일으킬 만한 것도 아니었고 방광을 비롯한 그 어디에도 눈에 보이는 병변이나 감염 흔적이 없었다. 그날 아침 병원이 매우 분주했는지 이상 없는 결과가 나오자 의사와 간호사 모두 나의 존재를 잊은 듯했다. 나는 조심스럽게 옷을 챙겨 병원을 나왔다. 포브스 애비뉴를 따라 다소 어색하게 다리를 절뚝이며 당시 내가 일하던 피츠버그 대학교의 '배움의 전당' 건물까지 걸어갔다. 거대한 남근 모양으로 우스꽝스럽게 생긴 초고층 고딕 양식 건물이 나를 내려다보고 있을 때 내 속옷 안에서는 피가 뚝뚝 떨어지고 있었다.

피츠버그에서 마지막으로 받은 진료는 다른 비뇨기과에서였다. 그때만 해도 나는 "내 증상"이라고 부른 것에 익숙해져 불편함 속에서도 잠을 잘 수 있었고, 통증의 웅성거림을 배경 소음으로 삼아 삶을 그럭저럭 살아가있을 때였다. 의사는 내게 계속 그렇게 하라고 조언하면서 이렇게 말했다. "왜 그런 통증이 생기는지 모르겠습니다. 명확한 원인이 없어 보여요. 안타깝지만 이런 일은 흔합니다. 가능하다면 통증을 무시하려고 애써 보세요.” 의사는 수면 보조제로 저용량 뉴로틴(항경련제이자 신경통증 치료약)을 처방해 주고 나를 돌려보냈다. 그 약이 플라세보였는지 아니었는지는 여전히 모른다. 약이 도움이 되는 것 같기도 했지만, 몇 년 후 확실한 효과가 없기에 복용을 그만두었다.

그렇게 대략 13년을 살았다. 진단명도 없이, 어떤 치료도 없이. 나는 가급적 통증을 무시하고 일에 몰두했으며, 이따금 수면과 일상을 망치는 통증이 찾아오면 초조한 마음으로 견뎠다. 그러는 사이 나의 가족에게도 시련이 찾아왔다. 2008년에 나의 장모가 난소암 3기 진단을 받았다. 그녀는 샌드라 길버트와 함께 “펜은 음경의 은유일까?”라는 질문을 던진 페미니즘의 고전 『다락방의 미친 여자』를 쓴 작가이자 비평가인 수전 구바다. 강인하고 활기가 넘치는 성격의 그녀는 글쓰기를 통해 자신의 병을 받아들이고 헤쳐 나갔다. 가장 큰 종양을 제거하기 위해 길고 복잡한 용적 축소술을 받고 화학 요법을 시작한 이야기, 수술 후 감염을 막기 위해 고통스럽게 관을 삽입했으나 감염 예방에 실패한 이야기, 결국 인공항문 성형술을 받게 된 이야기를 무섭도록 정확하게 묘사했다. 그녀는 저서 『용적 축소술 환자의 회고록(*Memoir of a Debulked Woman*)』에서 병마와 싸운 작가와 예술가들의 말을 인용하면서, 수필 『병듦에 대하여(*On Being Ill*)』에서 문학이 병에 관해 이야기하지 않는다고 비판한 버지니아 울프에 동의한다. 울프는 단정한 성품이었다. 소설가 힐러리 맨틀은 《런던 리뷰 오브 북스》의 기사 「악마를 만나다」에서 자신이 받은 고통스러운 수술을 자세히 묘사하며 "책 속에 담긴 모든 증거를 고려할 때 그녀 역시 장을 절제했을 수 있다."라고 투덜거렸다. 수전은 울프가 쓰지 않은 것을 빠짐없이 상술했다. 30센티미터 이상의 대장을 잘라 낸 용적 축소술 후 대변을 보는 데 어려움을 겪은 일, 사람들이 많은 데서 대변이 샐까 두려워한 일, 삽입한 관이 제 몫을 하지 못해 17일 동안 "통증 침대"에 꼼짝없이 누워 있었던 일, 인공항문 성형술로 낸 구멍에서 배설물이 조금씩 흘러나온 일, 암과 그 치료로 인해 신체가 끊임없이 무력해지는 일에 관하여 솔직하게 이야기했다. 그녀는

"마지막 화학 요법을 받은 지 반년이 지났지만, 발에 여전히 감각이 없어 몇 분만 서 있어도 여지없이 통증과 피로가 몰려왔다."라고 썼다. 이 모든 것에도 불구하고 그녀는 3차 화학 요법 실패 후 시도한 신약이 효과를 보인 덕에 모든 역경을 딛고 지금까지 살아 있다.

그러는 사이 수전의 딸, 내 아내 마라는 왼쪽 난소에서 유피 낭종이 발견되어 낭종 제거 수술을 받았다.(유피란 치아나 털이 자라나게 할 수 있는 낭포를 말한다.) 마라는 어머니에게서 BRCA2 유전자를 물려받아 유방암과 난소암에 걸릴 위험이 높기 때문에 정기적으로 검진을 받는다. 장인어른은 심장 절개 수술을 받았고, 고향 잉글랜드에 계신 나의 어머니는 조기 발현 알츠하이머 진단을 받았다.

내가 이런 시련에 관해 이야기하는 것은 우리가 욥의 가족처럼 유난히 불행해서가 아니라 우리가 유난히 불행한 것이 아님을 알기 때문이다. 인간은 모두 잠시나마 병에 걸리거나 정상적으로 생활하지 못하는 경험을 한다. 또 암, 심장병, 만성 통증이 있는 지인이 반드시 있다. 코로나19 팬데믹이 시작된 이후로는 격리된 채 앓거나 죽은 친구와 가족도 있다. 건강은 잃기 쉽고 만사가 건강에 달려 있다는 것은 무시할 수 없는 사실이다. 세상에서 가장 강건한 사람도 늙고 기력이 쇠하기 마련이며 장애인 인권운동가들이 "임시 비장애인"이라고 명명한 인구 집단에서 제외되는 때가 온다. 장애는 늙을 운명인 인간에게는 누구나 중요한 문제다. 삶에 대한 현실적인 접근은 이런 사실이 사라지길 바라며 육체를 간과하는 것이 아니라, 제대로 기능하지 않는 인간의 몸을 갖고 어떻게 살아야 하는지 물어야 한다.

최근 의철학 연구에서 찾아볼 수 있는 가장 기본적인 교훈 중 하나는 용어에 유념할 필요가 있다는 점이다. 건강을 신체와 신체 기관 들이 적절하게 기능하는 것으로 이해하는 것을 시작으로, 최근에는 기능 이상이라는 범주에 해당하는 '질환(disease)'과 질환이 삶의 경험에 부정적인 영향을 미치는 것을 의미하는 '병(illness)'을 구분하자는 쪽으로 의견이 모이고 있다. 질환은 생물학적 차원의 개념이지만, 병은 적어도 어느 정도는 '현상학적' 개념이며 삶의 상태에 관한 문제다. 철학자들이 말하는 것처럼 병은 질환이 삶을 불행하게 만드는지 그렇지 않은지에 달려 있다. 일반적으로 몸이 제 기능을 하지 못할 때 얼마나 잘 살 수 있느냐는 그것이 미치는 영향에 달려 있는데, 그 영향은 어디서나 개인의 운 또는 사회적 환경에 따라 달라진다. 자유롭게 약물치료를 받을 수 있는 경우라면 1형 당뇨병과 같이 심각한 질환도 큰 병 없이 살 수 있다. 그러나 의료 서비스를 전혀 받지 못하는 경우라면 가벼운 감염이나 이질에도 생명을 잃을 수 있다. 결론적으로 병은 재산, 인종, 국적에 따라 질환보다 훨씬 더 불평등하게 나타난다.

장애와 관련된 문제는, 그것이 장기적 장애든 노화로 인한 점진적 장애든 여전히 복잡하다. 최근 몇십 년간 장애 이론 연구자들은 신체장애의 정의에 대한 사회적 합의가 필요하다고 주장해 왔다. 저서 『비범한 육체(*Extraordinary Bodies*)』에서 비평가 로즈마리 갈런드 톰슨은 "장애를 의학 분야에서 정치적 소수자의 영역으로 옮기고자" 했다. 미국에서 장애인법이, 영국에서 장애인차별금지법이 통과된 것은 이런 소수자들이 이뤄 낸 성과다. 장애인 이슈는 시민권 운동의 핵심이다.

이런 관념들이 철학계에 편입되는 데에는 상당한 시간이 걸렸지만, 철학자 엘리자베스 반스도 최근에 펴낸 저서에서 다음과 같이 동의한다. “신체적으로 장애가 있다는 것은 결함 있는 신체를 가졌다는 뜻이 아니라 소수자의 육체를 지녔다는 뜻이다.” 갈런드 톰슨과 반스가 모든 논점에서 의견이 일치하는 것은 아니다. 두 사람은 장애의 본질, 장애의 ‘형이상학’에 대해서는 의견이 다르다. 그러나 다수의 장애 문제 관련 학자나 운동가들과 마찬가지로 사회적 편견이나 각종 시설 이용에 대한 불편함을 제외하면 장애가 삶을 더 고되게 만들지는 않는다는 것이 두 사람의 공통된 견해다. 동성애를 혐오하는 문화에서 동성애자로 사는 것처럼 장애인으로 사는 것은 불리한 일이지만, 그건 사회적 문제이지 당연하고 불가피한 결과가 아니다. 신체장애는 본질적으로 잘 사는 것을 방해하지 않는다.

이는 당혹감을 불러일으킬 뿐 아니라 선뜻 믿기 힘든 주장이다. 철학자들은 장애를 갖게 되는 일을 상해나 손상의 패러다임으로 취급하는 경우가 많다. 그리고 신체장애가 없는 사람들은 귀가 안 들리거나 눈이 안 보이거나 걷지 못한다는 생각만 해도 두려움을 느끼곤 한다. 그러나 오해하기 쉽긴 하지만 장애인 인권운동가들의 주장에는 진실이 있다. 바로 적절한 편의가 주어진다면 일반적으로 신체장애로 인해 대개 삶이 더 불행해지지는 않는다는 사실이다.

신체장애가 명시적인 신체 기능 이상의 한 범주라면, 그것은 병이 아니라 질환과 유사하다. 신체 기능 이상은 생물학적인 문제다. 그것이 삶의 경험에 미치는 영향은 환경에 따라 다르다. 말하자면 신체장애가 그 자체로는 사람에게 나쁠 것이 없다는 의미다. 장애가 삶을 힘들게 한다면 그것은 장애가 실제로 어떻게 사느냐에 영향을 미치기 때문이다. 이와 관련하여 좀 더 보편적인 의미의 교훈을 찾아볼 수 있는 이야기가 있다. 존 J. 무스의 아름다운 그림책 『달을 줄 걸 그랬어』에서 본 농부의 복에 관한 도교 우화다. 한 농부가 있었는데 그가 기르던 말이 어느 날 도망가자 이웃들이 위로하며 "참 안되셨습니다."라고 했다. 농부는 "글쎄요."라고 답했다. 얼마 후 도망갔던 말이 말 두 마리를 더 데리고 돌아왔다. 이웃들이 "축하합니다!"라고 하자 농부는 또

"글쎄요."라고 답했다. 농부의 아들이 함께 돌아온 야생마 중 한 마리를 타다가 다리가 부러졌다. 이웃들은 "정말 안됐네요."라고 위로했고 농부는 "글쎄요."라고 답했다. 얼마 뒤 남자들이 전쟁터에 끌려갈 때 농부의 아들은 다친 다리 때문에 징집되지 않았다. "정말 좋겠습니다!"라고 축하하는 이웃들에게 농부는 다시 "글쎄요."라고 답했다.

그러니까 모든 건 때와 상황에 따라 다르다. 특히 신체장애가 삶을 더 풍요롭게 하는지 더 고되게 하는지는 앞서 이야기한 것처럼 그것이 삶에 어떤 영향을 미치느냐에 따라 다르다. 게다가 무수히 많은 데이터가 현실 세계에서도 장애가 삶에 미치는 영향이 그리 부정적이지 않다는 사실을 증명한다. 신체장애가 있는 사람들이 비장애인들에 비해 자신의 행복에 현저하게 낮은 점수를 매기지는 않는다는 것이다. 최근의 한 문헌 연구는 이렇게 결론을 맺었다. "수많은 연구를 통해 대개 여러 종류의 장애를 얻은 사람들도 삶의 즐거움이 크게 줄어든다거나 영구적으로 즐거움이 축소되는 경험을 하지는 않는다는 사실이 증명되었다."

이런 모든 증거에도 불구하고 여전히 곤혹스러운

건 마찬가지다. 휠체어가 필요하거나 눈이 안 보이거나 귀가 안 들리거나 하는 것이 소중한 것들로부터 우리를 멀어지게 한다는 사실은 부인할 수 없다. 혼자만의 산행에서 느낄 수 있는 즐거움도, 아름다운 풍경을 바라보는 일도, 새들의 지저귐이 만들어 내는 선율의 아름다움도 누리기 힘들어지기 때문이다. 그런 의미에서 장애는 유해하다. 농부의 복 이야기에서 보는 것처럼 장애가 가져다주는 부수적인 이점이 있을 수는 있다. 그러나 다른 조건이 모두 같다면 이런 장애들이 어떻게 삶을 더 불행하게 만들 수 없다는 말인가? 좋은 것을 빼앗기면 불행한 것 아닌가?

이와 같은 의문은 좋은 삶의 본질에 관한 오해에서 비롯된 것으로, 이는 아리스토텔레스로 거슬러 올라간다. 문제는 단순히 아리스토텔레스가 모든 게 자신에게 달려 있다면 반드시 선택할 수밖에 없다는 이상적인 삶에 천착했다는 점도, 어떤 종류의 장애도 잘 사는 것과 양립할 수 없다고 보았다는 점도 아니다. 진짜 문제는 아리스토텔레스가 최선의 삶은 "부족한 것이 없는" 삶이라고 생각했다는 점이다. 최선의 삶이란 아무것도 더할 수 없는 "가장 바람직한 상태"다. 아리스토텔레스는 행복에서 무언가 선한 것이 빠져 있다면 그것을 보태어 넣는 것을 개선이라고 간주할 수는 있지만, 행복은 이미 최고의 선이라고 주장한다. 이는 명상이라는 오직 한 가지 활동을 중심으로 구성되는 단 하나의 이상적인 삶에 대한 아리스토텔레스의 비전과 일치하며, 『니코마코스 윤리학』을 9권까지 읽으면 예상할 수 있지만, 결국 뛰어난 정치가의 삶을 의미한다.

한 가지 주제에 대한 아리스토텔레스의 편집증은 자조 프로젝트에 그를 이용하는 현대 작가들에 의해 억제된다. 심리학자 조너선 하이트도 그중 하나다. 그는 "행복이 '탁월성 또는 덕에 따른 정신 활동'이라는 아리스토텔레스의 말은 행복이 가난한 이들을 돕거나 성욕을 억제하는 데서 온다는 뜻이 아니다. 그것은 자신의 장점을 발달시키고 잠재력을 실현하며 천성대로 사는 것이 좋은 삶이라는 의미다."라고 주장한다. 그러나 성에 더욱 긍정적이었다는 점을 제외하면 아리스토텔레스의 말은 하이트의 해석에 정확히 반대되는 것이었다. 아리스토텔레스에게 행복은 우주와 우주의 법칙을 고찰하는 지적으로 탁월한 삶이거나, 모든 복이 깃들어 용기, 절제, 관용, 정의, 우애, 긍지 등의 덕을 실천하는 삶이다. 아리스토텔레스의 의식에는 개개인이 자신의 독특한 능력, 관심, 취향을 발전시킬 수 있는 적당히 좋은 삶의 다양성을 상상할 수 있는 여지가 없다.

너무 완벽해서 부족한 게 없는 삶이라는 허상, 성장하고 발전하는 길은 오로지 하나라는 확신, 우리는 이런 관념에 저항해야 한다. 훌륭한 삶을 살다 간 나의 영웅들을 떠올려 보면 완벽한 사람은 아무도 없다. 눈에 띄는 특징이라면 그들은 매우 다르다는 것이다. 마틴 루서 킹 주니어는 정치적 선각자이자 운동가였고, 아이리스 머독은 소설가이자 철학자였으며, 빌 비크는 메이저리그의 구단주였다. 이들 외에도 나열하자면 끝이 없고 분야는 점점 더 다양해진다. 나의 스승 D. H. 멜로르, 탈무드의 상징인 랍비 힐렐, 과학자 마리 퀴리 등등. 여러분도 각자 머릿속에 떠올려 보라. 확신컨대 그들에게 공통점은 그리 많지 않을 것이다.

이렇게 다양한 분야의 다양한 사람들을 떠올릴 수 있다는 사실은 아리스토텔레스의 윤리학 이후 좋은 삶의 구성 요소가 다채로워졌음을 시사한다. 즐기기 위한 활동이 명상 또는 정치 딱 하나만 있는 것이 아니라 음악, 문학, TV, 영화부터 스포츠, 게임, 친구나 가족과의 대화에 이르기까지 가치 있는 활동은 수없이 많아졌고, 의사, 간호사, 교사, 농부, 환경미화원의 필수 노동부터 상업 혁신, 순수 및 응용과학, 심지어 철학에 이르기까지 직업군도 다양해졌다.

모든 게 해당된다는 말은 아니다. 아리스토텔레스가 단 하나의 이상적인 삶에 천착한 것은 잘못이었을지 모르지만, 어떤 것은 바랄 가치가 있고 어떤 것은 그렇지 않다고 단언한 것은 옳았다. 허먼 멜빌의 걸작 단편 『필경사 바틀비』의 주인공 바틀비를 예로 들어 보자. 이 소설의 화자는 현실에 안주해 있지만 선의를 가진 변호사다. 그가 비밀스러운 기운을 가진 바틀비를 필경사로 고용하고 어느 날 갑자기 바틀비가 필사본 검증을 거부하면서 본격적으로 이야기가 전개된다. 변호사가 검증을 요구하자 "바틀비는 유난히 부드러우면서도 단호한 목소리로 '안 하는 편을 택하겠습니다.'라고 대답한다." 상황은 점점 더 악화되어 간다. 그는 아무런 설명도 없이 계속 같은 말만 주문처럼 반복한다. 그는 생강 쿠키 외에 어떤 것도 먹지 않고, 동료들과 대화도 하지 않으며, 우체국에 가서 우편물을 확인하지도 않고, 변호사를 도와 테이프를 받아쓰는 일도 하지 않는다. 나중에는 사무실에서도 나가지 않는다. 바틀리는 사무실에 살기 시작하고 그의 삶에 관한 어떤 질문에도 답하지 않으며 혼자 있는 편을 택한다. 심지어 해고된 후에도 일을 그만두지 않고 필경도 더는 하지 않을 뿐만 아니라 변호사 집에 들어가 사는 것도 다른 일을 맡는 것도 거부한다. 결국 감옥에 끌려온 그는 먹는 것을 거부하다 죽는다. 바틀비에게 연민을 느낄 수는 있지만, 그의 욕망은 잘 이해되지 않는다.

그렇다면 모든 선택이 같다고는 할 수 없다. 할 가치가 있는 일은 한정적이다. 그러나 그런 한계 내에서도 인간은 다양한 방식으로 수없이 다양한 일을 하면서 성장하고 발전할 수 있다. 일단 이런 다원주의를 받아들이면 좋은 삶에는 '부족한 게 없다.'라는 생각이 터무니없어 보이기 시작한다. 이는 내가 앞서 언급한 인물들의 삶만 보아도 명백하게 거짓이다. 그들의 삶에는 모두 결함과 결핍이 존재했다. 다시 말해 우리가 모든 선에 참여하고, 모든 종류의 음악, 문학, 예술, 스포츠, 취미를 사랑하고, 청소부이자 간호사이자 교수이며 시인이자 성직자로 일하기 위해 노력해야 한다는 게 아니라는 의미다.

카를 마르크스는 "공산주의 사회에서 …… 나는 오늘은 이것을 내일은 저것을 하고, 아침에는 사냥을 오후에는 낚시를 하고, 저녁에는 소를 치고 저녁 식사 후에는 비평을 하고, 그저 내 마음 가는 대로 할 수 있다."라고 썼다. 그러나 그마저도 그것이 의무라고는 이야기하지 않았다. 어떤 일이 가치 있다고 해서 우리가 반드시 그 일을 해야 한다는 뜻은 아니다. 기껏해야 그것을 보호하고 보존할 가치가 있는 것으로 존중해야 한다는 의미다. 프리 재즈나 클래식 피아노, 데스메탈에 관심이 없다 해도 괜찮다. 사람마다 취향은 모두 다르다. 그렇지만 다른 사람들이 그것을 즐길 수 있도록 보존할 필요는 있다. 실제로 좋은 삶은 선택적이고 제한적이며 불완전하다. 그 속에 좋은 것들이 있지만 많은 게 빠져 있을 수밖에 없고, 그렇다고 해서 그게 꼭 삶을 더 불행하게 만들지는 않는다. 내가 라파엘 전파의 미술을 잘 알지 못하거나 울타리 치는 법을 모른다고 해도 내 삶에는 아무런 타격이 없다. 나의 삶은 이미 풍성하기 때문이다.

실없이 들릴지도 모르지만, 이것이 바로 신체장애가 일반적으로 잘 사는 것을 방해하지 않는 이유다. 장애는 우리가 소중한 일을 행할 수 없게 만들므로 어떤 면에서는 유해하다. 그러나 어차피 소중한 일을 무엇이든 할 수 있고 할 여유가 있는 사람은 아무도 없다. 여러 가지 좋은 것들에서 소외된다고 해서 크게 문제될 것은 없다. 대부분의 장애에는 대다수 사람들의 삶보다 결코 나쁘지 않은, 때로는 더 나은 삶의 가치가 충분히 남아 있다.

빌 비크는 아버지 빌 비크 시니어가 시카고 컵스 회장으로 있을 때 구장에서 팝콘을 팔며 야구판에 발을 들였다. 이후 마이너리그의 밀워키 브루어스, 메이저리그의 클리블랜드 인디언스, 세인트루이스 브라운스, 시카고 화이트 삭스 등 여러 야구팀의 구단주와 단장을 지냈다. 비크는 미국 리그 사상 최초로 흑인 선수와 계약을 맺고 야구계의 인종차별 철폐를 위해 노력했다. 그는 팀이 질 때도 팬들을 즐겁게 해 주기 위해 이제는 일반화된 이닝 사이 휴식 시간 이벤트를 만들어 음악을

틀거나 스턴트 쇼를 선보이거나 관중이 참여하는 행사를 진행했다. 1948년에 처음으로 인디언스에서, 1959년에는 화이트 삭스에서 우승도 거두었다. 비크는 리그에서 처음으로 폭죽 점수판을 설치하기도 했는데, 화이트 삭스가 홈런을 치면 불꽃이 터져 나오는 점수판이었다. 이 모든 업적은 그가 제2차 세계대전에서 입은 부상으로 오른쪽 발을 잃고 끝내 다리 대부분을 절단한 상황에서 이뤄 낸 것이었다.

근육위축증을 갖고 태어난 해리엇 맥브라이드 존슨은 변호사이자 장애인 인권운동가가 되었다. 처음 예상과는 달리 중년의 나이까지 살기는 했으나 그녀는 걸을 수 없었고 팔을 움직일 수도 없었으며 대부분의 고형식도 삼킬 수 없었다. 그러나 존슨의 자서전은 그녀가 「제리 루이스 근육위축증 환자 자선기금 TV쇼」에 반대한 일, 찰스턴 카운티 의회 선거에 즉흥적으로 뛰어든 일, 쿠바를 방문한 일, 《뉴욕 타임스》에서 사진 취재를 해 간 일, 근육위축증을 가지고 태어난 신생아를 부모가 안락사시킬 수 있어야 한다고 주장한 철학자 피터 싱어와 토론을 벌인 일 같은 소란스러운 이야기로 가득하다. 싱어의 견해에 대한 그녀의 대답은 나의 주장을 명쾌하게 표현한다. “우리가 더 불행할까요?” 존슨이 묻는다.

“난 그렇게 생각하지 않습니다. 어떤 유의미한 측면으로도 그렇지 않아요. 세상에는 너무 많은 변수가 있죠.” 잘 사는 것을 가능하게 하는 데에는 너무 많은 다양성과 너무 많은 우연성이 존재한다.

이는 인간이 얼마나 회복력이 좋은가를 보여 주는 연구들의 철학적 근거이기도 하다. 이런 연구들은 신체장애를 가진 사람들이 그렇지 않은 사람보다 대체로 결코 더 불행하지 않다는 사실을 설명하고 입증한다. 이 이야기가 아직도 믿기지 않는다면 두 가지를 지적해야 한다. 첫째, 우리는 왜 우리가 장애를 가진 사람들의 삶이 더 불행하다고 생각하는지 자문해 보아야 한다. 두려움과 편견에서 기인한 것인가 아니면 유의미한 증언을 통해 얻은 믿음인가? (존슨이 섬세한 필치로 써 내려간 싱어를 만난 이야기는 그 자체로 도덕 교육의 도구다. 모두가 꼭 읽어 보기를 바란다.) 둘째, 장애는 굉장히 복잡한 문제임을 인정해야 한다. 일례로, 장애를 갖고 있는 것과 장애를 갖게 되는 것은 다른 문제다. 장애를 갖고 있어도 얼마든지 좋은 삶을 살 수 있다. 그렇다고 장애를 갖게 되는 것이 대단히 충격적인 일이 아니라는 의미는 아니다. 사실 대단히 큰 충격을 남기는 경우가 많다. 그러나 경험적 자료에 따르면 대체로 그런 충격은 우리가 생각하는 것보다 훨씬 빨리 잊힌다고 한다.

회의적인 철학자들은 장애가 삶을 특별히 불행하게 만들지 않는다면 다른 사람에게 장애를 초래하는 일이 왜 그른 일인지 반문할 것이다. 일리 있는 질문이다. 이 질문에 대한 첫 번째 답은 장애에 적응하는 일이 쉽지 않다는 데 있으며, 두 번째는 그것이 심각한 위해든 아니든 다른 사람의 신체 자율성을 간섭하는 것은 옳지 않다는 데 있다. 그러나 여기에 또 덧붙여야 할 것이 있다. 누군가를 다치게 하는 일이 더 큰 해를 입는 것을 막을 수 있을 때는 괜찮을 수 있다는 점이다. 예를 들어 불에 타 버린 자동차의 잔해에서 의식을 잃은 사람을 끌어내다 다리를 부러뜨린 일은 괜찮을 수 있다는 뜻이다. 그러나 최후의 결과가 그렇게 나쁜 상황이 아닌데 해를 입히는 것은 괜찮지 않다. 철학자 셔나 시프린은 날카로운 사고 실험에서 다음과 같은 상황을 가정했다. 어떤 사람이 백만

달러어치의 금괴를 헬리콥터에서 떨어뜨려 아무것도 모르고 지나가던 사람들이 금괴에 맞아 두개골에 금이 가고 팔다리가 부러졌다. 이렇게 공짜로 주어진 선물을 받은 사람들은 모든 걸 따져 보고는 자신이 금괴에 맞은 사실에 기뻐할 것이다. 부상은 곧 회복될 것이고 금괴를 이용해 치료비를 지불한 뒤에도 꽤 많은 현금다발이 남을 것이기 때문이다. 그러나 금괴를 떨어뜨린 사람이 한 행동은 잘못된 것이다. 같은 맥락에서 보면 장애를 초래하는 것은 해를 입히는 것(시력, 청력, 거동 능력 상실 등)이고, 동의를 얻지 않은 상태에서 어떤 사람에게 해를 입히는 것은 종합적으로 판단하여 최종적으로 삶을 더 불행하게 만들지 않더라도 잘못된 것이다.

가장 중요한 마지막 문제가 남았다. 나는 지금까지 평균과 통상적인 경향을 이야기하면서 신체장애를 일반화하여 설명해 왔다. 그러나 극도로 힘든 장애의 경험, 개인의 삶을 송두리째 흔들어 놓는 장애가 있다는 사실을 부인할 생각은 조금도 없다. 장애가 활동을 지나치게 제한하여 중요한 일을 거의 할 수 없게 된다면 참담할 것이다. 이런 경우 언젠가 장애에 적응할 것이라고 장담할 수도 없다. 바로 여기가 편의성 부족이 가장 중요한 문제로 떠오르는 지점이다. 신체장애가 고용, 교육, 사회적 기회에 대한 접근성에 얼마나 큰 영향을 주는지 결정하는 것은 우리의 집단 권력에 달려 있다. 문제는 신체와 인공 환경 사이의 부조화다. 그러나 환경은 바뀔 수 있다. 학교와 기업에 장애인에 대한 편의시설을 갖추도록 요구하되 그것에 필요한 자원을 제공하면 된다. 건물은 누구나 쉽게 이용할 수 있게 만들 수 있다. 사회 정책을 통해 신체장애를 가진 사람이 다양한 형태의 충분히 좋은 삶을 누리지 못하게 만드는 것을 최소화할 수 있다.

하지만 이 역시 여전히 지나치게 단순하다. 우리는 신체장애의 어원적 측면, 즉 신체 기능 이상에 의한 능력 결여 또는 상실에만 주목해 왔다. 앞서 언급했듯이 좋은 것에 대한 접근성을 박탈당한다고 해서 그 자체로 행복한 삶을 부정당하는 것은 아니다. 그것은 인간이라면 누구나 경험하는 일이고 나이가 들면서는 더욱더 견뎌야 할 일이다. 그러나 다양한 장애와 다양한 형태의 병에는 또 다른 측면이 있다. 능력 상실과 함께 육체적 고통이 존재한다는 점이다. 장애가 있는 삶이 우리가 예상하는 것보다 덜 불행하다는 사실을 보여 주는 연구들도 예외가 있음을 밝히고 있다. 경제학자이자 철학자인 에릭 앵그너가 노인들을 대상으로 진행한 연구에 따르면, “(건강의) 객관적 지표는 두 가지 경우를 제외하면 모두 행복과 상호 연관성이 없다. …… 심신을 쇠약하게 만드는 통증과 요실금은 주관적 건강 상태를 통제한 상태에서도 행복을 저해하는 것으로 나타난다.”

이처럼 대부분의 질환은 능력 저하와 통증의 경험을 동반한다. 암이든 뇌졸중이든 당뇨병이든 또는 코로나19와 같은 전염병이든 질병의 구성 요소는 이 두 가지, 능력 상실과 육체적 고통으로 구분할 수 있다. 그리고 이것들은 죽음에 대한 공포와 같은 불안을 야기한다. 이 구성 요소는 노화에도 적용된다. 죽음에 대한 공포는 상실의 슬픔과 희망을 논의할 때 다룰 것이다. 여기서는 육체적 측면에 관한 고찰을 통해 질병을 이야기하고자 한다. 먼저 장애에 관해 논의했으니 이제 통증에 관해 이야기할 차례다.

나는 신체장애를 가진 사람이 아니기에 지금까지의 나의 논의는 보고 듣고 읽은 것을 바탕으로 한 것이다.

그러므로 경험하지 않은 것을 쓰는 일에 따르는 위험성과 경고가 따른다. 신체 기능 이상에 관한 한 다행히도 그것을 피해 갈 수 있는 사람은 없으며 모든 신체 기능 이상을 경험해 본 사람도 없다. 그러나 나는 통증의 병력이 있고 그것이 지닌 특이성을 잘 알고 있으니 통증을 제외하면 그럭저럭 운이 좋은 삶에서 그것이 어떤 자리를 차지하고 있는지 이야기할 수 있다.

이따금 통증이 찾아오기도 했지만 13년간 증상은 비교적 안정적이었다. 그러던 어느 날 상태가 악화하기 시작했다. 통증은 쓰라리고 뻐근한 데다 운동을 해도 사라지지 않고 잠을 잘 수 없을 정도로 극심했다. 지금 살고 있는 매사추세츠주 브루클린에서 세 번째 비뇨기과를 찾았다. 그곳 의사 역시 기본적인 검사를 반복했다. 나는 서서 요역동학 검사를 받다가 기절을 했고 방광경 검사도 다시 받았다. 첫 검사 때보다는 훨씬 수월했지만, 실시간 내시경 영상을 차마 내 눈으로 확인할 수는 없었다. 의사는 심각한 염증이 확인된다며 내게 요도경유수술을 제안했다.

위험 요소가 있었지만 난 기꺼이 수술을 받을 준비가 되어 있었다. 그러다 덜컥 겁이 났다. 마음에 찜찜한 구석이 있어 다른 비뇨기과를 찾았다. 네 번째 의사였다. 그는 수술이 심각한 합병증을 초래할 수 있다면서 증상이 재발할 때 복용할 수 있는 항생제를 처방해 주었다. 한동안 잠잠하던 통증이 다시 찾아온 것은 그로부터 몇 달이 흐른 뒤였다. 처방받아 온 약을 열심히 먹었으나 뚜렷한 효과는 없었다. 이후 6개월간 통증은 더욱 극심해지고 전혀 누그러질 기미가 없는 최악의 나날이 계속되었다. 몇 날 며칠 잠을 전혀 이룰 수 없었던 나는 결국 다섯 번째 비뇨기과를 찾아갔다. 그리고 지금도 그곳에 다니고 있다. 의사는 내가 수술을 받지 않은 것은 잘한 일이지만 항생제 역시 도움이 되지 않을 거라고 했다. 그는 나의 병명이 만성 골반 통증(말 그대로 만성 골반 통증. 그 병명으로 알 수 있는 것은 거의 없었다.)이라면서 알파 차단제(*혈관 근육세포에 존재하는 알파 수용체에서 아드레날린의 작용을 차단하는 약물 — 역주)를 처방해 주었다. 사실 이 약이 효과가 있는지는 잘 모르겠다. 하지만 이 의사는 내가 만나 본 의사 중에 처음으로 나의 경험을 진지하게 들어 주고 치료하기 어려운 병이라고 솔직하게 이야기해 주며 예후도 좋지 않음을 차근차근 설명해 준 의사다. 그의 솔직함은 그 자체로 내게 작은 위로를 주었고, 내가 이 책을 구상하게 된 첫 발판이 되었다.

그 이후로도 통증은 자주 찾아왔고 결국 나는 수면제의 도움을 빌려야 했다. 처음에는 독세핀, 이후 암비엔을 복용했는데 며칠은 효과가 있는 듯하더니 얼마 지나지 않아 그마저도 듣지 않았다. 나는 한차례 검사를 더 받았다. 이런저런 검사와 처치를 받으면서 그동안 경험해 보지 못한 가장 격심하고 지속적인 통증을 겪어야 했지만 유용한 결과를 얻지는 못했다. 나는 결국 통증을 달고 사는 삶으로 돌아왔고, 전보다 더 무시하기 어려운 통증이 더 자주 찾아왔다.

고통이 나쁘다는 사실은 너무 당연해서 검토할 가치도 없어 보인다. 그러나 나는 고통이 왜 그토록 나쁜 것인지 궁금하다. 특히 매일같이 느끼는 통증이 신체 기능을 딱히 저하하지 않는 나 같은 경우라면 말이다. 가장 큰 문제인 수면 부족을 제외하면, 다행히 나의 몸은 꽤 문제없이 기능한다. 그렇다면 이것 말고 고통스럽다는 사실이 주는 해악에는 또 무엇이 있을까?

고통은 언어로 표현할 수 없다는 상투적 표현을 처음 쓴 것은 아마도 버지니아 울프일 것이다. 그녀는 "햄릿의 사유와 리어 왕의 비극을 표현할 수 있는 영어에 오한이나 두통을 설명할 수 있는 단어가 없다."라고 썼다. 울프가 한 이 말은 문학 및 문화 비평가인 일레인 스캐리의 책이자 이제는 고전이 된 『고통받는 몸』에서 한 걸음 더 나아간다. "육체적 고통은 다른 의식 상태와는 달리 지시 대상이 없다. 어떤 것에 관한 것도 어떤 것을 위한 것도 아니다. 고통이 다른 어떤 현상보다 더 언어적 대상화에 저항하는 것은 바로 그것이 어떤 대상도 취하지 않기 때문이다."

그러나 통증을 안고 사는 사람으로서 나는 울프와 스캐리가 틀렸다는 것을 안다. 육체적 고통은 지시 대상이 있다. 그것은 손상되었거나 뜻대로 움직이지 못하는 신체 일부를 의미한다. 그리고 우리에게는 고통의 특성을 표현할 수 있는 다양한 단어가 있다. 힐러리 맨틀이 울프의 말에 항변한 것처럼 말이다.

욱신욱신한 통증, 경련, 협착, 복통을 표현하는

> 어휘들은 다 무엇이란 말인가? 찌르는 통증, 후벼 파는 통증, 화끈거리고 쥐어짜는 듯한 통증, 욱신거리다, 타다, 쑤시다, 쓰라리다, 아리다는 단어들은 어찌 되었는가? 모두 통증을 충분히 설명하는 단어이며 모두 우리가 잘 아는 단어가 아닌가. 악마의 고통 사전이 담아내지 못할 만큼 특별한 고통을 겪는 사람은 아무도 없다.

내 증상에는 '요동치다', '타들어 간다', '쥐어짜다'가 적절해 보인다.

1970년에 철학자 조지 피처는 통증이 단순한 느낌이 아니라 괴로움에 처한 육체를 의미한다고 주장했다. "통증을 감지하는 것은 손상되었거나 상처가 났거나 염증이 생겼거나 하는 등의 병리학적 상태에 있는 신체 일부를 인지, 특히 통증 수용체와 신경의 자극을 통해 감각하는 것이다." 피처는 중요한 사실을 말하고 있지만, 거짓 통증은 절대 없다는 말처럼 들린다. 그렇다면 팔이나 다리를 절단한 사람이 이미 절단되고 없는 신체 부위에서 통증을 느끼는 것은 무엇인가? 증상이 있는 곳에 실제로 손상되었거나 뜻대로 움직이지 못하는 부분이 없는 내 통증의 경우는? 사실 통증이 육체적 손상이나 운동 불능의 징후이기는 하지만, 그 징후에 실체가 없을 수도 있다. 그러나 그건 통증이 진짜가 아니라거나 지시 대상을 갖지 않는다는 뜻이 아니라, 단지 몸의 상태를 잘못 표현하고 있다는 의미다.

이것은 철학자들이 가장 좋아하는 주제이기도 한 기묘한 재귀성을 불러일으킨다. 실제와 다른 통증은 통증 중에서도 가장 '메타'적인 통증이다. 그것은 손상되었거나 뜻대로 움직이지 못하는 상태의 신체 부위를 왜곡하여 전달한다. 이는 신체 내에서 손상 또는 운동 불능을 추적하는 시스템(통증 수용 시스템) 그 자체가 훼손되었음을 의미한다. 그것은 실제로 잘못된 게 없는데도 무언가 잘못되었다고 이야기한다. 그러나 이런 불일치가 바로 무언가 잘못되었음을 의미하는 게 아니겠는가! 그러므로 실제와 다른 거짓 통증이 손상된 부위의 위치를 잘못 가리키고 있더라도 그것은 절대 완전한 거짓이 아니다. 이상이 없는데 통증이 있을 수는 없다. 통증은 그런 실수를 저지르지 않는다.

오랫동안 계속되어 온 증후군의 만성 통증이든 욱신거리는 편두통처럼 갑작스럽고 극심한 급성 통증이든, 육체적 고통은 곧 육체 그 자체가 되어 육체에 주의를 집중하게 한다. 이것이 통증이 우리의 삶을 방해하는 방식이다. 통증은 통증에 주목하게 함으로써 우리가 세상과 교류하고 현재의 일을 즐기며 잠을 통해 세상에서 온전히 해방되어 쉴 수 있는 능력을 갉아먹는다. 추구할 가치가 있는 많은 일 중에 어떤 활동을 선택하든, 통증은 우리가 그것에 온전히 몰입하는 것을 방해한다. 통증이 주체할 수 없을 정도로 심해져 한계에 다다르면 의식의 범위는 쪼그라들어 오직 통증에 집중된다. 통증은 그 자체로 나쁠 뿐만 아니라 우리가 좋은 것을 얻거나 누릴 수 없게 만든다.

건강할 때 우리가 육체를 이런 식으로 경험하는 일은 거의 없다. 우리는 '육체를 통해 감각'함으로써 우리가 교류하는 사물과 사람들을 직접 인식하는데, 그 교류에 쓰이는 복잡한 육체적 도구에 대해서는 거의 의식하지 않는다. 바흐의 오르간 소나타 4번을 연주하는 오르간 연주자는 건반 위에서 쉴 새 없이 움직이는 손가락이 아니라 음, 멜로디, 리듬으로 신비롭게 전환되는 악보에 주의를 기울인다. 오르간 연주자가 손가락에 집중하는 순간 연주는 엉망이 될 가능성이 높다. 역설적이게도 우리가 육체에 대해 편안함을 느낄수록 육체는 사라져 투명한 인터페이스가 된다. 자기 자신을 자신의 육체가 아닌 뭔지 모를 무형의 것으로 생각하게 만드는 현상이 나타난다. 통증은 우리에게 인간의 유형성, 즉 육체를 가지고 있다는 사실을 다시금 상기시킨다. 철학자이자 의사인 드루 리더는 『잊힌 몸(*The Absent Body*)』에서 이렇게 썼다. "고통스러운 육체는 더 이상 '출발점'이 아니라 주의를 기울이는 대상이 된다. 육체가 주제로서 그 모습을 드러낼 때 그것의 타동사로서의 용도는 폐기된다."

정신과 육체의 "실재적 구분"을 주장하며 정신(영혼)을 무형의 물질이라고 본 근대 철학자 르네 데카르트도 고통에 대해서는 다소 허술하다.

> 자연은 …… 이런 고통, 허기, 갈증과 같은 느낌을 통해, 뱃사람이 배에 타 있는 것처럼 내가 그저 몸 안에 존재하는 게 아니라 그것과 매우 밀접하게

> 결합해 있음을, 말하자면 육체와 뒤섞여 있어서 나와 내 몸이 하나의 완전체를 구성하고 있음을 가르쳐 준다. 그렇지 않다면 나는 …… 내 몸이 다쳤을 때 고통을 느끼지 못하고 순전히 지성을 통해 상처를 인지하게 될 것이다. 마치 뱃사람이 배의 파손을 눈으로 인지하듯이.

여기서 데카르트는 실수를 저지른다. 어떻게 무형의 영혼이 인간의 피와 살과 '뒤섞일' 수 있는가? 그가 의도한 대비는 정신과 육체를 완전히 개별적인 존재로 구분하는 심신이원론 안에서는 이치에 맞지 않는다. 고통은 인간이 어찌어찌 육체에 매인 정신이 아니라 본질적으로 육체화된 존재라는 사실을 증명한다. 프랑스 철학자 모리스 메를로퐁티가 『지각의 우위론(*The Primacy of Perception*)』에서 이야기한 것처럼 "인간에게 육체는 도구나 수단을 훨씬 넘어서는 의미를 지닌다. 육체는 이 세상에 우리를 드러내는 표현 방식이며 우리가 지닌 의도의 가시적인 형태다."

고통을 극복하기 위해 애쓰며 육체에 대한 철학적

성찰을 통해 우리가 얻을 수 있는 건 무엇인가? (바라건대) 어느 정도는 인식되고 이해받는다는 데서 위안을 얻을 수 있다. 고통에는 외로움과 소외의 측면이 있다. 스쳐 지나가는 사람들의 평화롭고 온전한 삶을 상상하면 세상에 나 혼자인 듯한 기분이 들기 쉽다. 고통은 대개 눈에 보이지 않는다. 하지만 당신은 혼자가 아니다. 철학이 육체를 지니면 고통이 동반된다는 사실을 증언하지 않는가.

또 다른 위안(이라고 할 수 있을지 모르겠지만)은 건강의 투명성에 있다. 리더는 이것을 건강한 육체의 "잊힘"이라고 부른다. 어떤 것에도 집중할 수 없게 만드는 통증에 사로잡혀 있을 때마다 나는 통증 없이 살기만 해도 소원이 없겠다고 생각한다. 그저 마음 편히, 몸이 건강하다는 기분을 한 번이라도 느껴 볼 수 있다면 더없이 행복할 것 같다. 감각은 현실이지만, 그것은 통증이 만들어 낸 환상의 일부다. 대개 통증이 사라지면 육체는 더 이상 주의를 끌지 못하고 눈에 띄지 않는 곳으로 밀려난다. 통증이 없을 때를 상상했던 행복도 사라진다. 고통이 없다는 것의 기쁨은 마치 바라보려 할수록 사라지는 그림이나 너무 부드러운 나머지 마찰이 생기지 않아 아무것도 느껴지지 않는 옷감과 같다. 고통의 부재를 설명하려고 하는 것은 어둠을 보기 위해 불을 켜는 것이나 다름없다.

철학자들은 고통이 없는 즐거움을 “핑키시(finkish, 신기루 같은)”라고 부를 수도 있다. 과거 한 철학자가 접촉이 있을 때마다 회로에 쇼트를 일으키는 장치에 활선을 연결하는 사고 실험을 한 적이 있었는데 그 장치 이름이 “일렉트로 핀크(electro-fink)”였다. 이 실험에서 활선은 전류를 운반하지만 전기 충격은 전달하지 못한다. 이보다 더 날카롭게 표현한 사람도 있다. 프랑스 작가 알퐁스 도데는 19세기 후반 말기 매독에 걸렸을 때 쓴 글에서 회복의 실망감을 이렇게 표현했다. “죄수가 상상하는 자유는 현실의 그것보다 더 달콤하다. 환자가 상상하는 건강은 이루 말할 수 없는 기쁨의 원천이다. 그러나 현실은 그렇지 않다.”

얼마나 고통스럽든 얼마나 고통이 끝나기를 바라든 상관없이 우리는 고통 없는 삶의 행복을 과장해서 상상하는 경향이 있다. 통증 없는 삶이 가져다줄 행복을 상상하는 일은 고통스러운 사람만 할 수 있으며 닿기를 바랄수록 점차 희미해지는 신기루 같은 경험이다. 우리가 놓치는 것은 생각보다 많지 않다. 내가 단지 역설을 좋아해서라고 해도 이런 사고는 내게 안도감을 준다. 아마도 나 같은 철학자들에게 가장 잘 맞을 것이다. 다른 사람들에게는 위안이 되지 않을 수 있다는 점을 인정한다. 다른 관점에서 보면 잊힌 고통이 기억에서 희미해진다는 사실은 아픈 데를 찌르는 격이다. 고통은 아프기만 한 것이 아니라 고통이 일시적으로 중단될 때 얼마나 기쁠지에 관한 거짓된 감각을 준다. 우리는 이것을 위안이라고 생각할 수도 있고, 모욕이라고 생각할 수도 있다. 어느 쪽이 되었든 고통을 이해하는 일은 우리에게 유익하다. 얻는 것이 진실뿐이라 해도.

고통은 인간이 육체를 벗어날 수 없다는 사실, 고통이 없는 상태의 의미를 제대로 이해하지 못한다는 사실을 가르쳐 준다. 하지만 고통은 그 외에도 우리가 타인과 맺는 관계 그리고 타인이 우리와 맺는 관계에 대해서도 가르쳐 준다. 나의 만성 통증 경험이 가르쳐 준 소중한 교훈이 있다면 다른 사람에 대한 추정적 연민이다. 나의 고통에 관심을 기울이는 일은 다른 사람에게 관심을 갖는 일과 생각보다 더 유사하다.

이것을 이해하려면 잠시 이야기를 돌려 '도덕 이론'을 살펴볼 필요가 있다. 도덕 이론은 옳고 그름의 기준을 체계화하는 철학 분야다. 최근 도덕 이론의 핵심 개념 중 하나는 '개인의 개별성'이다. 개인의 개별성이란 한 사람의 삶에서는 이치에 맞는 윤리적 타협이 서로 다른 개별의 사람들에게 영향을 미치는 때는 이치에 맞지 않는다는 개념이다. 예를 들어 근관치료(*치아 내부의 감염된 조직을 제거하여 염증과 통증을 없애고 대체 재료를 충전하는 치료 방법 — 역주)를 받기로 했다면 그것은 가까운 미래의 고통으로 먼 미래의 더 큰 고통을 상쇄하는 일이 된다. 이런 종류의 교환은 아주 합리적이다. 반면에 한 사람이 해를 입는 것을 막기 위해 다른 사람을 고통스럽게 만드는 일은 일반적으로 용납되지 않는다. 이런 차이를 만드는 것이 개인의 개별성이다.

다수의 고통이 쟁점일 때에도 유사한 사고가 적용된다. 예를 들어 한 시간 동안 극심한 고통을 받게 될 한 사람과

가벼운 두통을 앓게 될 무수히 많은 사람 중 한쪽을 구해야 한다고 가정해 보자. 한 사람이 아닌 많은 사람을 구해야 하는 경우의 기준이 존재하는가? 매독을 앓은 알퐁스 도데의 고통을 생각해 보자. 그가 자신의 단상을 모아 적은 노트에는 이런 구절이 나온다.

> 기이한 통증이다. 매서운 화염과 같은 통증이 내 몸 구석구석 깊은 골을 내고 갈기갈기 찢으며 불을 지른다. …… 십자가형이 따로 없다. 지난밤 통증은 그러했다. 십자가의 고통. 손, 발, 무릎이 뒤틀리는 듯한 맹렬한 통증, 극도로 긴장하여 끊어지기 일보 직전의 신경들. 몸통은 거칠거칠한 밧줄에 단단히 묶여 있는 듯하고, 갈비뼈는 창이 찌르는 것 같았으며, 타 버린 듯 바싹 말라 딱지처럼 굳은 입술에서는 살갗이 떨어져 나왔다.

아내에게 도데의 고통에 공감한다고 농담처럼 이야기했지만 나는 그가 겪은 고통이 무엇이었는지 상상하기 어렵다. 만약 우리가 이런 통증에 시달리는 도데와 가벼운 두통을 앓는 수천 명 중 한쪽을 구할 수 있다면, 분명 우리는 도데를 살려야 할 것이다. 그러나 두통을 앓는 사람이 100만 명이라면? 10억 명 아니 헤아릴 수 없이 많은 사람이라면?

개인의 개별성을 옹호하는 철학자들은 이 균형이 깨지는 지점이 있다는 것을 부인한다. 통증은 각기 다른 개인을 괴롭히므로, 그 수가 얼마가 됐든 다수가 앓는 가벼운 통증을 완화하는 일이 한 사람의 극심한 통증을 상쇄할 수 없다는 것이다. 단순한 덧셈의 문제가 아니다. 조금 더 효과 좋은 두통약이 아니라 희귀하지만 심한 통증을 동반하는 병의 치료에 투자하는 일이 이치에 맞는 것도 이 때문이다. 다수가 얻는 작은 이익이 소수가 견뎌야 하는 커다란 해악보다 더 중요하다고 할 수 없다.

그러나 서로 다른 개인이 관련되지 않을 때 상황은 달라진다. 한 사람이 수차례 겪는 가벼운 통증(이를테면 수년 동안 계속되는 골반 통증)을 해결하는 일은 같은 사람이 경험하는 더 극심하지만 짧은 통증을 상쇄할 수 있다. 마취 없이 3시간 동안 진행되는 끔찍한 수술이 있고 그 수술이 내 만성 통증을 치료해 준다면, 나는 기꺼이 그

수술을 받을 것 같다. 이런 종류의 교환, 즉 2000주(내가 예상하는 나의 여명) 동안 가벼운 통증을 앓는 것을 3시간 동안 극심한 통증을 견디는 것으로 맞바꾸는 일은 한 사람의 삶에서는 이치에 맞다. 그러나 이런 논리를 서로 다른 사람들의 상호 개별성을 무시하면서 본질적으로 다른 다수의 사람이 관련된 경우에까지 적용할 수는 없다. 한 사람이 3시간 동안 극심한 고통을 겪는 것과 2000명의 사람이 1주일 동안 가벼운 통증을 겪는 것 중 한쪽을 막을 수 있을 때, 2000명을 구하겠다는 것은 잘못일 것이다. 이런 식으로 보면, 자기 자신에 대한 문제와 타인에 대한 문제는 상당히 다르다.

적어도 나는 그렇게 믿었다. 18년간 만성 통증에 시달리며 살기 전까지는. 앞서 가정한 수술에 관한 생각이 바뀌었다거나 도데를 희생시켜야 한다는 쪽으로 마음이 바뀐 것은 아니다. 여전히 나는 만성 골반 통증보다 3시간 동안 끔찍한 수술을 받는 쪽을 택할 테지만 도데의 고통을 대가로 수천 명의 두통을 치료하지는 않을 것이다. 내가 의구심을 갖게 된 대상은 둘 사이의 유사성이다. 만성 통증의 경험은 수차례의 개별적 통증 발현의 경험과 같지 않고, 통증이 한 사람의 의식을 차지한다는 점에서 다수의 사람이 경험하는 통증과 다르다. 통증의 일시성은 그것의 성격을 완전히 바꾼다.

내가 언제나 기억에 남을 만큼 심각한 통증에 시달리는 건 아니지만, 통증의 발현과 완화를 감지하는 때는 없다. 통증이 내 관심망에서 사라졌음을 깨달을 즈음이면 통증은 이미 사라진 지 오래다. 통증이 무시할 수 없을 만큼 극심할 때는, 마치 통증이 아주 오랫동안 계속되었고 영원히 사라지지 않을 것 같다. 통증이 없는 미래는 상상이 안 된다. 육체적 편안함을 누릴 날이 영영 없을 것만 같다. 나와 같은 만성 통증에 시달리던 드루 리더는 『잊힌 몸』에서 그것이 기억과 기대에 미치는 영향을 설명한다. "만성 통증을 앓으면 고통이 없던 과거는 사실상 기억에서 사라진다. 한때 아프지 않았던 때가 있었다는 것을 머리로는 알지만, 몸은 그것이 어떤 느낌이었는지 기억하지 못한다. 마찬가지로 고통이 없는 미래도 상상할 수 없다." 그는 1862년경에 쓰인 에밀리 디킨슨의 시를 인용한다.

고통은 공백과 같아서
언제 시작되었는지
그것이 없던 때가 있었는지조차
기억하지 못한다.

고통에 미래는 없고 오직 고통뿐이라
그것의 무한한 왕국에는 고통의 과거만 있고
새로운 고통의 시간을 감지할 줄만 알 뿐이다.

고통의 덫에 빠진 사람은 고통이 없던 과거는 물론 고통이 사라질 수 있다는 기대로부터 단절된다.

이것이 바로 내가 끔찍한 수술과 맞바꾸고자 하는 고립감이다. 만성 통증은 그저 각기 다른 독립된 고통의 연속적 발현이 아니다. 만성 통증을 더 괴롭게 만드는 것은 고통에 대한 예상과 고통 없는 삶에 대한 감각의 상실이다. 한 사람이 경험하는 지속적인 통증과 많은 사람이 경험하는 가벼운 통증 사이의 유사성이 붕괴되는 지점이 바로 여기다. 둘을 유사하다고 판단하는 일은 통증에 대한 예상과 기억이 불러오는 아픔을 간과하는 것이다. 그간의 나의 경험이 단순히 개별화된 통증의 연속적 발현이고 그것이 나의 예상과 기억에 어떤 영향도 주지 않는다고 한다면, 수많은 사람의 두통이 아니라 한 사람의 고통을 선택하는 것이 말이 안 되듯 끔찍한 수술을 선택하는 일도 이치에 맞지 않는다. 다른 사람들에 대한 문제가 그런 타협을 거부한다면, 자기 자신에 대한 문제에서도 마찬가지다. 그 둘은 생각보다 크게 다르지 않다.

여기에는 두 가지 교훈이 있다. 하나는 얼마나 계속될지 알 수 없는 통증(만성이든 급성이든)에 대처하는 가장 좋은 방법은 미래에 벌어질 일이 아니라 현재에, 우리가 지금 하는 일에 집중하는 것이라는 사실이다. 우리가 만성 통증을 개별화된 통증의 연속적 발현으로 여긴다면 그것이 지닌 강력한 힘을 조금은 누그러뜨릴 수 있다. 소설가 줄리언 반스는 고통에 관한 도데의 글을 자신이 직접 번역하여 펴내면서 이렇게 썼다. "그와 같은 환자들에게 도데가 건넨 조언은 실용적이었다. 질병을 초대받지 않은 손님처럼 대하고 어떤 관심도 두지 말아야 한다. 일상은 가능한 한 정상적으로 지속되어야 한다. 도데는 '나을 것 같지 않다. 샤르코(내 주치의)도 그렇게 생각한다. 하지만 난 언제나 이 빌어먹을 통증이 내일 아침이면 사라질 것처럼 행동했다.'라고 쓰고 있다." 나는 도데를 본받으려 한다. 비록 곧 그것이 쉽지 않다는 것을 인정하겠지만.

두 번째 교훈은 개인의 개별성이 생각보다 의미가 크지 않다는 것이다. 서로 다른 개인이 통증을 겪는 것이기에, 다수의 가벼운 통증이 한 사람의 극심한 통증보다 더 중요한 것이 아니라면, 각기 다른 개별의 시점에 발생하는 일련의 가벼운 통증(통증이 유발하는 시간의 왜곡이 없다면)이 한 시간 동안의 극한의 통증보다 더 나쁘다고 할 수 없을 것이다. 그런 종류의 교환은 여러 차례의 고통이 단일한 대상에게 가해질 때도 성립하지 않는다. 그동안 고통의 공유 불가성에 대해 많은 논의가 있었지만, 이런 고통의 특징은 인간을 서로 갈라놓는다. 사실 고통은 시간의 흐름 속에서도 나누어지지 않는다. "왜 사람은 다른 사람을 대신해 오줌을 눌 수 없는 거지?" 장모가 손바닥을 위로 한 채 어깨를 으쓱하며 냉소적인 랍비 같은 단조로운 말투로 묻는다. 하지만 사람은 과거나 미래의 자신을 대신해서도 오줌을 눌 수 없는 법이다.

나는 고통이 초래하는 외로움을 부인하는 게 아니다. 어떻게 보면 그 의미를 더 증폭시키고 있다. 고통이 외로움을 동반하는 이유는 그저 우리를 타인에게서 분리하기 때문이 아니라 우리를 우리 자신에게서도 분리하기 때문이다. 그럼에도 우리는 고통에 관해 쓰거나 이야기함으로써 어느 정도는 우리의 경험을 공유할 수 있다. 그리고 과거, 현재, 미래 사이의 간극을 뛰어넘어 다른 시간의 자신에게 공감할 수 있다면(지금은 느낄 수 없는 고통에 마음이 움직인다면), 우리는 타인의 고통에도 공감할 수 있다. 자신에 대한 연민은 타인에 대한 연민과 같지 않지만, 이 두 감정은 우리가 생각하는 것만큼 다르지 않다. 고통은 연대의 원천이 될 수 있다.

나는 이것이 시인 앤 보이어가 유방암 투병에 관해 쓴 『언다잉』에서 "비동일성(un-oneness)"을 이야기하며 의미한 것이라고 생각한다. "철학이 자주 잊는 것이 있다. 바로 대부분의 시간을 그저 한 사람으로 존재하는 인간은 거의 없다는 사실이다. 모든 동일성이 상처를 줄 수 있는 것과 마찬가지로 이러한 비동일성도 상처를 줄 수 있다." 우리는 다른 사람의 고통으로 인해 괴로울 수 있다.

보이어에 따르면 우리에게 이 비동일성을 떠올리게 하는 것은 "적어도 문학이 지닌 의도치 않은 목적 중 하나다. 이것이 내가 고통이 새어 나오는 사회, 끔찍한 고통을 느낀 사람들의 공통된 소회에 대해 쓰려는 이유다."

철학은 타인에 대한 연민의 가능성과 고통에 관한 이런 사실들을 간과할 필요가 없다. 스스로를 문학과 비교하거나 고통받는 이들의 통찰을 숨길 필요도 없다. 육체적 고통이나 장애의 경험을 정확하게 묘사하는 단어를 찾는 일은 하나의 철학적 과제로, 감정을 고찰하는 것과 크게 다르지 않다. 그것은 성찰의 형태이자 공감의 행위이다. 나는 도데의 솔직함에 고마움을 느낀다. 나를 덜 외롭게 해 주었기 때문이다. 자기 자신의 고통을 자세히 들여다보는 일이 자기도취적일 수 있지만, 반드시 그렇지만은 않다. 도데의 노트에서 가장 감동적인 구절은 자기 자신에 관한 내용이 아니라 아내의 병에 관한 부분이다.

> 줄리아의 침대 곁을 지키는 내내 괴로웠다. ……
> 완전히 몸이 망가져 그녀를 돌보기에 너무 약해진

나에게 너무 화가 났다. 그러나 타인에게 공감하고 다정하게 굴 수 있는 능력은 아직 건재하다. 정서적 고통을 느낄 수 있는 능력도 살아 있다. …… 그래서 기쁘다. 비록 오늘 끔찍한 통증이 다시 찾아오긴 했지만.

도데처럼 나 역시 고통 중에도 연민이 살아 있어 기쁘다. 연민은 우리가 과거와 미래의 자신과 지금의 내가 구분된다는 것을 꿰뚫어 보듯이, 우리가 타인과 구분된다는 것을 꿰뚫어 보는 데 도움을 준다. 그러나 우리는 비동일성에 한계가 있음을 반드시 인정해야 한다. 연민은 지속되기 어렵다. 또 고통이 유발하는 정신적인 외로움(자신의 고통을 누군가 알아주기를 바라는 마음) 외에 사회적 고립이라는 일상적 외로움이 동반되는 경우도 많다. 철학자 해비 카렐이 이야기한 것처럼 "병이 들면 사회적 교류를 하는 자연스러운 방식이 무언의 의심과 불편함에 짓눌려 부담스러워지고, 진실된 대화를 하기 위해서는 더 큰 노력이 필요하게 된다." 아픈 사람은 외로워질 수밖에 없다는 것이 아니다. 그럴 가능성이

크긴 하지만 말이다. 하지만 아픈 사람만 외로운 것도 아니다. 외로움은 전반적인 사회문제이며 어느 정도는 우리 모두 겪는 시련이다. 철학은 외로움에서 무엇을 배울 수 있을까? 또 외로움을 치유하는 방법에 대해 우리에게 무엇을 가르쳐 줄 수 있을까?

질병을 초대받지 않은 손님처럼 대하고
어떤 관심도 두지 말아야 한다.
일상은 가능한 한 정상적으로 지속되어야 한다.

외로움에서 벗어나는 길은
모순적이게도 다른 사람을 필요로 한다.
그 길의 핵심은 우리가 그들과
어떤 관계에 있느냐가 아니라
그들에게 관심을 기울이는 것이다.

외로움

기억하기로 나의 첫 창작시는 일곱 살에 교문이 열리기를 기다리며 쓴 시였다. 너무 일찍 도착하는 바람에 문이 모두 잠겨 있던 터였다. 조작되었을 게 분명한 기억을 더듬어 보면, 회전초(*가을에 줄기에서 분리된 마른 가지가 공 모양으로 뭉쳐 바람에 굴러다니는 풀 — 역주)가 바람에 쓸려 운동장을 가로질러 날아간다. 나는 공책을 열어 각운을 맞춘 4행을 꾹꾹 눌러 적는다. 시는 이렇게 시작한다. "이 적막한 곳 한가운데에." 운동장은 사막, 나는 집을 멀리 떠나온 나그네라고 상상한다. 천만다행으로 뒷부분은 기억나지 않는다. 내가 기억하는 것은 어린 시절 친구가 별로 없고 혼자 있는 시간이 대부분이었으나 그리 외롭지는 않았다는 사실뿐이다.

당시 어린 내가 그것을 깊이 생각해 보았을 리는 없겠지만, 이 둘을 구분하는 것은 중요하다. 외로움이라는 사회적 단절의 고통을 혼자라는 것과 혼동해서는 안 된다. 인간은 평화로운 고독 속에서 혼자서도 외로움을 느끼지 않을 수 있다. 한편 군중 속에서도 외로울 수 있다. 일시적인 또는 상황에 따른 외로움(상실이나 배제에 대한 반응)과 수개월이나 수년간 지속되는 만성적인 외로움도 구분된다. 또 어떤 사람들은 다른 사람들보다 쉽게 외로움을 느낀다.

요즘은 외로움을 거의 타지 않는 사람들도 시험에 드는 시기다. 코로나19 팬데믹이 한창이던 2020년 3월 말 무렵에는 전 세계 인구의 3분의 1인 약 25억 명이 봉쇄령으로 이동을 제한당했다. 어떤 사람들은 가족과 함께 격리되었지만, 혼자 격리된 이들도 있었다. 바이러스가 퍼지면서 외로움도 함께 번져 나갔다. 봉쇄 조치에 대응하는 나의 방법은 조금 진부한 것이었다. 나는 「다섯 가지 질문(Five Questions)」이라는 팟캐스트를 시작해 철학자들을 인터뷰하며 그들에 관한 이야기를 나누었다. 도움이 되었다. 하지만 나는 집에 아내와 아이가 함께 있었기에 어쨌거나 불평할 것이 거의 없었다. 다른 사람들은 상황이 훨씬 좋지 않았다. 어떤 이들은 철저히 혼자였고, 어떤 이들은 학대받는 환경에 놓여 있었으며, 어떤 이들은 딸린 식구나 어린아이들이 있는데도 아무런 도움도 받지 못한 채 간신히 버텨 내고 있었고, 어떤 이들은 병원에서 찾는 이 하나 없이 지내거나 혹은 사랑하는 사람들을 만나러 병원을 찾지도 못했다. 이와 관련된 후유증은 앞으로 수년간 계속될 것이다.

코로나19 이전에도 외로움을 호소하는 인구가 늘어난다는 사실에 대한 우려는 점점 커지고 있었다. 2018년에 영국에서는 트레이시 크라우치가 신설된 '고독부'의 첫 장관으로 임명되었다. "연결된 사회"라는 정책 문서를 발표하고 사임한 크라우치의 뒤를 이어 밈스 데이비스, 이후 다이애나 배런이 고독부를 이끌고 있다. 한편 미국에서는 지난 70여 년간 외로움을 경고하는 책이 꾸준하게 출판되어 왔다. 1950년에 『고독한 군중』부터 1970년대에 『고독의 추구(*The Pursuit of Loneliness*)』와 『이방인의 나라(*A Nation of Strangers*)』, 최근에는 『나 홀로 볼링』과 『외로워지는 사람들』을 비롯하여 다양한 책이 외로움을 다루고 있다. 2006년에 신문 1면을 장식하고 여전히 널리 인용되고 있는 한 연구에 따르면, 2004년에 미국은 '중요한 문제'에 관해 이야기를 나눌 사람이 아무도 없다고 답한 인구가 20년 전인 1985년에 비해 세 배나 많았다고 한다.

매우 일리 있는 이야기다. 지난 200년 동안 '소유적 개인주의'라는 이념(인간을 사유재를 축적하는 사회적 원자로 묘사)이 서구 사회의 필수 조직을 망가뜨리다 못해 너덜너덜하게 만들어 놓았기 때문이다. '외로움'이라는 단어가 영어에 처음 등장한 것은 1800년 무렵이다. 그 이전에 외로움에 가장 가까운 단어는 홀로 있는 상태를 뜻하는 '홀로움(oneliness)'이었다. 이것은 '고독'과 같이 정서적 고통의 뜻을 내포하지 않는다. 어떤 사람들은 심지어 외로움이라는 단어뿐만 아니라 외로움이라는 경험의 근원이 1800년이라고 주장하기도 한다. 그래서 낭만파 시인들의 고독한 사유에 대한 경외(『차일드 해럴드의 순례』를 쓴 바이런 경, 『알라스토르』라고도 부르는 『고독의 영혼』을 쓴 퍼시 셸리, 1804년에 구름처럼 홀로 떠돌던 윌리엄 워즈워스를 떠올려 보라.)가 산업이 발달한 대도시의 소외와 단절로 바뀐다는 것이다. 이는 1836년에 찰스 디킨스에 의해 다음과 같이 포착된다.

> 이상하게도 런던에서는 좋은 시선이든 나쁜 시선이든 무관심의 시선이든 사람이 아무런 관심을 받지 못한 채 살고 죽는다. 누구도 타인에게서 연민을 일깨우지 못한다. 어떤 이의 존재는 그 자신을 제외한 누구의

관심사도 되지 못한다. 그가 죽으면 잊힐 것이라고 말할 수도 없다. 그가 살아 있었다는 사실을 기억하는 이가 아무도 없기 때문이다.

그러나 소수의 외로운 비평가들이 이의를 제기해 온 것처럼, 이와 관련한 자료와 역사는 훨씬 복잡하다. 사회학자 클로드 피셔는 2006년 연구 결과가 발표되자마자 반박에 나섰으나 그리 칭송을 받지는 못했다. 피셔는 외로움을 호소하는 인구의 증가가 "통계적 인공물(자료 수집 방법에 따른 영향)"이라고 주장했고, 그의 주장은 후속 연구들로 입증되었다. 결국 2004년 설문 조사에서 질문 순서가 조작되었고 이것이 응답자의 응답에 영향을 미친 것으로 밝혀졌다. 2010년에 질문 순서를 원래대로 되돌려 다시 설문 조사를 실시하자 이야기를 나눌 사람이 아무도 없다고 대답한 응답자의 비율이 1985년에 비해 낮게 나타났다. 피셔는 저서 『여전히 연결된(*Still Connected*)』에서 미국의 사회적 연결망이 그 형식이 변화하기는 했지만 1970년 이후에도 질적으로나 양적으로나 여전히 건재하다는 증거를 풍부하게 제시한다.

역사적으로 보면 외로움의 고통은 1800년 이전까지는 거의 알려진 바가 없다. '외로움'의 어원이 아니라 친구에 대한 절실한 필요성에 관한 것이라면 아리스토텔레스에서 찾을 수 있다. "친구가 없다면 누구도 살기를 원하지 않을 것이다." 좀 더 서정적인 표현은 스코틀랜드의 철학자 데이비드 흄이 18세기 중반에 남긴 글에서 찾을 수 있다.

> 철저한 고독은, 아마도, 인간이 겪을 수 있는 가장 큰 형벌일 것이다. …… 자연의 모든 힘과 비바람이 한 사람을 위해 봉사하고 복종하게 하라. 그의 명령에 따라 해가 뜨고 지게 하라. 바다와 강은 그가 원하는 대로 흐르고, 땅은 그에게 필요하고 그가 좋아할 만한 것은 무엇이든 내어놓게 하라. 그러나 그는 여전히, 그와 함께 행복을 나누고 그에게 존경과 우정을 보내 줄, 적어도 어떤 한 사람이 주어지기 전까지는 불행할 것이다.

"그 내면의 눈 / 그것은 고독의 축복이노라."라고

노래한 낭만주의 시각도 워즈워스와 함께 남았다. 이는 시인 라이너 마리아 릴케 안에서도 여전히 살아 숨 쉰다. 릴케는 1929년 작품 『젊은 시인에게 보내는 편지』에서 편지의 수신자에게 "고독을 사랑하고 고독이 불러오는 고통을 달콤한 탄식으로 참아내라."라고 충고한다. (W. H. 오든은 그의 시 「새해 편지」에서 릴케를 "외로움의 산타클로스"라고 부른다.) 최근에는 정신의학자 앤서니 스토가 1988년 작품 『고독의 위로』에서 혼자 있는 것의 생산적 힘을 찬양했다.

외로움과 관련된 역사를 더욱 복잡하게 만드는 사실은 외로움과 "소유적 개인주의(원자화된 소비 이념)" 사이의 추정되는 관계로 인해 모든 게 뒤집힌다는 점이다. 실제로 개인주의와 시장경제의 부상, 친밀한 우정 사이에는 연관성이 있다. 하지만 그것은 흔히 알려진 바와는 정반대다. 옥스퍼드 출신 역사학자 키스 토머스는 『인생의 목적』에서 초기 근대 영국 사회의 우정을 분석하며 친구를 친척, 전략적 협력자, 상호 조력의 원천으로 구분한다. 토머스는 "어떤 종류이든 친구들은 모두 유용하기에 존중되었다. 친구라고 해서 반드시 '좋아할' 필요는 없었다."라고 적고 있다. 이는 경제적 삶과 개인적 삶을 구분한 것으로, 이 구분을 가능하게 한 것은 사회적 필요에 종속되지 않는 사적인 우정의 공간을 마련해 준 시장이었다. 효용이 아닌 즐거움을 위한 친교를 옹호한 대표적인 사람들은 스코틀랜드의 계몽사상가였다. 흄의 친구로 산업자본주의의 교과서라 할 수 있는 『국부론』을 쓴 애덤 스미스도 그중 하나였다. 시장의 "보이지 않는 손"은 교우 관계에서 제공되었다.

그러나 이 중 어떤 것도 이후 수 세기가 흐르는 동안 개인주의와 친밀한 우정이 더욱 적대적인 관계가 되는 것을 막지 못했다. 오늘날 인간은 더 외로워졌다. 그러나 외로움의 역사에 대해 책임감 있게 이야기하려면 반대로 진행된 변화를 인정해야 할 것이다. 예를 들어 20세기 중반 내내 가사 노동의 부담을 떠안은 노동자계급 여성에게 우정을 위한 시간은 거의 없었다는 사실이나, 동성애자에게 찍힌 낙인이 그들에게 얼마나 큰 외로움을 초래해 왔는지 생각해 보자. 이 두 가지 사실 모두 상대적으로 보아 오늘날 사람들이 더 많은 자유를 누리고 덜 외롭다고 할 수 있는 대목이다. 게다가 최근의 발전에 대해서는 아직 결론을 내릴 수 없다. 소셜 미디어가 인간의 교류 형식을 완전히 바꾸어 놓기는 했지만, 그것이 타인과 관계를 맺는 인간의 능력을 훼손하는지를 판단하기엔 너무 이르다.

팬데믹 이전에는 외로움이 급증하고 있다는 사실에 대한 결정적인 증거가 부족했다. 그러나 지금은 의심의 여지가 없다. 그러나 이처럼 만연해지지 않았더라도 외로움은 심각한 문제다. 그동안 사회과학자들은 외로움이 신체에 미치는 영향을 계량화해 왔는데, 결과는 실로 놀랍다. 심리학자 존 카치오포는 윌리엄 패트릭과 함께 낸 책에서 이것을 다음과 같이 정리한다. “사회적 고립이 건강에 미치는 영향은 고혈압, 운동 부족, 비만, 흡연의 영향과 비슷하다. …… 만성적 고립감은 실제로 노화 과정을 가속하는 일련의 생리학적 사건들을 초래한다.”

그 결과는 부실한 식사, 운동 부족, 과음과 같은 ‘동시 이환’ 행동뿐만 아니라 외로움의 주관적 경험에 따라 달라진다. 외로움은 일종의 생리학적 스트레스 반응, ‘투쟁 도피 반응’과 연관된 염증을 일으키는데, 이는 신체 건강

저하의 원인이다. 1970년대에 9년간 진행된 한 연구에 따르면, 사회적 유대가 적은 사람일수록 사회적 유대가 많은 사람보다 사망 확률이 2~3배가량 높았다.

공공 정책 관점에서는 이런 사실을 아는 것이 중요하다. 그러나 이런 사실들은 외로움 자체의 해악보다 외로움이 낳는 부작용을 가리킨다. 사회적 고립이 건강에 미치는 영향을 개선하는 약을 먹을 수 있다 하더라도, 누군가와 함께 있기를 바라는 인간의 욕망은 그대로 남는다. 그보다 우리는 고립감이 어떤 느낌인지 살펴볼 필요가 있다. 기능적 자기공명영상을 통해 보면 사회적 거절로 인해 활성화하는 뇌 부위가 육체적 고통과 관련된 뇌 부위와 같다는 사실을 알 수 있다. 그러나 외로움이 고통스럽다는 말밖에 할 수 없다면 우리는 왜 외로움이 인간에게 해로운지 모르는 것이다. 외로움은 왜 고통스러운가? 그리고 그 고통은 어떻게 살아야 하는가에 대해 우리에게 무엇을 말해 주는가?

그동안 외로운 철학자들은 있었지만 외로움에

관하여 방대한 글을 남긴 철학자는 드물다. 대신 외로움은 철학자들의 저작에서 에둘러 드러난다. 혹자는 데카르트 이후 근대 철학의 역사(비록 선택적이기는 하나)를 유아론에 맞선 투쟁이라고 말한다. 유아론이란 실재하는 것이 자아뿐이라는 개념으로 인간은 철저히 혼자라고 주장한다. 1639년 난로가 있는 거실에서 명상을 하던 데카르트는 확실한 기초 위에 자신의 세계를 재정립하고자 타인의 존재를 포함하여 의심해 볼 수 있는 모든 것에 대해 의심을 품었다. 그는 먼저 하나뿐인 자아에 대한 검토로 시작한다. "나는 생각한다. 고로 나는 존재한다." 그런 다음 적어도 스스로 납득할 만큼 신의 존재를 증명한다. 신이 인간을 속이는 일은 없으므로, 우리는 타인 등의 외부 세계에 대한 우리의 "명석 판명한 인식"을 신뢰할 수 있다고 결론 내린다.

문제는 데카르트의 증거가 설득력이 없었다는 사실이다. 우리는 우리가 혼자가 아니라는 것을 알지만, 그것은 우리가 신의 존재를 증명했기 때문이 아니다. 데카르트 이후 등장한 철학자들은 "나는 생각한다. 고로 존재한다."를 다시 논의하며 데카르트가 난로 있는 방에 앉아 혼자 사색하던 순간에도 타인에게 의지했다고 주장한다. 독일의 철학자 게오르크 빌헬름 프리드리히 헤겔은 19세기 초에 남긴 저술에서 인간은 상호 인정을 통해서만 자기 자신을 완전히 인식할 수 있다고 주장했다. '너' 없이 '나'는 없다는 의미다. 장 폴 사르트르는 "우리가 '나는 생각한다.'라고 말할 때, 우리는 각자 타인의 존재 안에서 자기 자신을 획득하고, 자기 자신에 대해 확신하는 만큼 타인에 대해서도 확신한다."라고 했다. 20세기 최고의 철학자라고도 불리는 루트비히 비트겐슈타인 역시 그의 위대한 유작 『철학적 탐구』에서 "사적 언어"는 있을 수 없다면서, 사유와 말은 사회적 행위 또는 "언어 놀이" 안에서만 행동이 될 수 있다고 주장한다. 난공불락의 고독이란 있을 수 없다는 말이다.

이 철학자들의 이야기가 맞다면 인간은 타인에 대한 형이상학적 필요를 지닌다. 인간의 개인적 고유성은 스스로 성립되지 않는다. 자기 존재를 의식하는 존재인 인간은 타인과의 관계를 벗어나서는 온전히 존재할 수 없다. 이것은 심오한 관념이다. 하지만 생각보다 외로움이 초래하는 해악에 대해 많은 것을 설명해 주지는 않는다.

자기 인식이 가치 있으므로 그것을 좌우하는 것에도 동일한 가치가 있을 것이라는 주장은 그럴듯하다. 인간이 다른 사람과의 관계를 통해서 자기 자신을 인식할 수 있다면, 타인과의 관계도 마찬가지로 가치 있다고 할 수 있다. 외로움이 나쁜 이유도 그래서다. 그러나 이런 추론은 틀렸다. 아름다운 그림 아래 숨겨진 캔버스가 그림처럼 아름답다고 할 수 없듯이, 어떤 선한 것에 필요한 것이라 해서 꼭 선한 것과 동일한 가치를 지니는 것은 아니다. 현재 케임브리지 대학교의 피츠윌리엄 박물관에는 화가 그웬 존이 1923~24년에 그린 「회복 중인 사람(*The Convalescent*)」 한 점이 소장되어 있다. 이 그림은 부서지기 쉬운 유화로 파란색 드레스를 입고 조용히 앉아서 책을 읽고 있는 여성의 초상화다. 깊은 감동이 있는 그림이다. 그러나 캔버스가 없었다면 이 초상화가 존재할 수 없었다고 해서, 그림 밑에 숨겨진 캔버스가 감동을 주는 것은 아니다. 어떤 선한 것이 존재하기 위해 반드시 필요한 조건(아름다운 그림의 캔버스나 자기 인식을 위한 사회적 조건)들이 꼭 그것들이 떠받치는 가치를 공유하는 것은 아니다.

그렇다면 외로움이 인간에게 해로운 이유는 고독이 인간의 자기 인식을 무너뜨리기 때문이 아니다. 인간이 사회적 동물이고 사회가 사회적 동물에게 당연한 것이 아니기 때문에 나쁜 것이다. 외로움이 초래하는 해악은 자아의 추상적 본질이 아니라 인간의 본성에서 비롯된다.

나는 어린 시절을 대부분 혼자 보냈지만 외롭지는 않았다. 게다가 철저히 혼자도 아니었다. 나는 언제나 가족이라는 테두리 안에 있었다. 사춘기에 접어들어 가족에게서 멀어지면서 외로움의 세계에 발을 들였다. 본래 혼자 있기를 좋아했기 때문에 친구를 사귀는 연습을 거의 하지 않았다. 나는 사람들과 어떻게 가까워지는지, 친구 관계에서 있을 법한 문제는 어떻게 해결하는지, 마음을 닫지 않고서 마찰이나 의견 충돌에는 어떻게 대처하는지와 같은 것을 배우지 못했다. 고등학교에 가면서 일종의 거리감(주변부에 머무는 느낌)이 내 안에 자리 잡았고 그것은 대학교 시절까지 이어졌다. 나는 여전히 일대일 교류에서 스트레스를 많이 받는다. 말을 해야 한다는 부담감을 덜 느끼는, 많은 사람이 모여 진행되는 대화가 더 편하다. 많은 사람이 그렇듯 나는 소외된 기분, 다른 사람들에게 가 닿을 수 있는 사회적 인간관계의 더 넓고 매끄러운 조직망에서 배제된 듯한 기분을 느낀다. 나는 그 기분이 좋지는 않지만, 그냥 받아들인다. 인간은 사회적 필요와 씨름하며 사는 존재다.

아리스토텔레스는 한 발짝 더 나아가 "인간은 천성적으로 정치적 동물이다."라고 주장했다. 여기서 정치적이라는 의미는 사회 안에서 가족이나 친구와 함께 어울려 사는 것뿐만 아니라 '폴리스', 즉 도시국가에 속해 있다는 말이다. 그런 의미에서 나는 인간이 천성적으로 정치적인지 잘 모르겠다. 그러나 사회적인 것은 확실하다. 인간은 언제나 가족부터 부족, 민족에 이르는 사회적 집단 안에서 함께 어울려 살아왔다. 유인원과 초기 원시 인류와 확연히 다른 인간의 독특한 사회성은 공동주의(joint attention, *관심을 공유하는 것 — 역주)와 '집단 지향성'의 힘에 근거하고 있으며, 우리는 이것들을 통해 스스로를 한 종의 일원으로 인식한다. 인간은 진화를 통해 이런 능력을 발전시켜 왔고, 그런 인간 진화의 역사는 상호 의존성과 취약성에 관한 이야기다.

사회에 대한 필요가 인간 본성에 흐른다는 사실은

양극단에서 분명하게 드러난다. 먼저, 애정에 굶주린 갓난아기는 성장한 후에도 오래도록 문제를 겪는다. 심리학자 존 볼비는 1960년대에 애착 이론을 창시한 사람이다. 갓난 붉은털원숭이 새끼들이 철사로 만든 대리모가 우유를 제공하는데도 철사 대리모보다 부드러운 천으로 만든 대리모를 더 좋아한다는 연구 결과에서 착안한 것이었다. 편안함이 음식보다 더 중요하다는 의미였다. 신체 접촉의 기회 없이 태어나자마자 분리된 원숭이들은 무리로 돌아갔을 때 두려움과 공격성을 번갈아 나타내고 끊임없이 몸을 앞뒤로 흔드는 등 비정상적인 행동을 보였다. 볼비는 제2차 세계대전 후 유럽의 노숙 아동들에게서도 유사한 행동을 발견했다. 또 1980년대에 루마니아의 니콜라에 차우셰스쿠 정권하에서 집단 양육된 고아들에게서도 비슷한 행동이 나타났다. 볼비의 관찰 결과는 1970년대에 그의 제자였던 메리 에인스워스가 개발한 영아-양육자 애착 유형이라는 체계적 이론이 탄생하는 원동력이 되었다. 세부 내용은 여전히 논쟁의 대상이지만, 초기 애착이 행복에 오랜 영향을 미친다는 사실은 의심의 여지가 없다.

다른 극단의 사례는 죄수를 하루에 22~24시간 동안 폐쇄된 감방에 가두는, 사실상 인간과의 접촉이 전무한 독방 감금이다. 19세기 초 미국 교도소에서는 독방 감금이 수감자들을 위한 속죄의 길이라고 여겼다. 그러나 실상은 전혀 그렇지 않았다. 1833년에 알렉시 드 토크빌과 귀스타브 드 보몽이 서술한 것처럼 죄수들은 "완전한 고립에 처했다. 그러나 이런 철저한 단절은 중단되지 않으면 인간 정신력의 한계를 벗어난다. 그것은 끊임없이 무참하게 죄수를 파괴한다. 그것은 사람을 개심시키는 게 아니라 살해한다." 2014년 미국시민권연맹의 보고서에 따르면 "고립이 초래하는 임상적 영향은 지각 왜곡, 환각, …… 심각한 만성 우울증, …… 체중 감소, 심계항진, 정신적 위축, 무딘 정서 및 무심함, …… 두통, 수면 장애 …… 어지러움, 자해 등 신체 고문이 초래하는 영향과 유사할 수 있다." 그럼에도 독방 감금은 여전히 미국 교도소에서 시행되고 있으며, 수개월 또는 수년 동안 지속되는 경우도 있다. 심지어 학교에서도 사용된다.

극단은 그저 극단일 뿐이다. 그러나 이런 극단의 사례들은 내가 느끼는 단절감, 특히 혼자 사는 이들에게 팬데믹이 초래한 무감각과 당혹감, 거부, 우울, 정서적 위축과 같이 더 평범한 일상의 좌절에서 드러나는 사람과의 접촉의 필요성을 방증한다. 외로움이 인간에게 해로운 이유는 사회가 인간적 삶의 형식에 가장 중요한 것이기 때문이다.

곁에 누군가 있는 것이 언제나 좋다거나, 사람이 많을수록 더 즐겁다고 말하는 게 아니다. 인간은 혼자 지내는 시간도 필요하다. 18세기 후반에 철학자 이마누엘 칸트는 "인간의 비사교적 사교성, 다시 말해 사회에 편입되려 하면서도 끊임없이 이 사회를 붕괴시킬 것 같은 철저한 저항과 결합한 성향"에 관해 적절하게 서술했다. 칸트는 인간에게 타인이 필요하다는 것을 인정하지만, 인간은 타인이 지배하거나 제압하는 것에 거부감을 느끼기 때문에 자기만의 공간을 원한다고 주장한다. 이런 이중적 성향이 "인간 본성에 자리한다."라는 것이다. 칸트 자신은 악명 높을 정도로 엄격한 독신 생활을 영위했지만, 풍부한 대화가 오고 가는 만찬회를 즐기는 것으로도 유명했다.

인간이 사회적 동물이라는 사실은 곁에 누군가

있기를 바라는 욕망이 바틀비의 공허한 선택과 왜 같지 않은지 설명한다. 인간이 타인과 시간을 보내는 것은 그만한 이유가 있다. 인간의 사회적 필요는 사람마다 다르고 인간은 모두 혼자만의 시간이 필요하다는 사실은 왜 다양한 사회적 양식이 합당한지, 왜 어떤 사람들은 다른 사람들보다 더 사교적인지 설명해 준다. 프랑스의 시인이자 소설가인 빅토르 위고에게 "지옥 전체는 한마디로 정리하면 '고독'"이었던 반면, 사르트르(또는 그의 작품 속 등장인물 중 하나)에게 "지옥은 타인"이었다. 이 경계에 존재하는 사람들이 바로 은둔자인데, 고독한 삶에 관한 책을 쓴 20세기 트라피스트 수도자 토머스 머튼이 고독한 삶을 "매우 위험"하다고 여겼고 "고독한 소명의 핵심은 바로 무한에 가까운 시련을 견뎌야 하는 고통이다."라고 말했다는 사실은 주목할 만하다. 사회성이라는 연속체 위에서 대부분의 인간은 그 중간 어딘가에 속한다.

그렇다면 우리는 외로움을 인간의 삶에 위치시킴으로써 이해할 수 있다. 우리는 사회적 필요를 지닌 사회적 동물이고, 그런 사회적 필요가 제대로 충족되지 않을 때 괴로워한다. 외로움이 바로 그 괴로움의 이름이다. 하지만 우리는 여전히 외로움이 초래하는 문제를 분명하게 밝힐 필요가 있다. 인간 본성에 호소하는 것, 다시 말해 좌절된 사회적 필요를 이야기하는 것은 외로움의 고통을 바깥에서 접근하는 것이다. 우리는 그 고통을 내부로부터 파악하는 것이 좋다. 외로움은 왜 그토록 쓰라릴까? 외로움은 왜 그토록 괴로울까? 현상학의 도움을 빌리면 생생한 삶의 경험의 내용을 획득할 수 있다. 외롭다는 것은 결핍이나 공허함, 자기 안에 있는 빈자리를 감지하는 것이다. 외로움은 밀쳐지고, 작아지고, 완전히 사라져 버린 느낌이다. 그러나 외로운 사람들이 무엇을 그리워하는지 들여다보면 더 깊이 이해할 수 있다. 답은 한마디로 친구다. 외로움의 나쁜 점이 무엇인지, 그리고 해결 방법이 무엇인지 더 잘 알려면 우리는 우정이 왜 좋은지 이해할 필요가 있다.

매번 아리스토텔레스를 소환할 필요는 없지만, 이번에는 해야 한다. 『니코마코스 윤리학』 10권 중 2권을 흔히 '우정/친구 관계'라고 해석되는 '필리아(philia)'에

할애한 아리스토텔레스는 서양 철학에서 우정에 관한 한 가장 위대한 사상가이기 때문이다. 그는 가장 훌륭한 형태의 우정과 그것이 우리 삶에서 차지하는 자리에 관한 논의와 함께 동등하지 않은 친구 관계에 대처하는 방법(한쪽이 다른 한쪽을 더 좋아할 때 대처하는 법)이나 두 친구 사이에서 선택을 강요받는 경우처럼 상충하는 의무감 사이에서 균형을 찾는 방법에 대한 실용적인 조언을 제공한다. 그의 지혜를 고대 그리스 사상가들이 보존했는데, 그중 키케로는 기원전 44년에 아리스토텔레스의 주장을 개괄하여 우정에 관한 책을 썼으며 그 책은 지금까지 친구란 무엇인가에 대한 철학적 해석의 기준을 제공하는 시금석으로 남아 있다.

우정에 관한 아리스토텔레스의 비전이 정확하게 간파한 것이 있다. 효용성을 추구하는 우정, 즐거움을 추구하는 우정, 덕을 추구하는 우정 등 다양한 우정의 종류를 인정하고 가족 관계도 우정의 형태로 간주한 점이다. 현대인들은 관계를 구분 짓는 경향이 있어서 가족과 친척에 차이를 두고 연인과 단순 친구, 심지어 '이익을 주는 친구'(*가볍게 잠자리를 갖는 친한 친구 — 역주)까지 구분한다. 아리스토텔레스의 좀 더 포괄적인 견해는 더 심층적인 사실을 드러낸다. 바로 가족과의 관계가 사회적 동물인 우리 삶의 핵심으로, 연애와 마찬가지로 외로움을 물리쳐 준다는 사실이다. 내가 이 책에서 말하는 우정은 연인은 물론 가까운 가족 구성원을 모두 포함한다. 안타깝게도 영어에는 이 '필리아'에 정확히 대응하는 단어가 없다. 이것은 "내 등을 긁어 줘. 그럼 내가 네 등을 긁어 줄게."라고 말할 만한 완전히 실용적인 관계를 포함하기 때문에 너무 광범위하다. 우리가 다루는 주제는 단순한 친교나 도움이 되는 낯선 사람에 대한 태도가 아니라 사랑의 의미다.

아리스토텔레스의 우정론은 윤리적 덕에 기반을 둔 것으로, 용감하고 정의로우며 온화하고 관대한 남성들의 우정을 말한다. 아리스토텔레스의 주장에 따르면 성품 때문에 사랑받는 것은 그 사람을 그 사람답게 만드는 것 때문에 사랑받는 것이다. 사랑과 욕망은 언제나 선을 지향하므로 성품이 유덕한 사람들만이 자기 모습 그대로 진심으로 사랑받을 수 있다. 진정한 우정은 진정한 덕처럼 흔치 않다. 『일리아드』에 등장하는 남성 유대 관계의 전형인 아킬레우스와 파트로클로스는 진정한 친구로서 서로 사랑한다. 여러분이나 나는 그런 행운을 누릴 수 없을지 모른다.

다행히도 꼭 그렇지만은 않다. 우정은 어려울지 모르지만, 아리스토텔레스가 생각하는 이유 때문은 아니다. 우리는 고결한 행위를 행하는 영웅이나 정치가가 되지 않아도 친구가 될 수 있다. 내가 생각하는 친구란 함께 술을 마시고, 서로의 농담에 웃고, 슬퍼하고, 서로의 소식을 전하고, 영화를 보고, 게임을 하고 음식을 해 먹는 사람들이다. 이런 친구 중 일부는 유덕하다거나 훌륭하다고 부를 만한 이들이지만, 나머지는 딱히 그렇지 않다. 여러분이 떠올리는 친구도 다양한 일을 하는 다양한 종류의 사람들일 것이다. 우리는 문화적 형식(*특정 문화가 구현되고 표현되는 형식 — 역주)을 변형하고 수정하며 각자의 우정의 조건을 조용히 결정한다. 악한 사람과는 우정을 쌓기 힘든 게 당연하다. 나를 친구로 생각하지 않기로 한 순간 거액을 갈취해 간 사람을 진정한 친구라고 부를 수는 없을 테니 말이다. 그렇다고 해도 우정에 뛰어난 덕이 필요한 것은 아니다.

아리스토텔레스가 어디서 갈피를 못 잡았는지를 보면 친구와 가족을 향한 사랑에 관한 심오한 사실이 드러난다. 아리스토텔레스의 실수는 우정을 덕을 조건으로 하는 능력주의로 생각한 것이었다. 그는 이렇게 묻는다. “그러나 우리가 누군가를 선하다고 여겼는데 알고 보니 악하거나 그렇게 보일 때 그래도 그를 사랑해야 할까? 분명 불가능하다. 오직 선한 것만이 사랑받을 수 있기 때문이다.” 아리스토텔레스에게 있어 친구는 어떤 면에서 미덥지 않은 존재다. 우리가 친구의 자질을 잃는 순간 그들은 우리를 버리거나 더 이상 사랑하지 않을 게 분명하기 때문이다. 이는 현실과 정반대다. 우정이 반드시 무조건적이어야 한다고 말하는 게 아니다. 하지만 무조건적일 수도 있다. 내게도 더 이상 좋아할 수 없을 만큼 친구가 완전히 변해 버린 경험이 있다. 그래도 나는 여전히 그들을 아낀다. 친구가 아무리 개자식이 되어도 내게는 그들의 속죄가 내가 알지도 못하는 어느 얼간이의 속죄보다 훨씬 중요하다. 여러분도 나와 똑같을 것이다.

아리스토텔레스의 실수는 누군가를 그 사람 자체로 사랑하는 일이 그의 품성 때문에 사랑하는 것이라는 그의 처음 주장으로 거슬러 올라간다. 현실은 전혀 그렇지 않다. 우리는 우리의 품성과 다르다. 품성이란 특이한 버릇, 특성, 미덕과 악덕의 집합체로 모두 우리가 극복할 수 있는 것들이다. 우리는 고유하고 현실에 근거한 인간이며 우리가 가진 속성으로 정의되지 않는다. 그러므로 그 사람이기 때문에 사랑받는다는 것은 그 사람을 그 사람으로 만들어 주는 자질 때문에 사랑받는 게 아니다. 또 친구로 존중받는 것은 존경받는 것과 같지 않다. 오히려 그 반대다. 그 사람이기 때문에 사랑받는 것은 사랑받을 수밖에 없는 특별한 특성과는 무관하게 사랑받는 것이다. 그리고 친구로 존중받는 것은 그가 가진 결점과 상관없이 존중받는 것이다.

철학자들은 누군가를 사랑하는 것을 과장이라고 할 만큼 그 사람의 가장 좋은 점을 보는 것이라고 주장하기도 하는데, 이것을 흔히 "인지적 편파성"이라고 부른다. 일반화하기는 주저되지만, 내 경험에 따르면 이는 사실과 다르다. 부모는 최선이든 아니든 상관없이 냉정하리만큼 비판적일 때가 있지만, 그것이 자녀에 대한 사랑과 모순되지는 않는다. 게다가 자녀도 부모에 대해 기꺼이 비판적일 수 있다. 이는 부모와 자녀 간의 사랑에만 국한되지 않는다. 이 세상에 내 결점에 관해 나의 아내보다 잘 아는 사람은 없고, 나 역시 아내의 단점을 많이 알고 있다. 그렇다고 해도 그것이 우리가 서로를 사랑하는 데에 방해가 되지는 않는다.

이런 사실은 모두 우정의 가치를 확인할 수 있도록 도와주며, 그렇기에 반대로 생각하면 외로움의 폐해를 확인하는 데도 도움이 된다. 우정의 가치는 다양하다. 우정은 많은 종류의 의미와 즐거움을 선사한다. 그러나 그것의 가치는 궁극적으로 친구 관계에 있는 사람들이 지닌 무조건적인 가치에서 온다고 나는 생각한다. 여러분의 삶에서 중요한 친구 관계를 떠올려 보라. 결국 그 우정이 중요한 이유는 그 친구가 중요하고 그 친구에게 내가 중요하기 때문이다. 진정한 친구는 두 사람을 이어 주는 우정뿐만 아니라 서로를 소중히 여긴다.

이런 차이는 미묘해 보일 수 있지만, 친구 관계에서 일어나는 일상적인 불화나 분노에서 잘 드러난다. 예를 들어, 내가 병원에 있는 친구를 병문안한다고 가정해 보자. 내가 우정을 위해 병문안을 하는 것과 친구를 위해 병문안을 하는 것에는 차이가 있다. 친구에 대한 애정 때문에 병문안을 한 것이 아니라 그저 우정을 지키기 위해 또는 친구 사이면 반드시 해야 하니까 병문안을 했다면 그 친구는 아마도 상처받을 것이다. 철학자 마이클 스토커가 지적한 것처럼 "우정에 대한 관심은 친구에 대한 관심과 다르다." 우리는 우정에 노력이 필요할 때(우정을 쌓기 위해 애쓰거나 우정이 시들어 가고 있을 때처럼)나 친구로서의 의무를 다하기를 주저할 때 우정의 가치에 주목하는 경향이 있다. 아무 일 없이 평안할 때 우리는 우정 '너머'의 그 친구를 '본다.'

이런 식으로 우정을 이해하는 방법은 인간 삶의 가치에 대한 관점에 더욱 심오한 변화를 가져온다. 사람은 능력과 관계없이 그 자체로 중요하다는 관점은 계몽주의 철학의 대표적인 관념이다. 칸트는 "값"과 반대되는 이런 무조건적인 가치를 "존엄성"이라고 불렀다. 그는 "값이 있는 것은 그것에 '상응'하는 다른 것으로 대체될 수 있다."라고 하면서 "반면, 값을 매길 수 없을 만큼 고귀해서 상응하는 것이 없는 것에는 존엄성이 있다."라고 썼다. 사랑이 받들고 외로움이 감추는 것이 바로 인간의 존엄성이다. 존엄성은 존중을 절실히 요구한다.

이렇게 우정은 도덕과 얽혀 있다. 아리스토텔레스의 잘못은 진정한 우정을 서로의 덕을 알아보는 일이라고 여긴 점이었다. 그보다 진정한 우정은 인간의 존엄성을 서로 인정해 주는 데에 있다고 할 수 있다. 철학자 데이비드 벨먼이 사랑(연인, 가족, 친구 간의 사랑)을 “도덕적 감정”이라고 부른 것도 이 때문이다. 다정한 친구 관계가 일종의 상호 존중에 관한 계약이라거나, 우정이 상호 존중을 반드시 수반한다는 말이 아니다. 사랑 없이도 존중할 수 있고, 친밀함이 경멸을 낳기도 하기 때문이다. 그러나 존중과 사랑은 같은 가치를 인정한다. 벨먼이 말한 것처럼 존중은 “필수적인 최저점”이고 사랑은 “선택에 따른 것”이지만 무엇과도 바꿀 수 없는 인간의 가치에 꼭 어울리는 응답이다.

그러므로 진정한 우정은 능력에 기반을 두지 않는다. 일반적인 일들이 그렇듯이 사람들의 재능과 덕은 우정을 용이하게 만든다. 그러나 친구는 이런 특질이 지니는 가치 너머에 있는 친구의 가치를 본다. 궁극적으로 우정이 중요한 이유는 다른 사람이 그러하듯이 그 친구가 중요해서다. 이것은 앞서 예로 든 병문안 이야기, 친구를 걱정해서가 아니라 우정을 유지하기 위해 병문안을 한 일이 왜 잘못되었는지 설명해 준다.

그리고 마침내 외로움이 왜 그토록 괴로운 것인지도 설명한다. 친구들과 만날 수 없어 함께 시간을 보내던 일을 그리워하는 것도 외로움이다. 멀리 떨어져 있으니 그들이 소중하다는 사실을 확인시켜 줄 수도 없고 내가 소중하다는 것을 확인받을 수도 없다. 그래서 공허함이 생긴다. 예전에는 채워져 있던 내 안의 빈자리가 지금은 텅 비어 있다. 그러나 더 완전한 형태의 외로움이 있다. 바로 친구가 없는 것이다. 친구가 없으면 우리의 가치는 실현되지 못한다. 다른 사람은 거리가 느껴질 만큼 우리를 깍듯하게 대하겠지만, 인간으로서 우리의 가치는 인식되지도 않고 인정받지도 못한다. 우리 현실이 위태롭게 느껴지는 것도 이 때문이다. 친구가 없으면 위축되고 자신이 인간 세계에서 사라진 듯한 기분이 든다. 인간은 사랑을 위해 만들어졌고, 사랑이 없으면 어찌할 바를 모른다.

다시 한번 극단의 사례가 빛을 발할 때다. 훗날 대부분

무죄로 판명되었지만 미국에서 약물 사범으로 투옥된 후 2000일 이상을 독방에서 보낸 파이브 무알림악(Five Mualimm-ak)은 현재 대규모 수감을 반대하는 운동을 벌이고 있다. 그는 자신의 경험을 이렇게 서술한다. "삶의 본질은 인간과의 접촉과 그 접촉이 가져다주는 존재에 대한 긍정이다. 그런 접촉이 없으면 사람은 자의식을 잃는다. 아무것도 아닌 존재가 된다. …… 나는 내 자신에게조차 보이지 않는 존재가 되었다." 인간은 사랑에서 찾을 수 있는 존재에 대한 긍정이 필요하다.

외로움의 해악을 진단하는 것과 치유법을 제안하는 것은 별개의 문제다. 쉬운 해결책이 없는 이유 중 하나는 외로움이 스스로 자라기 때문이다. 고립은 두려움을 자극하고 두려움은 고립을 악화한다. 그러나 철학이 예견하고 사회과학이 입증해 준 외로움 탈출 방법이 하나 있다. 우리는 소설과 회고록, 자서전을 통해 이것을 알아볼 것이다.

무라카미 하루키의 소설 『색채가 없는 다자키 쓰쿠루와 그가 순례를 떠난 해』는 카프카 스타일로 시작한다. 다자키 쓰쿠루는 대학교 2학년 시절 6개월 동안 처절한 절망의 시간을 보낸다. “마치 그는 몽유병에 걸려 사는 사람처럼, 이미 죽었으나 아직 그 사실을 눈치채지 못한 사람 같았다.”

> 다자키 쓰쿠루가 왜 그토록 죽음에 사로잡혀 있는지는 분명했다. 어느 날 가장 친한 친구들, 아주 오랫동안 알고 지낸 친구 넷이 다시는 그를 보고 싶지도 그와 이야기하고 싶지도 않다고 선언했기 때문이다. …… 그들은 어떤 설명도 하지 않았다. 그렇게 가혹한 선언을 하면서 단 한마디도 없었다. 그리고 다자키도 감히 물어볼 엄두를 내지 못했다.

마침내 용기를 내 이유를 묻자 돌아온 답은 이것뿐이었다. “생각해 봐. 그러면 알게 될 거야.” 그러나 카프카 소설의 주인공 요제프 K가 알 수 없는 혐의로 재판을 받게 되는 것처럼, 다자키도 이유를 전혀 짐작할 수 없다. 그는 결국 네 친구의 이름이 중심이 되는 신경과민증적인 가설에 도달한다. 네 친구의 이름은 모두 어떤 색을 의미하는데 자신의 이름은 '창조하다'라는 의미를 지녔다는, 다시 말해 다자키 혼자 색채가 없는 이름을 가지고 있다는 게 결론이었다. 그는 친구들 없이 이따금 데이트를 하며 철도 기사라는 직업에만 몰두한 채 목적 없이 살아간다.

이 소설에서 가장 재밌는 점은 이야기 중간에서 이루어지는 플롯의 전환이다. 다자키가 가볍게 만나는 여자 친구 사라가 그에게 과거를 대면해 보라고 종용하면서 소설은 급격한 장르의 변화를 겪는다. 인간은 서로가 서로에게 이해할 수 없는 존재라는 혼란스러운 이야기로 시작된 소설은 한 편의 교양 있는 연속극처럼 끝을 맺는다. 다자키는 친구들의 배신에 관한 진실을 알게 된다. 그는 그것을 받아들이고, 자신이 사랑에 빠졌음을 자기 자신과 사라에게 시인한다. 두 장르가 충돌하면서 이곳저곳에서 편집증적인 분위기가 감도는데, 이를테면 사라는 아무도 이해할 수 없는 "내가 처리해야 할 일들"을 넌지시 언급하며, 우스꽝스러우면서도 사람을 위축시키는 말들을 장황하게 남기고 사라진다. "'당신은 아직도 마음에 걸리는 게 있어. 당신이 받아들일 수 없는 무언가가 말이야. 그리고 자연스럽게 흘러야 할 감정이 막혀 있어. 당신을 보면 그냥 그런 생각이 들어.'"

하루키의 소설은 거절이 신뢰와 자기 신념을 깨뜨리는 것 같은 외로움의 반복되는 주기와 그 주기에서 탈출하는 데에 필요한 극적인 전환(소설 중간에 벌어지는 장르의 전환 같은)을 따라간다. 외로울 때 사람은 두려움에 빠진다. 데카르트를 덫에 빠뜨렸던 따뜻한 고립의 방에서 나가는 것을 두려워하고, 나갈 때마다 경험하는 것을 경계한다. 작가 에밀리 화이트는 고질적인 외로움에 관해 쓴 회고록에서 이런 외로움의 작동 원리를 다음과 같이 설명한다. "사람들과 어울리는 것이 필요하다고, 사교성은 자연스레 생겨날 거라고 스스로에게 말한다. 그러면 사람들과 만나 교류할 생각에 스트레스를 받기 시작하고, 스트레스를 달래기 위해 더 많은 시간을 혼자 보낸다." 성공적으로 바깥세상을 모험하는 일은 다른 관점으로 세상을 보는 것이다. 카프카처럼 이 세상을 위험하고 사악한 비밀로 가득한 곳으로 보는 것이 아니라, 다른 인간들과의 관계를 구상하는, 행복하고 슬프면서도 때로는 진부한, 그런 익숙한 이야기의 세계로 이 세상을 보는 것이다.

사회과학은 외로움이 스스로 공고해지는 특징을 가지고 있음을 증명한다. 존 카치오포가 주장하듯이, 외로운 사람들은 사회적 단서에 더 주의를 기울이지만(그들의 위험 경보는 높게 설정되어 있다.) 그 해석은 신뢰성이 떨어진다. 그들은 타인에 잘 공감하지 못하고 남을 잘 믿지 않으며 타인에 대해 부정적인 인식을 가진 것처럼 보일 수 있다. 외로운 사람들은 자기 자신에 대해서도 비판적이어서 사회적 실패를 환경이 아닌 자기 탓으로 돌리는 경향이 있다. 그러나 여러 연구에 따르면 만성적인 외로움과 사회성 기술 부족은 관련이 없다.

외로움은 다른 사람의 도움 없이 벗어나기 힘들다. 그래서 외로움은 딜레마가 된다. 하루아침에 상황을 바꿀 수 있는 사람도 없다. 외로움으로 인한 사회적 불안을 개선하는 데는 노력이 필요하다. 이것이 바로 외로움이 단순히 개인의 문제가 아니라 사회 문제인 이유다. 우울증과 마찬가지로 외로움에 덧씌워진 오명을 벗기고 외로움을 완화하는 정신 건강 치료에 재원을 제공해야 한다. 에밀리 화이트는 그의 저서 후반부에서 "외로움

비율을 절반으로 감소시킨 외로움 개선 프로그램을 개발한 네덜란드 심리학자 난 스티븐스"의 연구를 소개한다.

> 스티븐스의 프로그램은 3개월 동안 주 1회 단체 수업의 형식을 취한다. 사회복지사나 동료 리더의 지도에 따라 참가자들은 우정에 대한 자신의 욕구와 기대를 평가해 보거나, 잠재적 친구 관계를 찾아내기 위해 이미 존재하는 관계를 세밀히 점검해 보는 등 허심탄회한 활동을 한다. …… 프로그램은 기본적으로 외로움이 초래하는 칩거에 대한 제동장치 역할을 한다.

그러나 이런 프로그램은 안타까울 정도로 흔치 않고 충분한 자금 지원이 이루어지는 경우도 드물다.

적절한 사회복지사업이 부재한 상황에서 우리는 무엇을 해야 할까? 외로움을 연구하는 심리학자들의 조언을 보면 내가 지금껏 그려 온 사랑과 우정이라는 그림과 일치한다. 카치오포에 따르면,

외로움으로 고생하는 사람들이 가장 넘기 힘든 개념적 장애물은, 마음 한가운데에 구멍이 뚫려 있는 듯한 기분이 드는데도 채워져야 할 이 '허기'가 절대 '먹는 것'에 집중하여 해소될 수 없다는 사실이다. 그들에게 필요한 건 다른 사람들의 '허기를 채워' 줄 수 있을 만큼 오랫동안 각자 처한 상황의 고통 밖으로 나가는 것이다.

외로움에서 벗어나는 길은 모순적이게도 다른 사람을 필요로 한다. 그 길의 핵심은 우리가 그들과 어떤 관계에 있느냐가 아니라 그들에게 관심을 기울이는 것이다. 다시 말해 잠재적 우정이 아니라 잠재적 친구에 관한 문제다.

더욱이 존중과 사랑 사이, 즉 누군가가 중요하다고 단언하는 것, 서로를 향한 연민을 벼리는 것과 마침내 친구가 되는 것 사이에는 연속성이 있다. 다음과 같은 카치오포의 권고가 일리 있는 것도 그 때문이다. "작게 시작하자. …… 마트나 도서관에서 간단한 인사를 주고받으며 관심을 내보이자. …… '날씨가 정말 좋지 않나요?'나 '그 책 정말 재밌어요.'라고만 말해도 호의적인 대답을 끌어낼 수 있다. …… 사소하더라도 사교적 신호를 보내면 누군가 응답한다." 이런 교류는 다른 인간의 실재를 인정하는 것이다. 이것이 외로울 때 절실히 필요한 깊은 관계와는 거리가 먼 것처럼 보일지 모르지만, 정도나 수준만 다를 뿐 종류가 다른 것은 아니다. 존중, 연민, 사랑은 모두 어떤 사람이 중요하다는 것을 단호히 주장하는 방법이다. 한마디로 모두 같은 조성에서 연주되는 멜로디다.

그러므로 에밀리 화이트가 무료 급식소에서 자원봉사를 하면서 오래도록 자신을 괴롭혔던 외로움을 극복한 것은 결코 우연이 아니다. 그의 경우처럼 연민과 도덕적 분노가 다른 사람들과 연결되는 방법이 될 수 있다. 훗날 화이트는 한 여자 농구팀에 합류하게 됐는데 선수들을 보고 겁을 먹었지만 환불이 안 되는 참가비를 지불한 탓에 "돈을 버리지 않겠다는 본능적 의지로 불안을 떨쳐 버릴 수 있었다." 화이트는 팀에 남아 친구가 아닌 팀원으로서 소소하게 시작했다. 그러다 그중 한 명과 깊은 관계를 맺게 되었고, 시간이 지나 (좌절이 없었던 것은 아니지만) 두 사람은 연인이 되었다.

관계가 우정으로 귀결되지 않을 때도 다른 사람에게 관심을 쏟는 일(내가 아닌 타인의 삶의 가치를 긍정하는 일)은 외로움을 덜 가혹하게 만든다. 2004년에 시카고의 통근자들을 대상으로 한 연구에서 참가자들은 버스나 열차에서 처음 만나는 사람들과 대화를 나누며 상대방에 관한 흥미로운 사실을 알아내고 자기에 관한 사실 하나를 이야기하라고 요청받았다. 참가자들은 처음에는 우려했지만 대화를 나눈 뒤 더 큰 행복을 느낀 것으로 나타났다. 나의 경험을 예로 들어 보겠다. 코로나19 팬데믹 중에 시작한 팟캐스트는 내가 외로움을 느끼지 않도록 하는 데 큰 도움이 됐다. 초대 손님 중 일부는 나의 오랜 친구들이나 스승이었고, 일부는 지인들이었으며, 또 일부는 내가 처음 만나 본 사람들이었다. 팟캐스트의 핵심은 새로운 관계를 맺는 게 아니라 다양한 철학자들에게 개인적인 질문을 던지는 것이었다. 질문은 "당신의 철학적 견해를 진심으로 믿는가?"라는 주제넘은 질문부터, "당신은 무엇을 두려워하는가?"와 같은 위험한 질문도 있었다. 인터뷰는 철학적 주장과 개인사를 오고 갔으며 때로는 그 둘 사이를 연결하는 논의로 이어졌다.

한 철학자는 어린 시절 두 눈이 똑바로 정렬되지 않아 상대방과 눈을 맞출 수 없는 사시가 있었다고 했다. 내가 어린 시절의 외로움에 관해 묻자, 그는 평생의 과제인 사교와 관련된 문제부터 상호 호혜를 윤리의 중심에 두는 자신의 도덕철학 연구에 이르는 이야기로 답을 대신했다. 그와의 대화도 특별했지만, 다른 초대 손님과의 시간도 모두 나름의 방식대로 즐거웠다. 누군가의 개성, 이 세상에서의 독특한 존재 방식이 25분밖에 안 되는 시간 동안 그렇게나 많이 드러날 수 있다는 사실이 실로 놀라웠다. 30분가량 귀를 기울여 듣고 나서 다시 한 시간가량 편집하고 나면 며칠은 외로움을 덜 느꼈다.

팟캐스트는 인위적인 것처럼 보일 수도 있다. 그러나 부분적으로 원고가 있는 대화도 사회적 불안을 완화하는 데 도움이 되고, 경청하는 법을 배우면 공고한 유대 관계를 형성할 수 있음을 보여 주는 증거가 점점 더 많아지고 있다. 듣는 것, 정말로 귀를 기울여 듣는 것은 어려운 일이다. 철학자 프랭크 램지가 농담처럼 지적했듯이 "우리는 우리의 (대화가) 대개 이런 식으로 이루어진다는 사실을 잘 모른다. A: '나 오늘 오후에 그랜트체스터에 다녀왔어,' B: '난 안 갔는데.'" 심리학자들과 심리치료사들은 뜻밖의 질문을 하고 대답에 주의를 기울여야 하는 구조화된 대화가 처음 만나는 사람은 물론 이미 아는 사람들과 친밀감을 형성하는 데에 얼마나 유용한지 입증해 왔다.

우리는 서로 존경심이나 공통의 관심사가 반드시 있어야 친구가 될 수 있다고 생각하는 경향이 있다. 아리스토텔레스의 능력 기반 우정론과 흡사하다. 물론 상대방을 존경하거나 그와 같은 목표를 지니고 있으면 친구가 되기 쉽다. 그러나 우정은 관심을 기울이는 단순한 행동에서 시작될 수 있다. 먼저 서로를 인정해 준 다음 할 일을 찾는 것이다. 귀를 기울여 듣는 것만으로도 마음이 통하는 관계를 맺을 수 있다. 그런 관계를 맺으려면 용기와 회복력이 필요하다. 상냥한 인사부터 친한 친구 관계로 이르는 길은 멀고 험난할 수 있다. 그 길은 자원봉사 활동, 야간 강좌 수강, 아마추어 스포츠와 같은 활동으로 다져진다. 또 어떤 것을 권유하고 침묵을 견디는 일, 겁나거나 다소 수치심이 드는 욕구를 표출하는 것으로 탄탄해진다. 외로움을 극복하는 것은 상처받은 마음을 다른 사람들에게 열어 보이는 것이다.

이런 전략들이 효과가 있다 하더라도 해결되지 않는 형태의 외로움이 있다. 어떤 관점에서 보면 가장 완전한 형태의 외로움은 단 한 번도 친구를 가져보지 않은 것이다. 그러나 그런 상황은 바뀔 수 있다. 바뀔 수 없는 건 상실로 인한 외로움이다. 새로운 친구가 죽은 친구나 완전히 소원해진 친구를 대신할 수는 없다. 욥은 두 번째 가족을 선물로 받았지만, 그것이 자식들의 죽음에 대한 보상이 되지는 못했다. 철학이 사랑을 이야기한다면, 반드시 상실의 슬픔에 관해서도 이야기해야 한다.

우리는 자기 자신만을 위해
슬픔에 젖지 않는다. 죽은 이를 위해
그리고 그가 잃어버린 것을 슬퍼한다.
상실의 슬픔은 나약함이 아니라
여전히 살아 숨 쉬는 사랑의 증표다.

상실의 슬픔

2012년 8월, 나흘 전 유방암 진단을 받고도 무대에 선 미국 스탠드업 코미디언 티그 노타로는 불과 넉 달 전에 갑작스럽게 돌아가신 어머니 이야기를 꺼냈다. LA의 라르고 극장에 모인 관객들은 어머니가 돌아가신 후 심정을 묘사하는 노타로의 이야기에 충격을 받으면서도 웃음을 터뜨렸다.

> 엄마가 얼마 전에 돌아가셨는데 …… 떠나야 할까요? …… 모두 이렇게 심각하게 받아들이다니! 여러분은 우리 엄마를 모르잖아요. 난 괜찮아요. …… 이메일을 확인하다가 발견했는데 병원에서 엄마에게 병원 서비스가 어땠는지 묻는 설문을 보냈더라고요. …… 음 …… 좋진 않았죠. …… 결과가 썩 좋지 않았잖아요. …… 엄마에게 바로 가져다줄게요. …… 질문 1번. 이 병원에 지내시는 동안 간호사들의 설명이 이해하기 쉬웠나요? …… 엄마 뇌에 전혀 활동이 없었던 걸 감안하면 ……

관객의 복잡한 감정은 상실의 슬픔이 초래하는 강렬한

혼돈이 굴절되어 투영되었다고 할 수 있다.

상실의 슬픔은 단순한 감정이 아니다. 상실로 인한 슬픔에 빠진 사람은 당연히 슬픔도 느끼지만, 동시에 분노, 죄책감, 두려움도 느끼고 감정의 깊이도 매 순간 달라진다. 분노에는 대상이 없고 죄책감에는 이유가 없다. 두려움은 미래가 아니라 과거를 향한다는 점에서 비현실적이다. "'이미 일어난 일에 대한 두려움'으로 고통스럽다." 비평가 롤랑 바르트가 어머니를 잃고 6개월 후 『애도 일기』에 적은 글이다. 그런가 하면 티그 노타로처럼 비극적인 일 이후 농담을 하는 사람도 있다. 상실의 슬픔은 정적인 감정이 아니다. 시시각각 다른 감정으로 발현된다. 상실의 슬픔에 잠기는 것은, 애도 의식을 수행하듯이 의도적으로까지는 아니더라도, 우리가 외상을 당하면 흉터를 남기며 상처가 아무는 것처럼 자연스럽게 행하는 것이다.

앞으로 확인하겠지만 상실의 슬픔에는 적어도 세 종류가 있다. 균열이 생긴 관계를 나타내는 '관계적 슬픔', 죽어 가는 사람에게 닥친 해악에 대한 슬픔, 누군가의 죽음에 대한 슬픔이다. 이런 각기 다른 유형의 슬픔은 서로 영향을 미치기도 하고 동시에 일어나기도 하지만 동일한 것은 아니다. 각각의 유형은 각기 다른 방식으로 고통스럽고 사랑에 대해 각기 다른 이야기를 한다.

이러한 가변성과 다면성 때문에 상실의 슬픔에 대해 논의하는 일은 상당히 까다롭다. 각자의 경험으로 일반화하는 것이 위험하기 때문이다. 내가 이런 생각을 갖게 된 것은 남편과 사별 후 느낀 혼란을 기록한 조앤 디디온의 유명 회고록 『상실』을 읽고 나서다. 책 후반부에 디디온은 마치 모든 사람에게 진실인 것처럼 이렇게 적는다.

> 결국 상실의 슬픔은 그곳에 다다르기 전까지 아무도 알 수 없는 곳이다. ……우리는 죽음이 갑작스럽게 충격적으로 다가올 거라 생각한다. 이 충격이 소멸의 힘이 있고 몸과 마음을 뒤죽박죽으로 만든다고는 생각하지 않는다. …… 우리가 상상하는 형태의 슬픔은 '치유'의 슬픔이다. 그래도 어떻게든 앞으로 나아갈 거라고 …… 우리는 그 사실 이전에 (그리고 여기에 우리가 상상하는 슬픔과 실제 슬픔의 차이의

핵심이 있는데) 상실 뒤에 끝없는 결핍감, 공허함, 의미의 정반대, 무의미함 그 자체를 경험하는 순간이 집요하게 찾아온다는 사실도 알지 못한다.

이 문단의 힘은 어느 정도 본인이 하고 싶은 말을 일반적인 이야기처럼 하는 데서 오지만, "우리"라는 말을 써서 상실의 슬픔을 설명한다 해도 그것이 우리 개개인의 슬픔을 반영하는 것은 아니다. 내 경우를 예로 들어 보겠다. 나는 아내가 죽는다고 생각하면 어떻게 계속 살아갈지 상상조차 할 수 없다. 아마도 엄청난 공허함을 느낄 것이다. (난처한 문제가 있는데 내 걱정은 현실이 될 수 있다는 점이다. 노인을 대상으로 한 추적 연구에 따르면 "일찌감치 이런 종류의 정서적 의존성을 보인 사람들이 실제로 사별에 심각한 반응을 나타냈다.")

지금쯤 독자들도 눈치챘겠지만, 나는 상실의 슬픔을 설명하면서 사랑하는 가족이 죽었을 때 사람들은 어떨 것이라거나 어떻게 행동해야 한다는 등의 이야기를 하는 것이 그리 내키지 않는다. 직접 경험하여 알고 있는 외로움과 달리, 나는 상실의 슬픔을 강렬하게 경험해 본 적이 없다. 많은 경우 첫 번째 상실의 슬픔은 대개 조부모의 죽음과 함께 온다. 그러나 나는 친할아버지와 친할머니를 잘 알지 못한다. 이름도 모르고 언제 어떻게 돌아가셨는지도 잊어버렸다. 외할아버지는 내가 태어나자마자 돌아가셨고, 유일하게 남아 있던 외할머니는 치매를 앓았다. 나는 외할머니에 대한 기억이 거의 없다. 게다가 부모님은 나를 외할머니 장례식장에 데려가지 않았다. (내 생각에 이건 부모님이 잘못한 거다.) 상실의 슬픔에 가장 근접한 내 경험은 어머니가 알츠하이머라는 어둠으로 걸어 들어가는 것을 지켜보는 일이었다. 그래도 어머니는 여전히 살아 계시다.

나는 통찰을 구하기 위해 사회과학으로 눈을 돌린다. 지난 30년 동안 심리학계는 상실의 슬픔을 이해하는 데에 상당한 진전을 이루었다. 그렇게 발견된 사실 중 하나가 바로 상실을 극복하기 위해 노력하기는 힘겹지만 필요한 일이라는 프로이트의 "애도 작업(grief work)" 개념을 뒷받침하는 증거가 없다는 것이다. 한때 사회적 통념이었던 "슬픔은 이야기해야 한다."라는 것도 심한 역효과를 낼 위험이 있다. 연구에 따르면 일반적으로 충격적인 사건 직후 그 일에 관해 '상세히 이야기'하도록 강요당하는 것은 정신적, 육체적 건강에 부정적인 영향을 미치며, 그 영향은 수년간 지속될 수 있고, 강요가 없었다면 개인의 정서적 면역 체계가 억제했을 고통스러운 기억을 강화한다. 사별로 인한 슬픔은 보통 다섯 가지 순서(부정, 분노, 협상, 우울, 수용)로 도식화되는 예측 가능한 단계로 찾아온다는 이야기도 입증할 증거가 없다. 상실의 슬픔에 관한 선구적 연구로 유명한 조지 A. 보나노에 따르면, 슬픔은 단계적으로 찾아오는 게 아니라 파도처럼 밀려온다. "사별은 본질적으로 스트레스 반응이다. …… 그리고 여느 스트레스 반응과 같이 일관되거나 정적이지 않다. 가혹할 정도로 커다란 상실의 슬픔은 감당하기 어려울 정도다. 사실 그것이 견딜 만한 것은 단지 감정이 오고 가기를 반복하기 때문이다."

그러므로 상실의 슬픔을 매우 충실히 다룬 일부 기록이 단편적이고 불연속적이며 사건 중심이라는 사실은 그리 놀랄 일이 아니다. 롤랑 바르트의 『애도 일기』는 4등분한 타이프 용지에 몇 달에 걸쳐 휘갈겨 쓴 글을 모은 것이다. 프랑스 작가 아니 에르노가 알츠하이머를 앓은 어머니에 대한 회고록을 “깊이 생각하거나 생각을 정리하려는 노력 없이 휘몰아치는 감정 속에 서둘러 썼다.”라는 사실도 어쨌든 내게는 가슴 뭉클하다. 사별로 인한 슬픔이 그러하듯 책 내용도 다소 반복적이고 종잡을 수 없다.

상실의 아픔을 생생하게 표현한 산문 중 가장 흥미로운 작품은 아마도 마흔 살에 스스로 생을 마감한 영국의 실험소설가 B. S. 존슨이 쓴 작품일 것이다. 그가 죽기 4년 전인 1969년에 발표한 『불행한 사람들(*The Unfortunates*)』은 상자 속 책이다. 27개의 소책자로 구성되어 있고 첫 번째와 마지막을 제외하면 어떤 순서로든 읽을 수 있다. 작품의 화자는 스포츠 기자로 7년 만에 찾는 한 도시의 축구 경기를 취재하러 가면서 옛 친구 토니(뒤에 전이성 암으로 죽는다.)를 방문한다. 그날의 방문으로 오랜 기억이 마구잡이로 되살아나고 온종일 그를 시시때때로 찾아온다. 공교롭게도 그는 어떤 이미지를 떨쳐 버릴 수 없었는데, 이 이미지(아마도 혈색이 좋지 않고 뾰족한 뼈 주변으로 함몰된 토니의 입가)는 여러 장에 걸쳐 연속적으로 등장한다. 만약 순서를 바꿔 읽으면 그 이미지는 일종의 카덴차처럼 후반에 다시 나타난다. 가장 분량이 많은 장은 화자가 지리멸렬한 축구 경기를 갖은 애를 써서 500개 단어로 묘사한 것이다. 가장 분량이 적은 두 장 중 하나는 화자가 토니의 장례식에 늦게 도착하는 이야기고, 하나는 토니가 죽었다는 소식을 듣는 이야긴데, 이 장은 문단 하나가 페이지 전체를 차지한다. 이 상자 속 책은 상실로 인한 슬픔에 서사적 순서가 없다는 사실을 일러 주는 듯하다. 그리고 마음이 정리되었다는 생각은 일시적이라는 사실도. 상실로 인한 슬픔은 다시 시작되고 뒤섞이기를 반복할 수 있다.

그렇다면 상실의 슬픔이 지닌 복잡성, 즉 이야기처럼 서술하기 어렵다는 특징 앞에서 우리는 무엇을 말할 수 있을까? 서양 철학의 오랜 전통은 상실의 슬픔이 일종의 병리, 해결해야 할 문제라고 답한다. 그러나 상실의 슬픔은 잘못이 아니며, 철학은 이것을 논의할 책임이 없다고 말해서는 안 된다.

서로 경쟁하고 대립했던 고대 그리스 로마의 여러 학파(아카데미아, 쾌락주의, 회의주의, 스토아 철학)도 한 가지에는 모두 동의했다. 바로 상실의 슬픔은 쓸모가 없다는 것. 노예 출신의 로마 스토아학파 철학자인 에픽테토스는 다음과 같은 매정한 지시를 내린다.

> 당신에게 기쁨의 원천이 되거나 유용한 모든 것, 또는 당신이 좋아하는 것과 관련하여, 가장 사소한 것부터 잊지 않고 계속해서 스스로에게 그것의 정체가 무엇인지 상기시켜라. 예를 들어 좋아하는 물병이 있다면, "이건 내가 좋아하는 물병이야."라고 말하라. 그러면 그것이 깨져도 가슴 아프지 않을 것이다. 아이나 아내에게 키스할 때는 속으로 당신이 키스하고 있는 것은 한 인간이라고 말하라. 그러면 그들이 죽는다 해도 상처받지 않을 것이다.

참 유익한 조언이다! 물론 쉽지는 않다. 에픽테토스에게도 쉽지 않을 것이다. 그러나 그는 우리가 사랑하는 것이 필멸의 존재라는 사실이 지닌 의미를 온전히 이해한다면, 그 진실 안에 살 수 있다면, 상실의 슬픔에 휘둘리지 않을 수 있다고 믿었다. 우리가 "아아, 사랑하는 나의 친구가 죽다니."라고 말하면 에픽테토스는 이렇게 물을 것이다. “뭘 기대했단 말인가? 그녀가 영원히 살 줄 알았는가?” 그건 아니더라도 1년은 더 살 거라 기대하거나 희망할 수는 있을 것이다. 부부나 가족, 친구의 경우라면 다들 그것을 바라지 않겠는가? 죽음이 그런 바람을 꺾어 버릴 때 고통이 찾아든다.

스토아학파는 기원전 4세기에 고대 그리스에서 등장했고, 400년 뒤 로마 지배 계급의 비공식적인 이념이 되었다. 스토아 사상의 인기는 과거나 지금이나 시련에 대처하는 방법에 대해 제시하는 현명한 조언 때문이다. 그것은 슬픔을 물리치는 방법을 넘어 완전한 행복의 가능성에 이르는 길로 곧 자조(自助)의 비결이다. 스토아학파가 인정했듯이 욕구가 좌절되는 것을 피하는 데는 두 가지 방법이 있다. 하나는 욕구는 그대로 둔 채 세상을 바꿔서 그것을 충족시키는 방법이고, 다른 하나는 세상이 흘러가는 것에 맞추어 욕구를 바꾸는 것이다. 아내나 아이가 살아 있기를 바라지만 죽은 경우처럼 세상을 바꿀 수 없어서 첫 번째 방법이 불가능할 때도 두 번째 방법이 남아 있다. 스토아 철학의 기본 공리로 에픽테토스의 핸드북(『엥케이리디온』)에서 지겹도록 반복되는 이야기는 우리가 싫어하는 것이든 욕망하는 것이든 통제할 수 없는 건 마음속에서 소멸시켜야 한다는 것이다. 바꿀 수 있는 것에 집중하고 그 밖의 것은 마음에 두지 말라는 의미다. 에픽테토스는 자유로워지고 싶은 마음이 없다면 노예라는 사실이 삶을 황폐하게 만들지는 않는다고 주장한다.

그의 결론이 거북하다면 여러분만 그런 게 아니다. 1868년에 에픽테토스의 신판을 검토하던 소설가 헨리 제임스는 노예제 아래서도 평온함을 느낄 수 있다는 에픽테토스의 처세훈이 남북전쟁 이전의 미국 남부에서는 어떻게 들렸을지 상상하며 몸서리쳤다. 이 스토아 철학의 원칙은 그것이 지닌 모든 매력에도 불구하고 도착적이다. 불가능한 일을 시도해 봐야 소용이 없다는 것은 사실이다. 통제할 수 없는 일에 대해 자기 자신을 탓해서는 안 된다는 것도 마찬가지다. 그러나 그것을 넘어 바꿀 수 없는 일에 마음을 쓰지 않는 것은 가질 수 없다면 원하지 않는다는 신 포도와 유사하다. 스토아주의적 태도가 고통을 둔화할 수는 있지만, 이는 정말 중요한 것으로부터 거리를 두는 방법을 쓰기 때문이다. 수감자들이나 학대받는 아내들이 그들이 갖지 못하는 자유를 더 이상 원치 않을 때처럼 억압을 수용하도록 길들여진 사람들을 생각해 보자. 많은 스토아 철학자들이 그러하듯 이런 자유는 '선호된 무관심', 즉 갈망하지만 초연함을 지키는 대상이라고 대답해 봐야 아무 소용이 없다. 억압에 분노하는 것은 아내나 아이의 죽음에 분노하는 것처럼 비이성적인 일이 아니기 때문이다. 상실의 슬픔은 고통을 가져다주지만, 그 고통은 잘 사는 것의 연장선에 있다. 그것이 사랑과 떼려야 뗄 수 없는 관계이기 때문이다.

사실 고대 스토아학파의 세계관과 현대 스토아학파 아류의 세계관 사이에는 큰 차이가 있다. 고대 그리스 로마 스토아학파가 말하는 통제할 수 없는 것에 대한 무관심은 우주가 신의 힘으로 질서 있게 정돈되어 있다는 관점을 기반으로 한다. 이는 이 세상은 독자적인 원리에 의해 돌아가고('제우스'는 그래서 붙여진 이름이다.), 그 작인은 안 좋아 보이는 일이 결국에는 잘한 일이 된다는 것을 보장한다는 관념이다. 다시 말해 그것은 욕망에 관한 진부한 이야기가 아닌 신정론에 근거를 두고 있다. 누군가 제우스를 자기편이라고 믿는다면, 그 사람이 통제할 수 없는 일을 받아들이는 이유는 이해할 만하다. 그러나 그런 경우가 아니라면 자기가 원하는 것을 가질 수 있는 것에 맞추는 일은 현명하기보다 성마른 것처럼 보인다. 버지니아 울프가 충고한 것처럼 "자기가 갖지 못한 것이 가질 가치가 없다는 듯이 굴어서는 안 된다."

철학에 위안이 있다면, 그것은 슬픔을 없애는 데 있는 게 아니라 올바르게 슬퍼하는 방법을 안다는 데 있을 것이다. 상실의 슬픔에는 이유가 있다. 우리가 애도하는 상실의 형태는 다양하고, 슬퍼하는 것이 합당한 진실도 많다. 기후 슬픔(climate grief)과 세상의 불의에 대한 슬픔은 잠시 잊고 사람이 죽는 것에만 집중하더라도 인간의 슬픔은 다면적이다. 우리는 그냥 죽은 이의 죽음을 슬퍼하지 않는다. 목표는 슬픔을 없애는 게 아니라 잘 슬퍼하는 것이다.

내가 처음 상실의 슬픔을 알게 된 것은 열다섯 살 때 내 첫 여자친구였던 줄스가 내게 이별을 통보했을 때다. 우리는 6개월 정도 사귀었는데, 줄스가 금방 질리지 않도록 하루에 하는 키스 횟수까지 엄격하게 제한했던 터라 진도도 얼마 나가지 못했다. 남자아이들과의 좋지 않은 경험 때문이었던 것 같다. 나는 비교적 고분고분한 아이였지만, 그녀에게 어떻게 말을 걸어야 하는지 몰랐고 처음부터 신경질적이고 질투가 많았다. 그런 나의 성격에 진절머리가 난 줄스는 내게 헤어지자고 했다. 나는 슬며시 화가 났다. 지금 돌아보면 평범한 이별이었지만, 그때 나는 우리의 이별을 이해할 수 없었다. 왜? 왜? 왜? 나는 끈질기게 전화를 해댔고 그녀에게 답을 요구했다. 줄스는 굳이 변명하려 하지 않았다. 그리고 더 이상 전화도 받지 않았다. 나는 그 뒤로도 계속 전화를 걸었고, 그러다 결국 포기했다. 지금은 이름도 기억나지 않는 그녀의 가장 친한 친구와 키스를 하고 통쾌함을 느꼈지만, 그곳이 어느 파티였다는 사실을 제외하면 아무것도 기억나지 않는다. 그녀는 줄스에게 내가 형편없었다고 했다고 한다. 변명하자면, 나는 연습이 부족했을 뿐이다.

중요한 사실은 보통 가장 먼저 떠오르는 슬픔인 사별의 슬픔과 마찬가지로 버림받는 데에서 오는 슬픔도 있다. "사랑이 멀어지면 마음이 죽는다." 아이리스 머독의 소설 『바다여, 바다여』의 신뢰할 수 없는 화자가 한 말이다. 그는 자신을 기만하고 있고, 열다섯 살의 나도 그랬다.

나는 내가 영원히 줄스를 사랑할 거라고, 다시는 사랑을 할 수 없을 거라고 생각했다. 하지만 내가 완전히 틀린 것은 아니었다.

연애와 관련된 상실의 슬픔과 죽음과 관련된 상실의 슬픔을 비교해 보면 많은 것을 깨달을 수 있다. 연애와 관련된 슬픔은 상대방의 죽음이 아니라 관계의 종말에 관한 것이다. 앞서 내가 '관계적 슬픔'이라고 부른 것의 일종이다. 줄스가 내게 헤어지자고 했을 때 내가 슬퍼한 것은 그녀를 위해서가 아니라 나를 위해서였다. (줄스는 내가 없는 편이 더 나았다.) 다른 형태의 관계적 슬픔은 가족 관계든 친구 관계든 관계에 따라 달라지며 각기 나름의 독특한 특징을 지닌다. 동시에 상실의 슬픔은 한 번도 만난 적 없는 사람의 죽음을 애도할 때처럼 완전히 비관계적일 수도 있다. 캐나다의 작가 스테이시 메이 파울즈는 『야구가 주는 생의 조언(*Baseball Life Advice*)』에서 스물네 살에 보트 사고로 죽은 마이애미 말린스의 투수 호세 페르난데스를 애도한다. "만나 본 적 없는 사람의 죽음이 가져다주는 설명할 수 없는 슬픔에 대처하는 데 필요한 실질적인 지침서가 없다." 그뿐만이 아니다.

걷잡을 수 없이 번져 가는 세계적인 팬데믹 속에서 낯선 이들의 집단적 죽음에 대한 슬픔을 처리하는 데 도움이 될 만한 지침도 없다. 대개의 경우 상실의 슬픔은 관계적(관계 자체를 향한 슬픔)이면서도 친한 친구, 배우자, 부모, 자녀의 죽음처럼 비관계적(사랑하는 사람을 향한 슬픔)인 특성을 지닌다.

이런 구분은 슬픔의 문 앞에 놓이는 비난, 심지어 애도하는 사람들도 제기하는 비난, 그것이 일종의 자기매몰이라는 비난을 반박하기 때문에 중요하다. 디디온의 책은 자유시와 유사한 것으로 시작한다.

> 삶은 빠르게 변한다.
> 삶은 순간적으로 변한다.
> 너는 저녁 식탁에 앉고 네가 아는 삶은 끝난다.
> 자기 연민의 문제

자기 연민은 몇 가지 사실을 나열한 뒤 나온 디디온의 첫 생각이다. 하지만 자기 연민이 상실의 슬픔의 일부라 하더라도 우리는 자기 자신만을 위해 슬픔에 젖지 않는다.

죽은 이를 위해 그리고 그가 잃어버린 것을 슬퍼한다. 상실의 슬픔은 나약함이 아니라 여전히 살아 숨 쉬는 사랑의 증표다.

관계를 포괄하는 상실의 슬픔도 꼭 자기 본위라고는 할 수 없다. 만약 내 아내가 죽는다면 나는 나 자신을 걱정할 것이다. 외로움은 어떻게 견딜 것이며, 부모로서의 현실적 책무는 어찌할 것이고, 일상은 또 혼자 어찌 살아갈 것인가? (이것이 바로 자기 연민의 문제다.) 그러나 나는 아내를 위해서도 아내가 이루지 못하게 된 많은 것에 대해서도 슬퍼할 것이다. 그리고 '우리'를 위해서도, 우리가 공유해 온 것을 잃는다는 사실에 대해서도 슬퍼할 것이다. 나의 중요한 일 대부분이 '우리'가 함께하는 것이고 아내가 없으면 불가능한 것이다. 내가 줄스에게 차였을 때도 내가 소중히 여겼고 또 잃어버린 것은 단순히 키스할 상대나 사랑받는 데서 오는 정서적 지지가 아니라 '그녀'와의 관계였다. 내가 그 관계의 의미를 오해했을지는 몰라도, 나 자신만을 위해 슬퍼했던 것은 아니다.

거의 언제나 그렇듯이 상실의 슬픔이 관계적일 때, 잘 슬퍼하는 것은 그 관계가 겪게 될 변화를 잘 헤쳐 나가는 것이다. 다시 말해 변화이지 끝이 아니다. 미국 철학자 새뮤얼 셰플러는 노년에 친구들의 죽음을 기록한 수필에서 더 이상 활발하지 않은 관계를 표현하는 짓궂은 어휘를 소개한다. "완료"된 관계는 나와 줄스의 관계처럼 상대방이 살아 있는 관계를, "보관"된 관계는 상대방이 죽은 관계를 의미한다. 완료된 관계도 완전히 끝난 것은 아니다. 나와 줄스의 관계는 내가 생판 모르는 사람들과 맺는 관계와 다르기 때문이다. 나는 여전히 그녀를 사랑한다고 할 수 있다. 오랜 세월 보지 못한 친구를 사랑하는 방식으로 말이다.

셰플러 주장의 핵심은 보관된 관계 역시 끝난 게 아니라는 것이다. 그것은 우리 삶에서 계속해서 힘을 발휘한다. 보관된 관계는 우리에게 경의와 존중이라는 요건을 충족할 것을 요구한다. 우리는 죽은 사람과도 관계를 맺는다. 물론 그 관계는 반드시 바뀌어야 하지만 말이다. 내가 아는 거의 모든 사별 경험담에는 신기하게도 유족들이 죽은 사람이 아직도 살아 있다고 느낀다는 이야기가 나온다. "이것은 상실의 슬픔이라는 회귀선을 넘어 보지 않은 사람들은 대부분 이해하지 못하는 것이다."

소설가 줄리언 반스는 아내에 대한 수필을 쓰며 이렇게 말한다. "누군가가 죽었다는 사실은 그가 살아 있지 않음을 의미할 수는 있지만, 그가 존재하지 않는다는 의미는 아니다." 어떤 면에서 그는 존재하고, 어떤 면에서는 존재하지 않는다. 반스는 이어 말한다. "나는 아내에게 끊임없이 이야기한다. 이는 당연한 만큼 자연스럽게 느껴진다."

관계의 상실을 슬퍼할 때는 관계가 예전처럼 계속되기를, 곧 죽은 사람이 과거처럼 살아 있기를 바라는 절박한 소망과 그 관계를 완전히 잊으려는 체념적 단절 사이에서 아슬아슬한 줄타기를 할 수밖에 없다. 그리고 자신이 정확히 어디에 서 있는지 깨닫기 어려울 수 있다. 시인 데니즈 라일리는 아들이 갑자기 죽은 후 상실의 슬픔이 가져다준 시간적 혼란에 대해 이렇게 썼다.

> 누군가에게 "내 아들이 죽었다."라고 말해야 할 때마다 그 말이 내게는 여전히 자기 현시욕의 거짓말처럼 들린다. 천박한 거짓말. 그 애를 배신하는 것 같기도 하다. 나는 조금도 그 애가 죽었다고 느끼지

않고 그저 '멀리' 있다고 생각하기 때문이다. 비록 내 남은 생애 내내 그렇게 멀리 있을지라도.

문제는 죽은 이와 관계를 지속하면(이를테면 멀리 떨어져 있다고 생각하면서) 삶에 대한 적극적인 참여를 방해할 가능성이 있다는 점이다. 라일리의 시간은 그대로 멈추었다. 그녀는 "우리는 어떻게 이 세상에 다시 마음 붙일 수 있을까?"라고 묻는다. 그리고 회복의 대가는 "견딜 수 없을 만큼 커" 보인다. "우리가 그들을 마지못해 영원 속에 두고 왔음을 깨달을 때, 죽은 이는 말없이 떠나 버린다. …… 누구도 이런 또 한 번의, 이제는 마지막인 이별을 원치 않았을 것이다."

잘 슬퍼하기 위해서는 죽은 이를 포기하고 신의를 저버리거나, 여전히 살아 있는 것처럼 매달려 고통받는 이런 딜레마를 잘 헤치고 나아가야 한다. 아무리 어려워도 이것을 타개하는 방법은 죽은 이와의 관계가 끝났다고 시인하는 게 아니라 그 관계가 변해야 한다는 사실을 받아들이는 것이다. 철학자 펠레 유어그라우는 죽은 이에 대한 추억을 쓰는 작가들을 신랄하게 비난하며 다음과 같은 인상적인 글을 남겼다. "당신이 음악을 사랑할 수 있게 가르친 것은 어머니에 대한 추억이 아니라 바로 당신 어머니고, 당신을 처음 시 낭송회에 데려간 것도 아버지에 대한 추억이 아니라 당신 아버지다. …… '살아 있는' 기억보다 '죽은' 부모와 더 다른 것은 없다." 우리는 떠나간 이들에 대한 추억이 아니라 그들에 관한 이야기를 써야 한다. 형이상학적 사실 중 하나는 죽은 사람이 실재하지 않는 것이 아니라는 점이다. 우리는 여전히 그들에 관해 이야기할 수 있고 그들과 관계를 맺을 수 있다. 걸핏하면 비애의 안개 속에 빠지긴 하지만.

나는 죽은 이와의 관계를 어떻게 변화시켜야 하는지에 관해 참고할 만한 것이 없다. 살아 있는 사람과의 이별에 관해서도 마찬가지다. 각각의 관계는 독특하고 고유한 세계를 가지고 있기에 보편성이 설 자리가 없다. 내가 지금껏 말한 어떤 것도 해결책의 뜻으로 의도하지 않았다. 내가 말하고자 하는 핵심은 관계의 변화를 받아들이는 데에 신의를 저버린다거나 배신을 한다고 느낄 필요가 없다는 것이다. 우리는 삶을 살아가며 혼자 또는 다른 사람들과 함께 죽은 사람을 추모할 수는 있지만, 죽은 이들과 ‘함께’ 살아갈 수는 없다. 아이가 성장하여 아이에게 해 주는 일이 적어진다고 아이를 버리는 게 아니듯이, 나를 키워 준 부모를 이제 우리가 돌본다고 해서 부모를 배신하는 것이 아니듯이, 그것은 그들을 버리는 게 아니다. 그러나 가끔은 그렇게 느껴지기도 한다.

C. S. 루이스는 아내의 죽음을 회고하면서 이렇게 말했다. “사별은 사랑이라는 경험의 보편적이고 필수적인 일부다. 연애 후에 결혼을 하고, 여름 뒤에 가을이 오듯이, 사별은 결혼 후 언젠가 찾아오기 마련이다. 그것은 과정의 단절이 아니라 과정의 한 단계이며, 춤의 중단이 아니라 다음 동작이다.” 이런 태도는 배우자나 친구의 죽음보다 자녀의 죽음 앞에서 취하기 더 힘들다. 자기 아이가 죽는 것을 볼 거라 예상하는 사람은 없기 때문이다. 그러나 상실의 슬픔을 극복하는 방법은 새로운 방식으로 관계를 유지하는 것이다. 그것은 고통을 동반하지만 고통스럽기만 한 것은 아니다. 상실의 슬픔에서 잘 회복하는 사람들은 죽은 가족이나 친구를 추억하면서 즐거움과 위안을 느낀다. 루이스는 “죽은 자와 산 자의 결혼에 즐거움이 크면 클수록 좋다. …… 어느 모로 보나

더 좋다. 내가 깨달은 것처럼 강렬한 슬픔은 우리를 죽은 이와 이어 주는 것이 아니라 단절시키기 때문이다."라고 썼다. 죽은 사람이 행복할 수 없다는 사실은 견디기 힘들다. 그러나 그들을 떠올릴 때 행복하지 않다는 사실은 더 참기 힘들다.

우리는 지금까지 상실의 슬픔을 구분하여 논의했다. 그중 하나는 관계의 균열에서 오는 슬픔이고, 다른 하나는 죽은 사람을 위한 슬픔으로, 롤랑 바르트는 이것을 "삶의 변화나 고독 등과 아무런 관계가 없는 순수한 애도, 증표, 사랑의 관계의 공백"이라고 불렀다. 관계의 균열에서 오는 슬픔을 다룬다고 죽은 사람을 위한 슬픔이 해결되지는 않는다. 그러나 여기, 고대 학파들이 모두 동의하는 또 하나의 사실이 있다. 죽음은 죽은 자에게 아무런 해도 끼치지 않는다는 것. 그래서 '그들'을 위해 슬퍼하는 일은 말이 되지 않는다는 것이다.

죽음은 무해하고 그래서 두려워할 게 아니라고 생각하는 것은 마음 편한 일이다. 그러나 이 주장의 논거는 불행히도 설득력이 떨어진다. 쾌락주의자 에피쿠로스는 기원전 306~307년 무렵 아테네에 제자들을 위한 공동체 '정원'을 설립한 자기계발 전문가로, 인간이 죽을 때 의식이 멈춰서 고통을 느낄 수 없기에 죽음이 인간에게 해를 끼칠 수 없다고 주장했다. 이어 "그러므로 불행 중 가장 무서운 죽음은 우리에게 아무것도 아니다."라고 하면서 "우리가 존재하는 한 죽음은 우리와 있지 않고, 죽음이 오면 우리는 존재하지 않기 때문이다. 따라서 그것은 산 사람에게도 죽은 사람에게도 아무런 상관이 없다. 산 사람에게는 문제가 아니며 죽은 자에게는 더 이상 문제가 되지 않기 때문이다."라고 설명한다. 그러나 이것은 궤변이다. 존재하지 않음이 특정한 악(특히 고통)을 면할 수 있게 해 주긴 하지만, 삶을 놓치기 위해 존재할 필요는 없다. 죽음의 피해는 박탈의 피해, 상실된 즐거움의 피해, 엉킨 것을 다 풀지 못한 관계의 피해, 이루지 못한 계획의 피해다. 사람은 죽으면 더 이상 활동할 수 없다. (어떤 영적인 형태로 계속해서 존재하더라도 이것은 사실이다. 평범한 인간의 삶을 영위할 수는 없으니까 말이다.) 잘 사는 한 계속해서 사는 편이 더 나을 것이라는 점에서 우리는 죽음에 의해 피해를 본다. 상실의 슬픔은 이런 피해를 실감하는 것이다. 반스는 아내의 죽음에 대해 다음과 같이 이야기한다. "그녀가 죽으면서 무엇을 잃어버렸는지 봐. 그녀의 육체, 기백 그리고 삶에 대한 찬란한 호기심."

박탈의 피해는 실재한다. 가져서 좋을 만한 것을 갖지 못하는 건 슬픈 일이다. 그러나 그렇게 간단하지만도 않다. 우리는 누구도 갖지 못하는 좋은 것을 박탈당했다고 슬퍼하지 않는다. 전작 『어떡하죠, 마흔입니다』에서 나는 총알보다 빠르고, 기관차보다 힘이 좋으며, 단 한 번의 도약으로 고층 빌딩을 뛰어오를 수 있는 슈퍼맨이 되고 싶은 한 친구에 관해 썼다. 그런 능력을 마다할 사람은 없다. 그러나 우리가 때때로 죽음을 생각하며 번민하는 것처럼 인간에 불과한 자신의 능력에 대해 고민하며 괴로워하는 친구의 모습이 머릿속에 그려졌다. 그의 반응은 너무 과하고 비이성적인 것처럼 보인다. 인간의 한계를 넘어서는 능력이 없다고 슬퍼하는 것은 말이 되지 않는다. 그렇다면 인간의 조건에 속하는 필멸의 운명을 슬퍼하는 것은 타당한가? 우리가 날지 못한다고 해서 비통해하지 않는 것처럼, 90년을 살다 죽은 사람을 위해 슬퍼할 게 무엇이 있는가?

사랑하는 사람이 젊은 나이에 죽는 경우, 그들이 잃어버리는 것은 초인의 삶이 아닌 평범한 인간의 삶이다. 우리는 그 점을 슬퍼해야 한다. 충분한 복을 누리며 90세까지 살다가 평화롭게 죽은 경우는 다르다. 그것은 불운이라 할 수 없다. 그보다 더 나은 죽음은 없다고 봐야 한다. 그가 살면서 누리지 못한 게 많다면 슬플 수 있지만, 그렇다고 젊어서 죽은 사람을 애도할 때와 같은 슬픔을 자아내는 것은 아니다. 조부모가 죽고 느끼는 슬픔은 아이를 잃고 겪는 슬픔과 같지 않다. 그럼에도 여전히 우리는 슬퍼한다. 왜인가? 충분히 행복한 삶의 박탈을 슬퍼하는 게 아니라면, 슬픔의 대상은 무엇인가? 그것은 완전히 잊힌다는 있는 그대로의 사실이다.

상실의 슬픔을 관계적 슬픔과 죽은 이를 위한 슬픔으로 구분한 것처럼, 죽은 이를 위한 슬픔도 죽음이 끼친 피해에 대한 슬픔(더 살지 못한 것)과 생명을 잃은 데에 대한 슬픔으로 구분된다. 세 가지 형태의 슬픔, 즉 관계를 중시하는 것, 사랑하는 사람에게 좋은 것을 바라는 것, 그들의 존재를 가슴속에 간직하는 것, 모두 사랑의 표현이다. 사랑은 상실의 슬픔처럼 복잡하다.

어머니가 점점 쇠약해지면서 나는 사랑의 실이 해어지기 시작했음을 느낀다. 어느 해 여름 코츠월즈에서 어머니가 마치 갑자기 생각났다는 듯 남이 방금 한 말을 반복하기 시작했던 일이 떠오른다. 조수석 창문으로 흘러가는 시골 풍경을 가만히 바라보던 아내가 중얼거렸다. "잉글랜드의 푸르고 상쾌한 땅." 잠시 후 뒷자리에 앉아 있던 어머니가 말했다. "여기를 보니 그 시가 떠오르는구나. 「예루살렘」이라는 시 있잖니. 우리의 푸르고 상쾌한 땅." 내가 늘 불길하다고 여기던 시였다. 어머니는 12개월 후에 알츠하이머 진단을 받았다. 몇 년간은 꽤 안정적인 듯했다. 그러다 작년 크리스마스 때부터 악화하기 시작했다. 전화로는 상태가 어떤지 판단하기 힘들다. 여전히 내가 누군지 알고, 날씨 이야기도 하고, 산책 다녀온 이야기도 한다. 지금 자신이 어디에 있는지도 기억하고 기억력이 점점 감퇴하고 있다는 사실도 알고 있다. 그러나 그날 무슨 일이 있었는지 무슨 일이 있을지 모르는 데다 대화를 지속하지 못한다. 어머니의 삶은 쪼그라들었고 질도 저하되었다. 과거

의사였던 아버지가 종일 어머니를 돌본다. 나는 어머니가 죽지 않길 바라지만, 언젠가 때는 올 것이다.

나는 아니 에르노의 『나는 나의 밤을 떠나지 않는다』를 읽는 중이다. 책 제목은 알츠하이머로 죽은 그녀의 어머니가 병원에 들어가기 전 마지막으로 써 놓은 글에서 따왔다고 한다. 이 책은 에르노가 허심탄회하게 사적으로 써 둔 것을 10년 후 교정 없이 출간한 것이다. 어머니가 병원에 들어가던 달에 에르노는 이렇게 쓴다. "오늘 아침 어머니가 일어나 기어들어 가는 목소리로 말했다. '자다가 오줌을 쌌어, 어쩔 수가 없었어.' 어릴 적 내가 종종 했던 말." 열 달 뒤 에르노의 어머니는 자신이 회복할 수 없다는 사실을 자각하기 시작한다. 에르노는 "가슴이 찢어질 듯 아프다. 어머니는 생기가 넘치고, 여전히 욕망도 미래에 대한 계획도 있다. 그녀가 바라는 것은 오직 사는 것뿐이다. 나 역시 어머니가 살기를 바란다."라고 쓴다. 1년가량이 흘러 어머니가 세상을 떠나기 한 달 전쯤, 그녀는 또 이렇게 쓴다.

어머니에게 아몬드 빵을 건넨다. 입술만 요란하게

> 빨아댈 뿐 혼자서 드시지 못한다. 지금 당장 나는 그녀가 죽었으면, 그래서 이런 굴욕으로부터 해방되었으면 하는 마음이 든다. 어머니의 몸은 뻣뻣해져 일어날 때는 온 힘을 다해 일어나야 한다. 역한 냄새가 방에 가득하다. 식사를 마친 어머니는 갓난아기처럼 막 소변을 보았다. 너무나 끔찍하고 억누를 수 없는 감정이 차오른다.

어머니가 차라리 죽어서 존엄을 지키고 고통에서 해방되기를 바랐던 에르노는 어머니가 돌아가시자 이렇게 쓴다. "슬픔을 가누지 못한다." "다 끝났어. 그래, 시간은 멈췄어. 누구도 이 고통을 상상할 순 없어."

내게는 읽기 쉽지 않은 글이지만, 앞으로 어떻게 될지 궁금하다. 에르노의 사랑은 산산이 부서진다. 그녀는 어머니에 대한 최선을 바라고, 어머니가 "그런 굴욕을 벗어나기"를, 그래서 죽기를 바란다. 그렇지만 어머니의 죽음에 깊이 슬퍼한다. 내 생각에 단지 끝나 버린 관계 때문만이 아니라 어머니의 삶의 가치, 즉 죽음 앞에서 뒷걸음질했으나 사랑으로 긍정된 존엄 때문이다. 우리는 이런 가치를 우정의 근원에서 발견했다. 이것은 세상을 떠난 사람에 대한 애도의 근원이기도 하다.

이런 암울함 속에서도 하나의 위안이 있다. 바로 상실로 인해 슬퍼하는 일은 절대 잘못된 게 아니라는 사실이다. 변화시킬 관계가 없거나 특별히 애석해할 불운이 없는 경우라 하더라도, 사랑은 한 가지 사실을 드러내고 그 사실은 우리에게 어떤 감정을 느껴야 하는지 가르쳐 준다. 그것은 바로 어떤 한 인간이 더 이상 존재하지 않는다는 사실이다. 불행도 잘 사는 것의 일부이자, 진실을 마주하고 올바르게 대처하는 과정이다. 상실로 인해 슬퍼하지 않는다면 사랑도 하지 않는 것이다.

이런 사실들은 철학적이면서도 상당히 감정적인 난제를 제기한다. 사랑하는 사람이 죽었다는 사실이 애도의 이유라면, 그 사실은 영구적이다. 절대 사라지지 않는다. 그렇다면 우리는 영원히 슬퍼해야 하는 걸까?

다행히도 대부분의 사람들은 그렇지 않다. 애도에 관한 실증 연구에 따르면, 배우자나 자녀를 잃은 사람들 절반 이상이 '정서적 회복력'이 있어서 두어 달 후면 회복하고,

그렇지 않은 사람도 1년~1년 반 안에 적응한다. 애도가 장기화되거나 만성적인 슬픔을 경험하는 사람은 소수에 불과하다. 이런 사람들은 노출 요법이나 인지 행동 치료가 필요할 수 있다.

어떤 의미로는 좋은 소식이다. 심리학자 조지 보나노는 "사별한 사람들 대부분이 전문가의 도움 없이도 스스로 좋아진다."라고 설명한다. "그들은 깊은 슬픔에 빠지고 한동안 방황하지만, 결국 그들의 삶은 대개 그들이 생각했던 것보다 쉽게 다시 제자리를 찾는다." 다른 의미로는 충격적인 소식이다. 곧 회복한다는 것은 우리가 세상을 떠난 사람의 삶을 더 이상 소중하게 여기지 않는다거나 소중하게 여긴 적이 없다는 의미일까? 롤랑 바르트는 어머니가 돌아가시고 두 달 후 이렇게 자문했다. "사랑했던 사람 없이도 살 수 있다는 것은 그 사람을 생각보다 덜 사랑했다는 뜻일까 ……?" 철학자 베리슬라브 마루시치는 애도에 관한 가슴 아린 수기에서 바르트와 유사한 고백을 한다.

어머니가 돌아가신 지 몇 주 만에 어머니가

> 돌아가시기 이전의 삶으로 돌아왔다는 사실에 깜짝 놀랐다. 나는 별로 주저하지 않았다. …… 슬픔은 거의 완전히 사라진 듯했다. …… 애도할 때는, 어머니의 죽음이 애도의 이유가 되는 한, 즉 어머니가 내게 중요한 존재로 남아 있는 한 슬픔이 계속될 것처럼 보였다. …… 슬픔이 점차 잦아드는 기미가 보이면, 조만간 세상을 떠난 이에 대해 더 이상 마음 쓰지 않게 될 것만 같다.

우리는 영원히 슬퍼하기를 바라지 않는다. 하지만 이것도 싫다. 우리는 죽은 이를 계속해서 사랑하고 아끼고 그들의 죽음을 있는 그대로 실감하고 싶어 한다. 사랑하는 누군가가 죽어서 애도를 하고, 그 사람이 여전히 죽어 있다면, 우리가 왜 애도를 멈춰야 하는가? 그들이 죽은 지 수년이 되었다거나 우리가 수개월 동안 슬픔에 잠겨 있었다고 해서 그들의 죽음이 지닌 중요성이 퇴색되지는 않는다. 죽은 이들이 이 세상에 존재하지 않는다는 건 여전히 절대 불변의 사실이기 때문이다. 그렇다면 우리는 슬픔이 잦아든다는 사실을 어떻게 받아들일 수 있을까?

다른 감정과 마찬가지로 애도 역시 어떤 이유(해당 감정의 사유가 되는 사실)에 대한 반응이다. 분노는 모욕적인 말(행동)이나 손상에 대한 반응이고, 두려움은 잠재적 위협을 감지한 것이고, 애도는 상실을 의미한다. 상실의 슬픔이 잦아든다는 사실에 대한 당혹감은 오직 감정의 이유가 무엇을 느껴야 하는지를 결정한다는, 다시 말해 슬픔이 얼마나 타당한지는 그 슬픔의 대상에 따라 결정된다는 전제를 근거로 한다. 이것이 사실이라면 우리는 죽은 사람을 위한 애도를 멈춰서는 안 된다. 하지만 슬픔은 그런 식으로 작동하지 않는다. 시간이 흐르면 슬픔은 변하는데, 슬픔의 이유가 변하기 때문이 아니라 (애도 기간에 반응하며 "자 이제 1년이 지났으니 그 사람이 죽었다는 사실은 그렇게 중요하지 않아."라고 하지 않듯이) 애도가 결국에는 인간 삶의 일부로서 우리가 행하는 일이기 때문이다. 상실의 슬픔은 감정적 상태가 아니라 감정의 과정이며, 그 형태는 슬픔이 반응하는 이유에 의해 결정되지 않는다.

상실의 슬픔이 독특한 것이 아니다. 사랑도 마찬가지다. 사랑은 시간이 흐르면서 커지고 깊어진다.

과거 애정이었던 감정이 오랜 유대감이 되기도 한다. 그런 일이 꼭 일어나는 것은 아니지만, 또 일어난다고 해서 항상 좋은 것도 아니지만, 이런 감정의 진화는 매우 타당하다. 그렇다면 왜 타당할까? 마치 오래 보면 상대가 더 사랑스러워지듯, 한 해 더 사랑했다는 사실이 또 다른 사랑의 이유일까? 그렇지 않다. 누군가를 사랑할 때 우리는 사랑이 지나온 시간에 관한 사실에 주목하여, 우리 삶에서 그 사랑이 지속된 시간을 추적하고 그에 따라 애정을 조절하지 않는다. (우리의 관심은 외부를 향해 있어서, 자신의 경험이 아닌 사랑하는 사람을 향한다.) 사랑도 슬픔과 마찬가지로 감정의 상태가 아니라 과정이다. 사랑의 진화는 사랑의 본질 중 하나다.

이는 한편으로 슬픔이 잦아들고 사랑이 커진다는 사실이 언제나 내면에서는 이해할 수 없는 것처럼 보임을 의미한다. 인간의 감정이 겪는 단계라고 이해할 수 있지만, 그것이 사랑하거나 애도하는 대상의 변화에 반응하는 것은 아니다. 죽은 사람은 죽은 것이며, 시간과 눈물이 슬픔을 견디기 수월하게 해 주기는 하지만, 죽은 사람을 살아 돌아오게 하지는 않는다. 나는 애도 의식이 꼭 필요한 이유가 이처럼 잦아드는 슬픔의 이유를 이해할 수 없다는 사실에 있다고 생각한다. 상실의 슬픔을 처리하는 관습(사적, 공적 행위 모두)이 그 틈을 메워 주기 때문이다.

내가 처음 장례식에 가 본 것은 피츠버그 대학교에서 교편을 잡은 첫해였다. 물리학과 교수 롭 클리프턴이 대장암으로 38세에 세상을 떠났다. 장례식은 피츠버그 대학교 배움의 전당 근방의 오클랜드 예수 승천 교회에서 거행되었는데, 두 가지에 대한 기억이 아직도 생생하다. 하나는 롭이 남긴 편지를 낭독한 것이었는데, 그는 무신론자인 동료들을 교회 장례식에 억지로 참석하게 할 수 있다는 사실에 장난꾸러기처럼 기뻐했다. 다른 하나는 누가 봐도 확연하게 그의 아내와 아이들을 둘러싸고 있는 공동체였다. 단순한 우정 이상의 것으로 결속된 가족들, 바로 주일학교 모임이었다. 연구에 따르면 상실의 슬픔을 극복하는 회복력은 개인적, 재정적 유연성뿐만 아니라 사회적 지지와 상관관계가 있다. 그러나 그것 말고도 또 있었다. 내가 부러웠던 건 누군가 죽었을 때 무엇을 해야 하는지 아는 듯한 모습, 자칫 우왕좌왕할 수도 있는 시간을 어떻게 체계적으로 조직하고 운영하는지 아는 듯한 모습이었다.

모든 문화권에는 인간이 상실의 슬픔에 잠겨 확신 없이 비틀거리고 있을 때 길잡이가 되어 주는 지도가 있다. 유대교 전통에는 유족이 친구들과 함께 7일 동안 애도하는 시바라는 관습이 있다. 서아프리카의 다호메이(*지금의 베냉 — 역주) 사람들은 술을 마시고 춤을 추고 노래를 부르고 짓궂은 농담을 하면서 죽은 사람의 삶을 기린다. 수리남의 사라마카 민족은 공동체가 함께 '이별 의식'을 여는데, 기묘한 설화나 인간 조건에 관한 우화를 서로 나누는 것으로 장례를 마무리한다. 중국에는 다신론의 유산이 남아 있어 과거 왕과 함께 신하와 소지품을 매장하던 관습을 따르는데 이제는 종이로 만든 인형과 모형을 사용하여 장례를 치른다. 신념보다는 행위가 더 중요한 것이다. 서구의 애도 규범은 적어도 고대 문화로 거슬러 올라간다. 사학자 데이비드 콘스탄은 고대 로마의 장례법을 인용하며 다음과 같이 설명한다. "부모와 6세 이상의 자녀는 1년 동안 애도할 수 있고, 6세 이하의 자녀는 한 달간 애도한다. 남편은 10개월, 가까운 친족은 8개월 동안 애도할 수 있다. 이 규정에 어긋나는 행동을 하는 자는 공개적으로 망신을 당한다."

콘스탄은 고대 철학자 가운데 예외적으로 상실의 슬픔을 비난하지 않은 아리스토텔레스가 『수사학』을 집필하며 그의 감정 이론에서 상실의 슬픔을 제외한 이유가 분노나 두려움과 달리 상실의 슬픔은 자연적으로 해소되지 않아서라고 추측한다. 분노는 복수하거나 모욕 혹은 손상을 받아들이는 것, 두려움은 잠재적 위협으로부터 도망치거나 그것에 맞서는 것 둘 중 하나다. 그러면 모든 게 끝난다. 그러나 상실의 슬픔, 적어도 누군가의 죽음을 슬퍼하는 경우는 그렇지 않다. 죽은 이를 되살리지 않는 이상 슬픔의 이유를 소멸시키기 위해 우리가 할 수 있는 일은 아무것도 없다. 애도의 관습과 방법이 필요한 것도 그래서다. 우리는 한 손에 관습이라는 지도를 들고, 이유가 미처 설명해 주지 않는 길을 헤쳐 나간다.

서양에서는 오랜 옛날부터 애도뿐만 아니라 죽음 그 자체도 의례화되어 있었다. 과거에는 집에서 가족, 친구, 이웃 들이 곁을 지킨 가운데 죽는 것이 관례였다. 어린아이들도 참여했으며 의식은 언제나 정해진 순서에 따라 매우 엄숙하게 거행되었다. 19세기에 죽음은 좀 더 사적인 일이 되었다. 인류학자 제프리 고러에 따르면 제1차 세계대전 때 또 한 번의 변화가 있었는데 사망자의 수가 너무 많아 전통적 애도 의식이 어려워졌기 때문이었다. 20세기 후반에 이르자 병원이나 요양원과 같이 집 밖에서 죽음을 맞는 것이 일반적인 일이 되었다. 죽음은 이제 의사와 간호사가 지켜보는 가운데 이루어지는 과정이다. 나는 이런 변화에 대해 옳고 그름을 판단하려는 것이 아니다. 많은 사람이 직면하는 문제, 즉 상실의 슬픔을 경험하는 의미 있는 사회적 관행이 상대적으로 부재하다는 사실을 말하려는 것뿐이다. 우리에게는 애도를 위한 최소한의 구조만 주어질 뿐 그 안의 내용은 우리 스스로 채워 넣어야 한다.

사랑도 비슷한 점이 있다. 결혼이라는 관습이 권위를 잃으면서 점점 더 많은 사람이 결혼의 필요성을 느끼지 못하고 있고, 결혼하는 사람들은 자유롭게 자기만의 예식을 구성한다. 나는 이것을 비난하지는 않지만 (나도 그랬으니까) 뭔가를 잃어버린 것은 분명하다. 바로 전통이 가져다주는 기성품과 같은 용이성이다. 아내와 내가 결혼할 당시 우리는 주례를 찾는 데 애를 먹었다. 처음 우리가 주례를 부탁한 사람은 알고 보니 복음주의 라디오 토크쇼 진행자였다. (말하자면 길다.) 그는 이교도 결혼식에 참여하는 것을 원치 않는다고 했고, 우리는 원만하게 서로 합의하여 주례를 취소했다. 신중해진 우리는 엄숙함과 융통성을 모두 갖춘 사람을 찾기 시작했다. 그렇게 찾은 사람이 인디애나 대학의 퇴임한 교목 밥 엡스였다. (결혼식은 블루밍턴에 있는 장모님의 집에서 할 예정이었다.) 밥을 만나고 우리는 안도했다. 차분한 성정의 그는 별의별 일을 다 겪은 사람이었다. 밥은 테이블에 기대어 우리 쪽으로 몸을 숙이고는 손으로 피라미드 모양을 만든 채 몇 가지 조건을 이야기했다. 그는 우리가 원하는 것은 무엇이든 하겠지만 결혼식 중에 가축이 보이거나 마약을 해서는 안 된다고 했다. 흔쾌히 수용할 만한 조건이었다. 하지만 마지막 걸림돌이 하나 있었다. 나는 그에게 일반 기도서를 쓰지 않으면 결혼식 같은 느낌이 들지 않겠지만, 기도문에 "신"이 들어가지는 않았으면 한다고 말했다. 밥은 온화하게 웃으며 대답했다. "언급하든 하지 않든 그분은 그곳에 계실 겁니다." 맞는 말

같았다.

어머니의 죽음이나 (부디 그런 일이 없기를 바라지만) 아내 또는 아이의 죽음을 애도한다고 상상할 때, 나는 이와 같은 것을 원한다. 내가 받아들일 수 있는 만큼 전통을 인정하는 것. 상실의 슬픔은 본래 서사적이지 않다. 그것은 혼돈의 파도처럼 밀려들고 끊임없이 변화하며, 이유에 의해 좌우되지 않는다. 우리가 슬픔의 단계라는 의심쩍은 이론에서 위안을 찾는 것은 전혀 놀랄 일이 아니다. 그러나 우리가 필요한 건 이론이 아니라 관습이다. 애도의 관습은 상실의 슬픔에 없었을지 모를 체계와 질서를 제공한다. 애도의 관습은 더 잘 슬퍼할 수 있다는 사실을 명백하게 보여 준다.

이 책을 집필하던 2021년 1월, 장인어른이 심장마비(로 추정)로 갑작스럽게 돌아가셨다. 나의 장인인 에드워드 구바는 여유가 넘치고 신실하며 현명하고 다방면에 지적 호기심이 많은 사람이었으며, 한때 작가이자 기자로 인디애나 대학교의 어너스 칼리지에서 강의했다. 그는 학생들을 사랑했고, 포커와 진보 정치에 심취했으며, 도박을 좋아하는 마음을 암호화폐로 돌려 짭짤한 부수입을 올리기도 했다. 나와 아내는 코로나19 대유행이 시작된 이후로 장인어른을 보지 못했기에 그의 죽음이 아직도 현실로 다가오지 않는다. 그의 사망 후 몇 주 동안 아내 마라, 처제 시몬, 장인어른과 함께 산 크리스틴은 이런저런 일 처리로 정신이 없었다. 코로나19 때문에 모든 게 까다로웠다. 크리스틴만 직접 장례식에 참석해 엄청나게 복잡한 장례 절차를 처리했다.

물리적 거리는 애도에 방해가 되었다. 우리는 줌을 통해 시바를 거행했지만, 가상의 공간에서 치르는 의식으로는 실체가 있는 한 인간의 죽음을 가늠하기가 어려웠다. 더구나 서로를 위로하며 포옹을 나눌 수도 없었다. 한편 줌 추도식을 계획하고 한동안 교류가 뜸했던 친구들과 친척들에게 연락을 돌리느라 마라의 애도는 유예되는 듯했다. 추도식 자체는 이따금 오디오가 끊긴 것 외에는 특별한 시간이었다. 평소 같았다면 없었을, 멀리 떨어져 사는 친구들과 가족들과 나누는 친교의 자리였다. 장인어른의 유치원, 고등학교 시절 이야기, 뉴욕에서 택시를 몰던 시절의 이야기, 마라의 소프트볼팀 코치를 한 이야기가 오고 갔고, 그가 천성적으로 사람들과 어울려

노는 것을 좋아하고 식사를 마치고도 식당에서 하염없이 노닥거렸으며 전화로 수다도 잘 떨었다는 이야기도 했다. 누구는 재밌는 일화를 말했고 누구는 흐느꼈다. 말 그대로 상실의 슬픔의 다면성이 드러나는 순간이었다. 우리는 나중에 추도식 녹화본을 다시 꺼내 보고 몇몇 친구가 우리가 나간 후에도 남아 계속 옛날이야기를 했다는 사실, 장인어른을 기리며 한참을 함께 있었다는 사실을 알게 되었다.

마라가 밀려왔다 밀려가기를 반복하는 슬픔 속에서 정말로 울기 시작한 것은 추도식 직후부터였다. 아내는 버릇처럼 일요일마다 아버지에게 안부 전화를 하려 했다. 아버지를 수개월간 화상으로만 만나 왔기 때문에 아내로서는 그가 이제 정말로 세상에 없다는 사실을 믿기 어려워했다. 그녀의 슬픔은 가사 상태에 빠져 있다. 물론 더 힘든 사람들도 있다. 전 세계에 퍼진 전염병은 애도뿐만 아니라 죽음 그 자체에 대한 관례도 혼란에 빠뜨렸다. 환자들은 사랑하는 가족이나 친구 들이 컴퓨터 화면을 통해 지켜보는 가운데 홀로 죽어야 했다. 너무 많은 사람이 애도가 유예되는 경험을 하고 있다. 코로나19 대유행

이전에도 많은 사람에게 애도 의식은 효과가 미미할 정도로 덧없고 모호했다. 사람들은 누군가 죽었을 때 무엇을 해야 하는지 잘 모른다.

의식을 행할 수 없는 상황에서 애도하려면 즉흥적으로 의식을 마련해야 한다. 이럴 때는 관계적 슬픔의 논리에 더 충실히 기대어, 세상을 떠난 이와의 관계를 그들의 존재를 기리는 방식으로 전환해야 한다. 장인어른이 죽었을 때 익숙한 장례 의식을 행할 수 없었기 때문에 우리는 우리만의 의식을 만들어야 했다. 그래서 우리 가족은 몇 년 만에 처음으로 여자 대학 농구(NCAA 토너먼트의 인디애나 후지어) 경기를 보면서 장인어른이 얼마나 대학 스포츠를 사랑했는지 이야기했다. 그의 생일에는 그를 생각하며 복권을 샀다. 물론 꽝이었다. 일회성이 아닌 일로는, 마라가 우정을 가꾸는 아버지의 타고난 재능을 본받아 서먹해진 친구들과 더 자주 연락하며 지내기로 다짐한 일이었다. 작가 리디아 데이비스는 그녀의 맑고 투명한 단편 소설에서 "그들을 어떻게 애도해야 하는가?"라고 묻고는 더 많은 질문으로 대답한다. "L처럼 집을 깨끗하게 정리해야 할까? …… B처럼 많이 투덜대야 할까? …… M처럼 옷을 흑백으로만 입어야 할까?" 죽은 이의 삶을 모방하는 애도 방식을 찾으며 스스로에게 저런 질문을 던지는 것은 애도하는 사람이 결정할 문제다. 이런 개인적인 애도 방식은 비개인적인 애도 방식을 실행할 수 없을 때 더 큰 중요성을 지닌다.

전통도 관례도 상실의 슬픔을 해결해 주지는 않는다. 의례가 없으면 상황이 더 힘들겠지만, 그래도 결코 쉽지 않다. 상실의 상처가 낫는다 하더라도 상처는 다시 벌어질 수 있다. 상실의 슬픔은 영구적인 해결책이 없다. 끊임없이 반복되는 혼란스러운 감정이 있을 뿐이다. 줄리언 반스는 "여기 마지막으로 우리를 고통에 빠뜨리는, 대답할 수 없는 질문이 있다."라고 쓰면서 "애도에 있어 '성공'이란 무엇일까? 그것은 기억하는 데 있을까 잊는 데 있을까? 과거에 머무는 것일까 아니면 앞으로 나아가는 것일까? …… 잃어버린 사랑을 왜곡 없이 기억하며 마음속에 강렬하게 품고 있을 수 있는 능력일까?" 때때로 어떤 질문에 답할 수 없는 이유는 답을 알기 어려워서가 아니라 질문에 거짓된 전제가 있기 때문이다. 여기에 있는 거짓된 전제는 우리가 애도에서 완전히 성공할 수도 실패할 수도 있다는 것이다. 그러나 서사적 종결을 바라는 일은 잘 슬퍼하는 것과 배치된다. 애도의 관습이 상실의 슬픔에 최소한의 체계를 제공하지만, 그것이 시작, 중간, 끝의 구조는 아니다. 그것은 지도에는 표시되어 있지 않지만 거주할 수 있는 땅으로 안내하는, 애도의 가장 힘든 시기를 위한 지도책과 같다. 상실의 슬픔은 삶이 하나의 이야기라면 행복한 결말이 없음을 상기시켜 준다.
아니 어쩌면 삶은 애초에 이야기가 아닐는지 모른다.

우리가 삶에 엄청나게 많은
사건이 있다는 사실을 인식할수록,
삶이 아주 작고 다양한 성공과 실패로
이루어졌음을 깨닫게 된다.

실패

실패는 경이로움으로 가득 차 있는 것이다. 우리는 일, 사랑, 타인에 대한 의무에서 실패를 경험한다. 그러나 스포츠에서 실패를 겪는 사람에게는 특별한 품위가 있다. 스포츠는 실패가 가장 명확하고 확실하게 드러나는 분야다. 젊은이들은 대개 스포츠를 통해 실패에 대처하는 법, 실패를 예의 있게 받아들이는 법을 배우라고 강요받는다. 그러나 스포츠는 미숙함과 실수가 초래한 손쓸 수 없을 정도로 참담한 순간들의 본산이다.

야구를 예로 들어 보자. 야구는 철학적 의미가 풍부하고 언어적으로도 쓸모가 많은 스포츠다. 우선 "머클의 실수"라는 말이 있다. 1908년, 뉴욕 자이언츠(*현 샌프란시스코 자이언츠 — 역주)의 프레드 머클은 2루 베이스를 밟지 않아 조니 에버스에 의해 아웃을 당한다. 당시 경기는 매우 중요했고 머클의 실수가 아니었다면 그 안타는 결승타가 되었을 것이다. "스노드그래스 실책"도 있다. 1912년에 프레드 스노드그래스가 쉽게 잡을 수 있는 공을 놓치면서 자이언츠는 월드시리즈 우승에 실패한다. "밤비노의 저주"에 당한 빌 버크너도 있다. 밤비노의 저주란 1918년에 보스턴 레드삭스가 베이브

루스를 팔면서 시작되었다고 여겨지는, 근 100년간 한 번도 우승하지 못한 불운을 일컫는다. 그로부터 68년 뒤 버크너가 쉽게 처리할 수 있는 땅볼을 다리 사이로 빠뜨리면서 레드삭스는 우승 트로피를 뉴욕메츠에 내주고 만다. 그중에서도 가장 큰 실패로 회자되는 것은 랠프 브랑카가 얻어맞은 '세상에 울려 퍼진 한 방'일 것이다. 보비 톰슨의 홈런으로 (브루클린 다저스가 아니라) 뉴욕 자이언츠가 중요한 플레이오프를 이기고 1951년 월드시리즈에 진출한다.

그렇다면 인간은 어떻게 결정적인 실패의 경험을 안고 살까? 실패의 상처가 유독 더 깊고 쓰린 사람들이 있지만, 이는 모든 이에게 해당하는 질문이다. 가치 있지만 좌절되었거나 잊힌 계획들은 인생에서 아주 흔하다. 시인이자 금언 작가인 제임스 리처드슨은 "우리가 살면서 세운 수없이 많은 사소한 계획을 조금이라도 기억한다면, 우리 삶은 실패에 대한 후회 그 자체일 것이다."라고 말한다. 일이 잘못되는 경우를 쉽게 볼 수 있다는 사실은 위안을 준다. 스스로 "위안의 책"이라고 이름 붙인 저서에서 영국의 사회비평가 조 모런은 크고 작은 실패에 관한 이야기로 우리를 즐겁게 한다. 그중에서도 백미는 "실패를 통해 배우지도 않았고 배우기를 원하지도 않았던," 완성한 그림은 거의 없으며 가장 유명한 벽화마저도 그가 죽기 전에 벗겨지기 시작하여 실패한 실험의 결과물이 되어 버린 화가의 이야기다. 그 화가는 바로 레오나르도 다빈치다.

실패는 대개 더 평범하다. 내 아이는 자기 계획이 실패로 끝났을 때 나의 처참한 실패담을 듣는 것을 아주 좋아한다. 연애에서 실패한 이야기, 시험을 망친 이야기, 운동 경기에서 패배한 이야기 등등. 그중에서도 그 애가 특히 좋아하는 것은 내가 주차 구역을 빠져나오지 못해 운전면허 시험에서 두 번이나 떨어진 이야기다. 당시는 아내가 임신 9개월 때였다. 아이를 낳을 때 내가 차를 몰고 병원에 갈 수 있었던 것은 순전히 아내가 함께 타고 있어서 내 임시면허증 조건을 만족했기 때문이다. 나는 운전면허 시험을 세 번째에서야 합격했는데, 그때 내 옆에는 당혹스러워하면서도 끊임없이 나를 격려해 준 장인어른이 타고 있었다. 그는 도로를 반대 방향으로 들어서는 바람에 후진으로 데이트 상대를 집에 데려다준 참담했던 경험담을 들려주면서 나의 긴장을 풀어 주었다.

이런 실패들은 딱히 위험 부담이 크지 않다. 그러나 다른 실패의 경우 세상이 뒤집히거나 세상을 바꾸지도 못한다. 사회적 실패에 관한 위대한 연구 중에 영국의 사학자 크리스토퍼 힐이 쓴 『패배의 경험(*The Experiment of Defeat*)』이란 책이 있다. 잉글랜드 내전이 한창이던 1649년, 찰스 1세의 처형으로 이전에는 상상조차 하지 못했던 사회민주주의에 대한 희망이 싹트기 시작했다. 수평파(The Leveller)는 부의 재분배와 가난한 이들의 권리 확대를 강력하게 주장했다. 그보다 더 급진적이었던 '디거스(Diggers)'는 마르크스보다 200년 먼저 공산주의를 꿈꿨다. 디거스의 지도자 제라드 윈스턴리는 토지가 "모든 사람이 공유하는 부의 보고"라고 주장하면서 실질적인 유토피아 실험의 불을 당겼다. 서리 지역 코범 히스 근처 세인트 조지 언덕의 황무지에서 빈민들을 대표하여 토지 소유권을 주장하지 않고 땅을 경작했다. 윈스턴리는 다른 사람들도 자신들의 실험을 따를 것이라 기대했고 지주들이 농노를 잃고 어쩔 수 없이 자신들의 공동체에 합류하면서 사유재산이 자연스럽게 사라질 거라 믿었다.

그러나 그런 일은 일어나지 않았다. 디거스는 지역 지주들에게 무참히 짓밟혔다. 그들은 지주들의 고발로 재판에 넘겨졌고, 그들이 공유지 위에 세운 집들은 모두 불탔다. 미래에 대한 급진적인 비전은 그들과 함께 실패로 끝났다.

실패는 경이롭고 형태가 아주 다양한 데다 매우 흔한 일이라서 사례를 빠짐없이 연구하는 것은 불가능하다. 그런 의미에서 이번 장은 실패할 수밖에 없다. 해서 나는 윤리적 실패나 사회적 실패는 제쳐두고(뒤로 가면서 다시 이야기되겠지만), 개인에게 중요한 목표를 달성하는 데 실패하는 개인적인 실패를 논의하는 데 집중할 것이다. 우리가 자신의 삶을 결정짓거나 패배자가 되는 것을 각오하는 일은 개인적인 실패에서 벌어진다. 이 정의가 아주 순수한 형태로 실현되는 곳이 바로 스포츠의 위대한 실패의 순간이다.

실패와 동일시된다는 것은 어떤 것일까? 그리고 그것은 삶의 평범한 실패에 대해 우리에게 무엇을 말해 줄까? '세상에 울려 퍼진 한 방'을 내주어야 했던 랠프 브랑카는 이후 50년 동안 불평 없이 자신의 운명을 견뎠다. 브랑카에 대해 조금이라도 아는 사람은 누구나 그가 톰슨이 홈런을 친 직구를 던진 주인공이라는 사실을 알았지만, 그 외의 사실을 아는 사람은 많지 않았다. 기자 조슈아 프레이거는 저서 『에코잉 그린(*The Echoing Green*)』에서 브랑카와 톰슨을 하나로 엮어 놓았던 매듭을 푼다. 그가 전하는 이야기는 속죄나 소거된 실패에 관한 이야기가 아니다. 그런 이야기를 하기엔 너무 늦었다. 프레이거가 하는 이야기는 우리가 처음부터 알고 있던 것이다. 바로 브랑카의 삶은, 그리고 톰슨의 삶도 두 사람을 하나로 묶어 버린 그 순간이 전부가 아니었다는 사실이다. 프레이거는 문제의 플레이오프 경기 직전에서 시즌 이야기를 중단하고 두 사람의 그 이전의 삶을 공시적으로 서술한다. 브랑카의 가족은 행복한 대가족이었고, 톰슨에게는 그를 지지해 주는 형과 무뚝뚝한 아버지가 있었다. 이와 같은 두 사람의 삶에 관한 이야기는 책의 5분의 1을 차지한다. 마지막 경기에 관한 이야기는 톰슨이 타자석에 들어와 투구가 이루어지는 데서 잠시 멈춘다. 방망이는 휘둘러지고 당시 캐스터였던 러스 호지가 외친다. "자이언츠가 우승을 차지합니다!

자이언츠가 우승을 차지합니다!” 그리고 운명의 날이 시작된다. 프레이거는 “그날 아침 브랑카와 톰슨 모두 부모님 집에서 7시 30분에 잠을 깼다. 두 사람 다 어머니가 차려 준 달걀을 먹었는데, 톰슨은 베이컨을, 브랑카는 햄을 곁들여 먹었다.”라고 쓴다.

누구의 삶도 단 하나의 사건, 계획, 야망으로 단순화할 수는 없다. 모든 사람의 삶은 사실, 사실, 사실로 이루어진다. 일어난 일에서 어떤 운명이 보이는 것도 아니다. 문제의 시즌, 문제의 타석을 돌이켜 보면, 우리는 상황이 다르게 전개될 수도 있었다는 사실, 즉 실패와 성공의 철저한 우연성을 깨닫는다. 또 삶에 어떤 숨은 목적이 있어 미리 운명 지어진 결말로 이어진다는 식으로 우리 인생을 이야기하는 것이 얼마나 쉽고 위험한지도 깨닫는다. 프레이거는 모든 사건을 어찌 됐든 일어났을 일이라고 보는 회고의 관성과 싸운다. 그는 이것을 책의 구성(사건의 순서를 벗어난 방식으로 주인공들의 삶을 되짚음)과 예상되는 통사를 파괴하거나 전도시켜 마치 시간을 벗어난 듯한 느낌을 주는 문장 구조를 통해 타파하려 한다. 초반 몇 페이지는 다음과 같다.

> 발가락 부상과 맹장염 문제로 결국 더로셔(자이언츠 단장)와 호러스 스토넘(자이언츠 구단주)이 자이언츠의 클럽하우스에 모였다. …… 더로셔는 역겨운 인간이라, 투수에게 고함을 치며 상대편 타자에다 대고 던지라고 지시하곤 했다. …… (브루클린)은 온통 야구팀 이야기였고, 새로 발견한 능력의 기회를 가장 잘 이용한 결과는 뉴욕을 따라잡은 것이었다.

이런 표현 수십 개가 책 전반에 등장한다. 동사, 전치사, 종속절이 문장 안에서 흩어져 독자들의 허를 찌른다. 결과가 어떨지는 결코 알 수 없다.

프레이거가 취한 형식의 유희는 실패를 정확히 파악하고 있다. 조 모런은 "실패에 관한 기본적인 통념은 그것이 우리 잘못이라는 믿음이다."라고 말한다. 실패가 우리 탓일 때도 있지만, 삶의 우연이 초래하는 혼돈(뚝 떨어지는 공이나 그렇지 않은 공, 글러브 끝에 맞고 튀어 오른 공 등)은 절대 삶을 완벽히 통제할 수 없고 대체로 한계가 있다는 사실을 우리에게 상기시켜 준다. 더욱이 어떤 실수이든 그 실수가 초래한 실패나 추진하는 일이 그 사람의 전부라 할 수 없다. 이 사실을 간과하거나 흐리게 하는 경향은 우리가 삶을 몇몇 중요한 순간으로 단순화하여 이야기하고, 특정 종류의 이야기를 하도록 장려되는 현실에 근거한다. 실패의 경험과 우리가 자기 자신에 관해 말하는 이야기는 브랑카와 톰슨의 삶처럼 서로 긴밀하게 얽혀 있다. 실패가 미치는 영향력을 줄이려면, 우리는 삶이 얼마나 서사적인지 또는 서사적이지 않은지 물어야 한다.

우리가 삶을 우리 자신에게 이야기한다는 관념, 그렇게 하는 것이 잘 사는 것이라는 관념은 상당히 흔한데, 이를 가장 강경하게 비판한 철학자 갈렌 스트로슨은 이 관념을 두고 "우리 시대의 허상"이라고 표현했다. 그는 이 관념을 옹호하는 이들을 나열하는데 그 명단이 매우 인상적이다. 여기에는 신경과 전문의이자 작가인 올리버 색스("우리는 모두 '서사'를 구성하고 살아낸다. …… 이 서사가 곧 우리다."), 심리학자 제롬 브루너("우리는 우리 삶에 관해 '이야기하는' 수단인 자전적 서사가 된다.")를 비롯해 알래스데어 매킨타이어, 대니얼 데넷, 찰스 테일러, 폴 리쾨르와 같은 철학계의 거물 올스타 팀이 포함되어 있다. 테일러는 "우리 자신을 이해하는 데 필요한 하나의 기본 조건(은) 우리가 삶을 서사 안에서 …… 하나의 펼쳐지는 이야기로 이해하는 것이다."라고 말한다. 그리고 데넷은 "우리는 모두 뛰어난 소설가로, 온갖 종류의 행위에 가담하게 되는데 그 행위들은 대개 일관된다. …… 그리고 우리는 늘 최대한 그것의 긍정적인 면을 강조하려고 한다. 우리는 우리가 가진 모든 재료를 일목요연하게 하나의 좋은 이야기로 만들기 위해 노력한다. 바로 그 이야기가 우리의 자서전이다."라고 주장한다.

한편으로는 매력적으로 들린다. 자기 안에 훌륭한 일대기가 있다고 생각하지 않는 사람이 있을까? 그러나 이건 수사의문문이 아니다. 실제로 많은 사람이 그렇게 생각하지 않고, 그렇게 생각하는 사람들 상당수가 착각하는 것이다. 스트로슨은 "나는 절대로 내 삶이 형식을 지닌 서사라거나, 사실은 형식 없는 서사라고 생각하지 않는다."라고 말한다. 그럼에도 그는 꽤 잘 살고 있는 것처럼 보인다.

스트로슨의 일대기는 유용한 사례 연구 대상이다. 그의 아버지 P. F. 스트로슨은 옥스퍼드 대학교의 웨인플릿 형이상학 교수를 지낸 사람으로, 20세기 후반의 가장 저명한 철학자 중 하나다. 아버지 스트로슨은 자유와 책임을 인도적인 관점에서 옹호하고, 인간을 근본적으로 체화된 존재로 개념화한 것으로 유명하다. 그의 아들 갈렌은 조숙해서 네 살 때부터 무한성과 죽음이라는 난제에 완전히 사로잡혀 있었다. 케임브리지 대학교에서 이슬람학을 공부한 아들 스트로슨은 옥스퍼드에서 전공을 바꿔 철학을 공부하고 유명한 작가이자 교수가 되었다. 그가 무엇으로 유명하냐고? 자유와 책임의 가능성을 공격적으로 비판하고, 우리 자신을 우리 이름을 지닌 인간과는 뚜렷이 구별되는 존재로 성찰해야 한다고 주장한 것으로 유명하다.

삶을 서사로 규정하는 관념을 비판한 가장 대표적인 인물인 갈렌 스트로슨이 가장 유구한 역사를 지닌 서사, '아버지를 죽이는' 이야기의 철학자 버전을 살고 있다는 사실은 완벽한 아이러니가 아닐 수 없다. 우리는 이 아이러니를 이용하여 삶을 서사로 보는 관념의 세

가지 요소를 구분하고, 실패의 지배력에서 조금은 벗어날 수 있다. 첫 번째 요소는 인간은 틀림없이 자신의 삶을 일관된 서사적 총체로 제시하면서 자기 자신을 '이야기화(스토르슨은 이를 동사로 사용한다.)'할 것이라는 추측이다. 다른 두 가지 요소는 윤리적 문제다. 하나는 좋은 삶은 반드시 일관된 서사를 형성해야 한다는 것이고, 다른 하나는 좋은 삶은 서사의 주체가 그 서사를 자신에게 이야기해 주어야 한다는 것이다. 스트로슨의 삶은 이 두 가지 요소를 강력히 반박한다. 그의 삶은 어느 정도는 하나의 서사로 이야기될 수 있지만, 그와 나눈 서신을 통해 판단하건대 그 서사는 스트로슨이 이야기하는 게 아니다. 그의 증언이 사실이라면, 그는 자기 자신을 전혀 이야기화하지 않는다. 그는 인간이 반드시 자신의 삶을 이야기 형식으로 말할 것이라는 심리학적 억측의 예외적 경우다. 그가 좋은 삶을 살고 있다면, 좋은 삶의 주체가 반드시 자신의 이야기를 할 필요는 없다는 사실을 증명한다. 설사 이야기할 서사가 있더라도 말이다.

자, 하나의 사례만 보아도 이렇다. 그런데 이런 사람은 더 많다. 나처럼 여러분도 그중 하나일지 모른다. 서사적 방향에 대한 별다른 생각 없이 하루하루, 한 해 한 해 사는 사람들 말이다. 스트로슨은 이렇게 살다간 유명한 사람들을 언급하는데, 그중에는 아이리스 머독과 수필 문학의 명랑한 개척자였던 미셸 드 몽테뉴도 있다. 여기에 빌 비크도 추가할 수 있는데, 비크는 군에 복무했고 여러 야구 구단을 경영하며 실패와 성공을 모두 맛보았고 아메리칸 리그의 인종차별을 없애기 위해 분투한 인물이다. 이 세 사람은 모두 할 만한 가치가 있는 일들로 가득한 삶을 살았고, 어떤 일은 대단히 훌륭히 해내면서도 실수도 저질렀고 때로는 잘못된 길에도 들었으며 탈선도 했다. 이것만으로도 충분히 좋은 삶이다. 이 모든 걸 하나로 엮는 이야기 따위는 필요 없다. 한 인간의 삶을 도달할 수도 있고 도달하지 못할 수도 있는 절정을 향해 가는 일련의 이야기로 보는 것은 그의 삶을 잠재적 실패로 보는 것이다. 하지만 인간은 그렇게 살 필요가 없다.

머독을 예로 들어 보자. 그녀는 고전을 전공했고 제2차 세계대전 당시 공무원으로 일했으며 10년 동안 교수 생활을 하다 그만둔 후에는 전업 소설가가 되었다. 그녀는 옥스퍼드 대학교의 영문학 교수인 존

베일리와 오랜 결혼 생활을 했음에도 평생 범성애자이자 폴리아모리(*비독점적 다자연애주의자 — 역주)였다. 상처도 많았다. 머독은 41년 동안 26편의 소설을 썼는데, 오랜 창작 생활을 어느 정도 일관성이라고 말할 수는 있어도, 그것이 한 방향으로 귀결된 것은 아니었다. 그녀는 소설가로 전향한 후 다양한 시도를 했지만, 소설이 점점 더 길어졌다는 점을 제외하면(마지막 작품까지) 점진적인 발전의 양상은 보이지 않았다. 말 그대로 작품이 나아지지 않았다는 뜻이다. 그녀의 소설 중 가장 성공적인 작품이 그녀의 첫 소설인 『그물을 헤치고』라고 생각하는 사람은 나뿐만이 아니다. 머독의 두 가지 직업, 철학자와 소설가라는 직업이 적절하게 결합했다고 말할 수도 없다. 나는 그녀가 대체로 난해한 철학 연구와 소설이 지니는 "셀 수 없이 많은 의도와 매력" 사이의 경계가 모호해지는 것을 거부했다고 생각한다. 머독의 삶이 모순적이었다는 뜻이 아니다. 비록 거미줄처럼 얽히고설킨 그녀의 연애 관계를 풀기 쉽지는 않았지만 말이다. 하지만 그녀의 삶에는 삶을 서사로 보는 관점을 옹호하는 사람들이 만족할 만한 서사적 구조, 즉 "행위자, 행위, 목표, 배경,

외적 요인 그리고 위기"가 있는 서사적 구조 같은 것이 없었다. 머독의 생각 역시 다르지 않았던 것 같다. 1장에서 언급했던 것처럼, 내 생각에 그녀는 충분히 좋은 삶을 살았다. 삶이 곧 서사라는 관점에서 보면 좋은 삶은 반드시 일관되고 순차적인 이야기, 주체가 스스로에게 전하는 서사를 형성해야 한다. 이에 대해 머독은 예외적 인물이고, 스트로슨, 몽테뉴, 비크도 그렇다.

이와 같은 예외적인 사례를 고려하면 왜 그토록 많은 사람이 그런 관점을 가졌는지 의아할 수 있다. 내 생각에 그 답은 확실한 형태도 없고 정해진 형식도 없는 스토리텔링의 특징에 근거한다. 우선 진작에 물었어야 할 질문이 하나 있다. 서사로서의 삶을 옹호하는 사람들이 의미하는 서사가 과연 무엇이냐는 것이다. 그들은 가장 단순하고 연속적인 형태의 이야기에 강하게 끌린다. "수백 년 동안 소설에서 우리가 여행할 것이 가장 유력한 길은 하나였다. 바로 우리가 사실상 따라갈 것을 강요받은 그 길이다." 비평가이자 작가인 제인 앨리슨은 『두서없는 이야기, 소용돌이, 폭발(*Meander, Spiral, Explode*)』에서 이렇게 말한다. "그리고 그것이 바로 극적인 이야기다.

사건이 발생하고 긴장이 고조되다 절정에 도달하면 다시 잦아드는 그런 이야기.” 삶을 서사로 보는 관점도 이런 식으로 형성된다. 그리고 그런 조건들이 서사로서의 삶에 실체를 제공한다. 이런 관점은 우리가 삶의 이야기를 하나의 통합된 일련의 서사, “절정에 이를 때까지 고조되고 팽팽해지는 것(앨리슨은 이것을 두고 “남성 중심적 성을 떠올리게 하지 않는가?”라고 농담한다.)”처럼 이야기해야 하고 또 그렇게 이야기하기를 간절히 원한다고 주장한다.

그러나 앨리슨이 평하듯이 스토리텔링은 셀 수 없이 다양한 형식으로 이루어지고, 대개 연속성이 없다. 이야기는 두서없이 늘어지기도 하고 소용돌이치기도 하며 폭발하기도 하고 곁가지를 치기도 하며 잘게 나누어지기도 한다. 프레이거가 ‘세계에 울려 퍼진 한 방’, 계속되는 부침, 처음부터 일을 그르친 사건 등을 다루면서 중간중간 전사를 비롯한 다양한 이야기를 포개어 끼워 넣었던 것을 생각해 보자. 니컬슨 베이커의 중편 소설 『구두끈은, 왜?』도 좋은 예다. 이 소설은 주인공이 점심시간에 에스컬레이터를 타고 사무실로 돌아오는 과정을 그리는데, 구두끈, 빨대, 데오도란트, 남자 화장실,

종이 수건, 어릴 적 추억 그리고 에스컬레이터에 대한 주인공의 잡생각을 풀어낸 유쾌한 여담이 주를 이룬다. 여담 속에 또 여담이 있고 주석이 몇 문단, 몇 페이지에 달하는 이 스토리텔링의 명작은 말 그대로 뚜렷한 방향성이 없다.

서사로서의 삶이 인간의 삶을 하나 이상의 끝없이 다양한 형식을 지닌 이야기로 보는 데 가치를 둔다는 것만을 의미한다면 그런대로 무해할 것이다. 그럴듯해 보이기도 한다. 그러나 실제로 삶을 서사로 보는 관점은 일관성과 연속성, 승리 아니면 패배라는 성취의 절정을 향해 점차 고조되는 사건들을 요구한다. 이것이 이 관점을 옹호하는 자들이 바라는 바다. 내가 앞서 상술한 인물과 소설과 같은 이야기가 가능하다는 사실은 이들의 핵심 주장, 즉 자기 삶의 이야기를 하는 것이 자기 자신을 이해하고 자아를 형성하는 방법이라는 주장을 약화한다. 그들의 말이 틀린 것은 아니다. 그러나 자기 자신을 이해하는 방법은, 이야기를 통해서라 하더라도, 수십 년의 삶을 하나의 목표를 추구하는 여정으로 상상하지 않더라도 수없이 많다. 브리콜라주(*사물을 본래 용도가 아닌 방식으로 활용하거나 일반적인 맥락에서 떼어내 배치하는 예술 기법 — 역주), 성격 묘사 소설, 리프(*재즈나 록 등에서 즉흥적으로 되풀이하여 연주되는 선율 — 역주)면 어떤가?

더구나 일관되고 연속적인 서사에는 단점이 있다. 삶을 하나의 통에 꼭꼭 눌러 담는 일은 자신을 최종적으로 실패하도록 준비시키는 셈이다. 계획이 실패하면 그 사람은 그 일에서 실패하는 것이다. 그런데 우리는 마치 사람 자체가 실패가 될 수 있다는 듯이, 실패가 하나의 사건이 아니라 정체성인 것처럼 말하게 되었다. 우리가 우리 삶을 단 하나의 계획, 일련의 이야기를 통해 정의한다면, 그 결과가 우리를 정의하게 될 것이다.

우리는 이런 풍조에 맞서 싸워야 한다. 우리가 우리 자신에 대해 어떤 이야기를 하든, 그 이야기가 제아무리 단순하고 숨김없다 하더라도, 실제 우리 삶에는 그밖에도 수없이 많은 것이 있다. 조 모런이 주장한 것처럼

"어떤 삶을 실패 또는 성공이라 부르는 건 모든 인생에 담긴 무한한 정교함과 무궁무진한 다양성을 놓치는 것이다. …… 삶은 성공하거나 실패할 수 있는

것이 아니다. 삶은 그냥 사는 것이다." 『구두끈은, 왜?』의 화자는 로마 황제이자 스토아 철학자였던 마르쿠스 아우렐리우스의 『명상록』을 들고 다닌다. 어느 시점에 그는 전에 읽었던 문장 하나를 떠올린다. "간단히 말하면, 모든 인간의 삶이 얼마나 덧없고 하찮은지 보아라. 어제 한 방울의 정액이었던 것이 내일은 한 줌의 향신료와 재가 된다. …… 나는 그것이 완전히 틀렸다고 생각했다. 파괴적이고 쓸모없고 잘못된 완전한 거짓!" 화자의 삶을 살 가치가 있게 만드는 것은 수정이나 탄생부터 피할 수 없는 죽음까지 이어지는 어떤 위대한 서사가 아니다. 삶을 살 가치가 있게 만드는 것은 하루하루를 이루는 셀 수없이 많은 사소한 생각과 행동, 다정하고 장난기 넘치는 인간적 교류다. 잘 살펴보면 베이커는 한 시간의 점심시간 동안에도 책 한 권을 쓸 만큼 충분한 이야기가 있음을 암시하고 있다.

우리가 삶에 엄청나게 많은 사건이 있다는 사실을 인식할수록, 삶이 아주 작고 다양한 성공과 실패로 이루어졌음을 깨달을 뿐만 아니라, 자포자기하여 "나는 패배자야"라고 말하거나 터무니없는 허세를 떨며 "나는 승리자야!"라고 말하지 않게 된다. 우리는 극적인 서사에 혹하여 삶을 가득 메우는 다양한 지엽적인 사건들에 집중하지 못하는 일이 없도록 해야 한다.

자칫 이 이야기의 핵심을 오해할 수 있다. 이것이 과연 야망을 버려야 한다거나 향후 인생의 발판을 닦아 줄 일을 시작도 하지 말라는 이야기일까? 꿈을 크게 갖지 말고 그저 긴장을 풀고 편하게 쉬라는 말일까? 이건 내가 하려는 말이 아니거니와, 만약 그렇다면 나는 위선자다. 나는 학자로 성공하기 위해 인생의 20년을 바쳤다. 여기에 후회는 없다. 내가 후회하는 것은 내 삶을 완성해야 할 프로젝트로 취급했다는 점이다. 처음에는 박사학위 취득, 다음은 교수 자리 얻기, 또 다음은 종신 재직권과 승진, 강의, 논문 발표와 책 출간 등등 끝이 없었다. 이것은 모두 무엇을 위한 것이었을까? 내 삶은 오직 과거의 성취와 좌절, 단순한 행위의 축적, 공허하게 느껴지는 현재뿐이었다. 내가 중년의 위기를 겪은 것도 그래서다.

이것이 불가피한 것은 아니다. 우리는 행위의 덧없음을 성찰함으로써 삶을 파괴하거나 단순히 실패와 성공으로 매끈하게 구분하는 시각으로 보지 않으면서도 계획(심지어 아주 원대한 계획도)을 추진하는 법을 배울 수 있다.

몇 년 전, 나는 "현재를 사는 것"의 문제를 다룬《뉴욕 타임스》칼럼을 썼다. "오늘을 살아라"라는 말을 많이 하지만, 내일이 없다는 듯이 사는 일은 매우 무책임할 수 있다. 그것은 무모함을 초래하는 길이다. 그 이유는 무엇일까? 나는 현재를 사는 것에 대한 긍정적인 관점의 형식을 취하되 아리스토텔레스 사상을 이용해 답을 냈다. 칼럼이 온라인에 게재되면 댓글을 읽지 말라는 조언을 들었지만, 나는 너무 궁금해 견딜 수가 없었다. 내가 그곳에서 마주한 것은 현재의 힘을 불러일으키는 데에 불교 교리가 아니라 아리스토텔레스를 인용한 것에 분노한 불교 신자들의 격한 반응이었다. 처음에는 방어적인 생각이 들었다. 내게 주어진 분량은 고작 1000자인데 그 안에 모든 걸 다 쓸 수는 없는 노릇이었다. 게다가 나는 불교 전문가도 아니고, 내 관점과 불교 철학의 관계는 다소 복잡했다. 시간이 지나자 불교 때문에 신문 칼럼에 이런 격노의 댓글을 남기는 것이라면 불교를 잘못 실천하는 게 아닌가 하는 생각이 들었다.

현재를 사는 것에 대한 나의 관념은 두 종류의 활동을 구분하는 것이 핵심이다. 하나는 완결할 수 있는 계획이다. 실패 또는 성공의 최종 상태로 향하는 활동들 말이다. 그러나 삶에는 완결되지 않는 활동들, 최종 상태로 정의되지 않는 활동들, 다시 말해 성공도 실패도 없는 활동들도 있다. 이런 활동에 집중하면 우리 삶을 운에 덜 취약하게 만들 수 있다.

이와 유사한 관점은 아리스토텔레스뿐만 아니라 동양 철학, 그중에서도 기원전 200년부터 전해 내려오는 힌두교 경전의 하나인 바가바드 기타에서도 찾아볼 수 있다.

> 동기가 행위의 결과에 있어서는 안 되며,
> 무위를 고수해서도 안 된다.

> 충실히 요가를 수행하면서, 적극적으로 행동하라!
> 집착을 내려놓고, 성취와
> 좌절이 같게 하라.

이것이 어떤 의미인지, 그리고 이것이 왜 불교 교리와

다른지 설명하기 위해 내가 가장 좋아하는 소설 중 하나인 『백치』를 이야기하려 한다. 이 소설은 도스토옙스키가 1868년 1월부터 1년에 걸쳐 쓴 것이다.

『백치』가 어떤 과정을 거쳐 집필되었는가는 여기서 중요한 요소다. 1867년 12월, 도스토옙스키는 범죄자의 도덕적 회심에 관해 수개월째 써 오던 기획 소설을 폐기한다. 그는 "완벽하게 아름다운 인간"에 관한 이야기를 새롭게 쓰기로 하고, 그리스도에 가까운 인물 므이쉬킨 공작을 탄생시켜 당대 러시아의 무질서하고 타락한 세계에 던져 놓는다. 도스토옙스키는 1월 5일에 첫 다섯 챕터를 《러시아 메신저》의 편집자에 보냈고, 11일에 두 챕터를 더 보냈으며, 그렇게 뚜렷한 계획 없이 계속해서 부분부분 원고를 썼다.

뚜렷한 계획이 없었다는 사실을 우리가 어떻게 알았는가? 도스토옙스키가 수첩에 그렇게 밝히기도 했고, 미결정의 증거들이 글에 남아 있기 때문이다. 일례로 핵심 아이디어가 소개되고나서 잊힌다. 1부에서 므이쉬킨은 사람들의 손글씨를 보면 그들의 성격을 짐작할 수 있는 능력이 있다고 나오는데, 이후에 그 능력을 단 한 번도 사용하지 않는다. 또 그가 병약해서 결혼을 할 수 없다고 나오는데, 두 명의 여성과 연애를 하고 그중 한 명과는 거의 결혼 직전까지 간다. 『백치』 후반부에는 도스토옙스키가 집필을 시작하고 몇 달 후 읽은 신문기사의 이야기들이 삽입되어 있다. 그것들을 미리 계획했을 리는 만무하고, 그도 우리가 그런 사실을 알기를 바란다. 소설 『백치』는 삶 그 자체처럼 정해진 답이 없고 예측 불가능하며 결국 무의미하다. 결말에 이르면, 전지적 시점의 화자조차 단념하며 이렇게 말한다.

> 마지막 장에서 이야기했던 사건들이 있고 2주가 지났다. 우리 이야기 속 인물들의 처지가 너무도 많이 변해서 특별한 설명 없이 이야기를 계속해 나가기가 심히 어렵다. 그럼에도 우리는, 가능한 한 특별한 설명 없이, 사실에 관한 간단한 진술만 해야 한다고 생각한다. 그 이유는 아주 단순하다. 우리 인간은, 많은 경우, 일어난 일을 설명하는 데에 어려움을 느끼기 때문이다.

『백치』에 대한 비평가 게리 솔 모슨의 거장다운 해석에 따르면, 도스토옙스키의 목적은 기본 구조가 전혀 없는 소설을 쓰는 것이었다고 한다. 연속적인 이야기가 없긴 하지만, 이야기가 두서가 없다거나 극적인 전개가 있다거나 사방으로 퍼져 나간다거나 하지 않고 곁가지도 많지 않다. 소설의 일관성은, 특별한 양상도 계획도 없는 상황에서 죄인들 가운데 내려온 성자 므이쉬킨이 지닌 성격의 일관성이다. 므이쉬킨은 거대한 야망도 절박한 목표도 없다. 그저 그가 처하는 모든 상황에서 옳은 일을 하기 위해 애쓸 뿐이다. 그러나 그의 계획은 번번이 실패하고, 대개 상황은 그가 바라는 대로 흘러가지 않는다.

그럼에도 므이쉬킨은 도스토옙스키가 그리고자 한 대로 아름다운 삶을 산다. 그는 그가 겪은 수많은 실패로 정의되지 않는다. 오히려 멸시당하는 사람들을 비난하지 않으려는 그의 태도, 정도를 벗어나지 않는 겸손함과 정직함, 관대함, 타인의 장점을 믿고 기대하는 의지로 정의된다. 므이쉬킨은 자신이 사랑하는 여성 중 한 명(결혼식에서 그를 버리고 찾아간 남자에게 살해당하는)을 구하기 위해 다른 한 명을 배신해야 하는 상황에 처한다.

그러나 그건 세상 탓이다. 므이쉬킨이 잘 살고 있는 게 아닐지라도, 그는 끔찍한 사건들에 최선을 다해 대응한다.

누군가 므이쉬킨의 삶을 실패라고 부른다면, 반드시 틀렸다고 말할 수는 없겠지만, 중요한 점을 간과하는 것이다. 그의 삶은 그런 식으로 판단해서는 안 된다. 므이쉬킨은 옳은 일을 하려는 노력을 그것의 결과만큼이나 중요하게 여긴다. 이 주제는 매우 적절하게도 한 편의 얼토당토않은 여담에 등장한다. 이 이야기는 폐결핵으로 죽어 가는 허무주의자 이폴리트 테렌트예브의 한 시간짜리 독백이다. 그의 고백은 크리스토퍼 콜럼버스의 삶을 빌려 이루어진다.

> 오, 당신은 콜럼버스가 행복했던 시간이 아메리카를 발견했을 때가 아니라 발견하러 가는 과정의 순간이었다고 믿어도 좋습니다. 그의 행복이 절정에 이른 순간은 정확히 신대륙 발견 3일 전, 콜럼버스에 반발한 선원들이 절망적인 마음으로 배를 유럽으로 돌릴 뻔했던 그때라고 믿어도 좋아요. 여기서 중요한 것은 신대륙이 아닙니다. 그건 언제든 사라질 수 있죠

…… 중요한 것은 삶, 오직 삶에 있고, 끊임없이 늘 그것을 발견해 나가는 데에 있습니다. 발견 그 자체에 있는 것이 아니라!

도스토옙스키는 7년 뒤 직접 이와 똑같은 이야기를 한다. "행복은 행복에 있는 것이 아니라 오직 그것을 성취하려는 노력에 있다."

나는 이렇게 바꿔 말하겠다. 행복이 아니라 잘 사는 것, 그리고 결과와 과정 둘 다 중요하다고 말이다. 므이쉬킨 공작은 자기 행동의 결과, 자신이 실제로 성취하는 것에도 분명 마음을 썼지만, 그것을 성취하려는 노력의 과정, 다시 말해 목적지만큼이나 그곳에 도달하기 위한 여정에도 관심을 기울였다. 여기에는 진부함과 모순 사이에 놓인 통찰이 하나 있는데, 이것은 아리스토텔레스의 도움을 받으면 정확히 말할 수 있다.

『형이상학』에서 아리스토텔레스는 두 종류의 행위를 대조하여 설명한다. 먼저, 배우거나 무엇을 짓는 것처럼 "미완결"의 행위가 있다. "무언가를 배우고 있다면 그것은 곧 배움을 완료하지 않았다."라는 의미가 되고,

아직 무언가를 짓고 있는 과정에 있다면 그 구조물은 아직 세워지지 않았다는 의미가 된다. 완결은 (완결될 수 있다면) 나중에 이루어진다는 뜻이다. 한편 "완결이 그 속성인 …… 종류의 행위"가 있다. 미완결된 상태가 없다는 말이다. '생각하다'를 예로 들어 보자. 우리가 아리스토텔레스를 생각하는 순간, 머릿속에는 이미 아리스토텔레스에 대한 생각이 자리하고 있다.

아리스토텔레스는 전자와 같은 종류의 행위를 '키네시스(kinêsis)'라 부르고, 후자와 같은 행위를 '에네르게이아(energeia)'라고 부른다. 언어학의 용어를 빌리면, 집을 짓는 행위나 알파벳을 배우는 행위는 "종결성(telic)"이 있는 활동이다. 이런 활동들은 행위가 완료되어 더 이상 할 일이 남지 않은 최종 상태를 목적으로 한다. (Telic이라는 단어는 목적이라는 뜻의 그리스어 'telos'에서 왔으며 teleology(목적론)의 어근이다.) 집으로 걸어가는 행위는 종결성이 있다. 집에 도착하면 완결되기 때문이다. 결혼하거나 아이를 갖는 일도 마찬가지다. 이런 행위는 끝을 맺을 수 있는 것들이다. "종결성이 없는(atelic)" 행위도 있다. 이런 행위는 그것이

달성하는 최종 상태, 즉 끝점을 목표로 하지 않는다. 집으로 걸어가는 행위는 걷는 행위이기도 하다. 걷기는 특별한 목적지 없이도 할 수 있다. 이런 행위를 종결성이 없는 행위라고 한다. 아이를 기르거나, 친구들과 시간을 보내거나, 음악을 듣는 것도 마찬가지다. 우리는 이런 행위를 언제든지 그만둘 수 있고, 언젠가는 그만둔다. 그러나 이런 행위는 남김없이 다 해 버렸다고 할 수 있는 상태가 없다. 다시 말해 이런 행위에는 한계가 없고, 끝을 맺는 결과가 존재하지 않는다.

우리는 언제나 종결성이 있는 활동과 종결성이 없는 활동을 모두 하면서 산다. 나는 지금 끝마치기를 바라면서 인간 조건에 관한 책을 쓰고 있고, 완결이 없는 활동인 삶이 왜 힘든지에 대해 사유하고 있다. 아이가 할 줄 알게 되기를 바라면서 자기 아이에게 신발 끈 묶는 방법을 가르치는 행위는 아이를 키우는 행위이기도 하다. 문제는 둘 중 어떤 행위를 하느냐가 아니라 무엇을 중요하게 생각하느냐다. 도스토옙스키는 비종결적 행위, 즉 계획 자체가 아니라 그것을 하는 과정에 가치가 있다고 주장한다. 바가바드 기타가 말하는 것도 이와 비슷하다. “동기가 행위의 결과가 되어서는 안 된다.”라는 말은 “종결적 행위의 완결에 애쓰지 말라.”는 의미다. 그리고 과정만 중시한다면 그 행위를 하더라도 “성취와 좌절이 같게 (될 것이다).”라고 말하는데, 이것은 지나친 과장이라는 생각이 든다. 결과도 중요하기 때문이다. 아이가 신발 끈 묶는 법을 배우거나 의사가 생명을 구하려고 할 때 그렇게 하느냐 하지 못하느냐에는 차이가 있다. 그렇다고 해도 우리는 종결적 행위, 일의 완결에 지나치게 관심을 기울이고 그 과정의 가치는 보지 못하는 경향이 있다. 이는 현재의 순간을 부정하고 실패를 자초하는 것이다.

종결적 행위는 언제나 미래 또는 과거에 만족이 있다. 계획이 실현되지 않으면, 그걸로 끝이다. 게다가 자신이 가치 있다고 여기는 일을 하는 것이 자멸적인 특징을 보인다. 자기가 소중하게 여기는 목표를 좇을 때, 성공하여 그 일을 그만두는 것이 목표이기 때문이다. 이는 마치 자기 삶의 의미의 원천을 파괴하기 위해 노력하는 것과 같다. 한편 이런 일들은 우리를 실패의 위험에 노출시킨다. 꿈꾸던 직장의 면접 기회를 망치거나, 팀을 잘못

운영하거나, 야심을 이루지 못하는 일을 겪을 수 있다.

과정을 중요하게 생각하면 현재 및 실패와 맺는 관계도 상당히 달라진다. 비종결적 행위들은 최종 상태를 목표로 하지 않기에 마침이 존재하지 않는다. 이런 행위는 자멸적이지 않다. 걷기, 생각하기, 사랑하는 이와 대화하기는 언제든 멈출 수 있지만, 그런 행위를 남김없이 했다고 말하지는 못한다. 아리스토텔레스는 이런 마침의 상태가 없는 특징의 또 다른 측면을 설명하면서 비종결적 행위의 (자칫 혼동하기 쉬운) "완전성"을 주장한다. "이와 동시에 무엇을 보는 것은 이미 본 것이고, 무언가를 이해하는 것은 이미 이해한 것이며, 생각하는 것은 이미 생각한 것이다." 비종결적 행위는 실현 가능한 만큼 바로 그 순간에 실현된다. 사유를 가치 있게 여기고 사유를 실행하는 중이라면, 가치 있게 여기는 것을 지금 당장 가진 것이 된다. 과거의 행위나 미래의 행위가 이 사실을 위태롭게 할 수는 없다.

아리스토텔레스는 잘 사는 일이 비종결적 행위라고 보았다. "무언가를 배우고 있다면 그것은 곧 배움을 완료하지 않은 것이고, 치유가 되는 중이라면 그건 곧 아직 치유가 되지 않은 것이다. 그러나 잘 살고 있는 것은 이미 잘 산 것이다." 결과가 어떻든 올바르게 산다는 사실이 실패를 무마해 주는 므이쉬킨이 좋은 예다.

우리는 므이쉬킨을 본받아 비종결성의 가치를 통해 실패로부터 자기 자신을 안전하게 지켜야 한다. 삶에는 마침이 분명한 일들이 부수적인 역할을 하는 때가 있다. 우리가 사랑하는 사람들과 함께 시간을 보내는 것은 음식을 할 때 일을 좀 더 능률적으로 하기 위해서도, 퍼즐을 보다 빨리 풀기 위해서도, TV 드라마 「싸구려 여관(*Fleabag*)」을 시청하기 위해서도 아니다. 우리는 그저 사랑하는 사람들과 시간을 보내는 하나의 방법으로 요리를 하고 퍼즐을 풀며 TV를 본다. 그러나 학업이나 직장 생활, 정치나 사회에서처럼 중대한 계획도 성패 여부와 상관없이 실행 과정이 중요할 수 있다. 하지만 이런 가치는 쉽게 간과된다.

1650년 초, 공산주의 미래를 향한 디거스의 꿈은 좌절되었다. 그들은 코범 히스에 칩거해 살았으나, 그들의 마을은 신형군(*잉글랜드 내전 중 올리버 크롬웰이 조직한 군대 — 역주)의 허가 아래 철저하게 짓밟혔다. 미들랜드와

켄트 지역에 위성 공동체가 만들어졌으나, 그들의 존립은 위태로웠다. 제라드 윈스턴리는 실패의 조짐을 눈치챘다. 그는 "그리고 나는 여기서 끝낸다."라고 하면서, "나는 정의를 추진하기 위해 힘이 닿는 데까지 싸웠다. 나는 썼고 행동했으므로 평온하다. 이제 다른 이들의 마음속에 성령이 일하기를 기다릴 차례다."라고 썼다. 이후 그는 마지막 저서 『기본 방침으로서의 자유법(*The Law of Freedom in a Platform*)』에서 새로운 사회에 대한 자신의 비전을 제시하고 평화롭게 여생을 보냈다. 크리스토퍼 힐의 표현처럼 어쩌면 윈스턴리는 "기진맥진하여 쓰라린 미몽에서 깨어난" 정치적 실패자였을지 모른다. 그러나 그의 후손들은 그가 실패한 도전에서 가치를 발견했다. 그 가치는 완전한 평등을 위한 투쟁으로, 훗날 사회주의자들에 의해 찬양되었고, 「뒤엎어진 세상」이라는 민요를 통해 기념되었다. 2016년 미국 대선 후 나는 영국의 저항 가수 빌리 브래그 버전의 이 노래를 줄기차게 들었다. 그가 부른 결연하고 단호한 분위기의 '뒤엎어진 세상'은 내 음악 리스트의 고정곡이었다. 윈스턴리 본인이 어떻게 생각했든 그의 삶은 실패가 아니었다. 사후의 영광 때문이 아니라, 저항에는 고결함이 있고 그것이 비종결적 행위이기 때문이다.

소박한 방식이지만 과정의 가치는 우리를 실패로부터 보호해 줄 수 있다. 우리는 그저 우리에게 중요하거나 중요한 계획에 상응하는 비종결적 행위에서 그 가치를 찾기만 하면 된다. 이 책이 출간되지 않더라도 삶의 고난을 고찰해 보는 것은 가치가 있고, 설사 환자가 죽더라도 의사가 생명을 살리기 위해 고군분투하는 일도 가치가 있다. 하지만 이 보호 수단(과정의 가치를 살피는 일)은 완벽하지 않다. 모든 형태의 실패를 제거할 수는 없고 결과가 중요하지 않은 척해도 소용없기 때문이다. 그러나 우리는 그것을 통해 실패가 인생에서 그다지 중요하지 않은 것이 되도록 삶의 방식을 재확립할 수 있다.

이런 지향의 변화가 지니는 범위와 한계(그리고 그것과 불교 철학의 관계)를 다룬 걸작 영화가 하나 있다. 바로 해럴드 레이미스와 대니 루빈이 각본을 쓰고 빌 머리가 주연한 명작 「사랑의 블랙홀」이다. 줄거리는 대략 이렇다. 냉소적인 기상 캐스터 필 코너스(빌 머리 분)는 펜실베이니아의 펑서토니에 성촉절 취재를 간다.

성촉절은 매년 2월 2일에 마멋 '펑서토니 필'의 그림자를 볼 수 있는지 없는지에 따라 봄이 오는지 겨울이 6주 더 남았는지를 점치는 날이다. 따분하기 그지없는지라 필은 퉁명스러운 태도로 일관하며 집에 돌아가고 싶어 하지만, 이내 매일이 성촉절인 시간 루프에 갇히고 만다. 그는 하루하루를 반복하며 변해 가는데, 처음에는 혼란스러워했다가 다음에는 무모해지며 나중에는 미친 사람처럼 행동하고 자살도 시도했다가 마침내는 평온해진다. 필이 운명을 받아들이고 주변 사람들을 사랑하는 법을 배우자 마침내 무한 루프에서 해방된다. 그리고 새로운 날이 시작된다.

비평가들은 입을 모아 「사랑의 블랙홀」이 가장 훌륭한 철학적 코미디 영화 중 하나라고 이야기한다. 비록 영화에 담긴 철학이 무엇인지에 대해서는 의견이 다르지만 말이다. 혹자는 이것을 비종결적 행위의 가치에 대한 고찰이라고 해석할 수 있다. 필은 행동할 수 있지만, 그가 행하는 어떤 것도 실제로 완결되는 것은 없다. 그의 행동은 영속적인 변화를 만들어 내지 않고, 하루가 반복될 때마다 지워진다. 필의 삶은 비종결성을 지향하는 삶에 대한 시험일까? 과정만으로 좋은 삶을 만들 수 있을까? 그러나 이것이 시험이라면, 공정한 시험은 아니다. 영화 속의 필은 어떤 종류의 비종결적 행위도 할 수 없는 상황이다. 그는 펑서토니 밖에 사는 친구들(친구가 있다면)과 시간을 함께 보낼 수 없고, 더 넓은 세상을 탐험해 볼 수도 없다. 이런 사실은 비종결적 행위들이 특정 종류의 실패를 면하게 해 줄지언정, 인간에게 그런 행위가 저절로 가능하다거나 그것을 쉽게 행할 수 있는 건 아니라는 사실을 상기시켜 준다. 우리는 잘 사는 일에서 실패할 수 있다. 비록 그것이 최종 목표가 있는 계획의 실패는 아니지만 말이다.

게다가 필은 내면의 변화일 뿐이지만 변화를 이뤄 낸다. 그는 시간 루프에 갇혀 있던 매일매일과 그 시간 동안 배운 것을 모두 기억한다. 루프에서 해방될 무렵, 그는 피아노를 칠 줄 알고, 프랑스어에 유창하며, 얼음 조각에도 일가견이 있고, 몇 걸음 떨어진 곳에서 카드를 던져 모자에 꽂아 넣는 재주도 갖게 된다. (필이 이런 기술들을 터득하는 데 얼마나 걸렸을까? DVD 코멘터리에서 해럴드 레이미스가 설명한 바에 따르면, 필은 10년 동안 루프에 갇혀 있는데, 이것은 이 기술들을 다 익히기에 비현실적으로 짧다. 가장 신중하게 계산한 추정치는 34년이 조금 못 된다.)

필이 “난 지금 행복하다.”라고 주장하지만, 그의 삶은 여전히 생지옥이다. 내가 이미 시인했듯이 계획은 중요하다. 필의 계획이 정확히 실패한 것은 아니지만 그렇다고 성공한 것도 아니다. 이 영화를 해석하는 또 다른 관점은 「사랑의 블랙홀」에서의 삶을 생사윤회의 우화로 바라보는 것이다. 생사윤회란 불교 철학이 상상하는 고통의 순환으로 자신이 지은 업에 따라 가련한 삶을 거듭하여 사는 것이다. 이 순환에서 벗어나 더 이상 다시 태어나지 않고 무(無)의 열반에 드는 것이 목표다. 그래서 필은 시간 루프에서 벗어나 보통 인간의 삶으로 돌아온다.

불교 세계관이 지닌 장점이 무엇이든, 「사랑의 블랙홀」과 인간 삶에 대한 불교적 해석은 나의 관점과 다르다. 불교에서 ‘지금’의 힘은 현실의 무상함과 공허함이 핵심으로, 사람과 사물에 대한 애착을 극복하고 깨지기 쉽고 소멸하기 쉽고 변하기 쉬운 것과 관계를 끊는 해방에 있다. 나의 견해는 정반대다. 비종결적 행위에 가치를 두는 일은 현재에 충실하는 것이다. 이것은 공허함이 아니라

충만함에 관한 문제이며, 무심함이나 해방이 아니라 지금 일어나는 일에 적극적으로 관여하고 관심을 기울이는 문제다. 시간 루프에서 필의 삶은 많은 것이 결핍되어 있다. 그는 다른 사람들에게 영향을 주는 어떤 행위도 하지 못한다. 그러나 상황을 극복하기 위해 최선을 다하면서, 더 나은 삶을 사는 방법을 배워 실패와 성공에 얽매이지 않고, 계획뿐만 아니라 과정도 헤아릴 줄 알게 된다.

이런 이행을 우리 스스로 만들어 내려면 어떻게 해야 할까? 우리는 시간의 흐름에서 이탈해 34년간 깨달음의 시간을 가질 만큼 운이 좋지 않다. 내가 중년에 이르러 배운 것처럼, 무엇을 중요하게 여길지 선택하는 일은 그리 간단하지 않다. 나는 20년간 학계에서 고군분투한 결과 철학이 내게 일련의 프로젝트(힘들게 수행 중이거나 끝났거나)가 되어 버리는 것을 경험했다. 나는 끝을 알 수 없을 만큼, 비종결적으로, 철학적 사유에 대한 사랑을 잃었다. 그래서 삶이 공허하게 느껴졌고 미래는 제자리에 머물기 위한 전력 질주처럼 보였다. 쉽게 바뀌지 않았다. 스스로 변화하기 위해 열심히 노력했고, 그 노력은 여전히 진행 중이다. 『어떡하죠, 마흔입니다』에서 나는 비종결적 행위로의 방향 전환을 위한 방법으로 명상에 관해 논의했다. 호흡, 앉기, 듣기, 미래 목표에 초연하기 등에 마음을 집중하는 일은 현재에 충실하는 법을 배우는 것이다. 그것은 일상에 널리 퍼져 있는 비종결적 가치를 찾아내는 능력을 길러 준다. 나는 여전히 이 모든 것을 믿는다. 그러나 나는 자기 자신을 완전히 변화시키는 일을 시급하면서도 어렵게 만드는 문화적 힘에 관해서는 아직 자세히 이야기하지 않았다. 그런 측면에서 나는 실패했다. 앞으로 논의하겠지만, 그런 힘은 인간의 가치를 부로 단순화하는 힘들과 밀접한 관련이 있다.

계획뿐만 아니라 사람도 실패로 분류될 수 있다는 관념은 역사가 깊다. 사학자 스콧 샌디지는 『뭘 해도 안 되는 사람(*Born Losers*)』에서 이 관념의 역사를 좇으며 대공황 시대부터 사람을 가리키는 '실패'라는 단어가 사전에 등재된 1800년대 중반까지 거슬러 올라간다. 사람이 그저 실패하는 것이 아니라 실패 그 자체가 될 수 있다는 생각은 사회·경제적 변화가 불러온 결과였다. 미국은 스스로를 기업가들의 땅, 높은 수익과 신용으로 평가되는 사업가들의 개가라고 생각했다. 신용 평가 보고서가 발명되면서 미국은 신용으로 개인을 정의하기 시작했다. 샌디지는 "신용 평가 보고서는 은행 잔고나 신원 증명서 이상으로서 도덕, 재능, 재정 상태, 과거 실적, 미래의 잠재력을 하나의 개략적인 평가에 결합했다 …… 1등급 또는 3등급, '아주 좋음' 또는 '아무짝에도 쓸모없음'으로 구분하며, 신용 평가 보고서는 상품의 언어로 인격을 평가했다."라고 이야기한다.

여기에 더해 시장에서의 성공이나 실패를 사회적 환경이 아닌 개인의 탓으로 돌리는 개인주의 풍조도 있다. 1860년에 수필가 랠프 월도 에머슨은 이런 태도를 다음과 같이 고찰했다. "행운이든 불운이든 언제나 그 사람에게 원인이 있고, 고로 돈을 버는 일에서도 마찬가지다." 인격을 성공으로 판단할 수 있다는 믿음을 조장한 것은 1889년에 "부의 복음"이라는 논고를 쓴 앤드루 카네기와 같은 자본가들만이 아니었다. 그로부터 30년 전 한때 노예였다가 노예제 폐지론자가 된 프레더릭 더글러스 역시 훗날 그의 가장 유명한 설교가 되는 "자수성가한 인간"에서 이렇게 주장했다. "나는 어떤 사람이 우연이나 행운으로 자수성가할 수 있다는 주장을 믿지 않는다. 기회가 중요하긴 하지만 노력은 필수 불가결하다."

> 우리보다 높은 곳에 오른 사람을 보면 …… 그가 우리보다 열심히, 더 효과적으로, 더 현명하게 일했다고 생각해도 좋다. 그런 사람은 우리가 자고 있을 때 깨어 있고, 우리가 게으름을 피울 때 바쁘게 일했으며, 우리가 우리의 시간과 재능을 낭비할 때 자신의 시간을 아껴 쓰고 재능을 갈고닦은 것이다.

그러면서 이렇게 설교를 맺는다. "오직 보통의 능력과 일상의 기회만 있음을 고려할 때, 우리가 성공을 설명할 수 있는 단어는 오직 하나, 그 단어는 바로 노력! 노력!! 노력!!! 노력!!!! …… 흑인에게 공정한 경쟁을 허락하고 간섭하지 말라. 그가 살면 그걸로 됐다. 그가 죽어도 어쩔 수 없다. 그가 일어서지 못하거든, 쓰러지게 내버려 두라."

누군가의 삶을 그의 실력에 따라 성공하거나 실패하는 단 하나의 계획의 관점에서 이해할수록, 패배자 또는 승리자, 실패 또는 성공으로 판단하고 싶은 유혹이 커진다.

19세기를 거치면서 미국인들은 점점 자신의 가치를 부유함으로 평가하게 되었다. 미국 경제를 붕괴시킨 금융 공황은 빈곤과 물질적 궁핍을 가져왔을 뿐만 아니라 실패한 사람들에게 커다란 좌절감을 안겼다. 1837년 공황 당시 에머슨은 "온 땅이 자살로 몸살을 앓고 있다."라고 썼다. 사람들이 제 몸 하나 건사하지 못하거나 가족을 부양할 수 없어 수치심에 스스로 목숨을 끊었기 때문이다.

따라서 오늘날 경제학자 앤 케이스와 앵거스 디턴이 기록한 미국의 "절망사" 현상은 19세기 선례가 있다. 이런 죽음은 빈곤만으로 설명되지 않는다. 2015년 이래 미국인의 기대 수명이 줄어들었는데, 이런 경향은 대학을 졸업하지 않은 백인들에게 거의 집중되어 있다. 유사한 스펙의 흑인들보다 평균적으로 소득이 많음에도 이들이 자살, 알코올 중독, 약물 남용으로 사망할 확률은 40퍼센트나 더 높다. 케이스와 디턴은 이런 차이가 근면한 노동이 성공을 일궈 낸다는 내면화된 신념, 제도적 문제점을 인정하지 않는 분위기, 사회적 연대의 부족에 있다고 주장한다. 다시 말해 사회가 아니라 자기 자신을 실패로 보는 데에 원인이 있다는 것이다.

당연한 이야기지만 미국 흑인들은 자신들의 번영을 가로막는 불공정한 구조에 익숙하다. 이런 구조 중 일부는 더글러스가 격렬히 비난했던 노예제와 같이 오랜 역사를 지닌 것이고, 그 외에는 현대에 탄생한 것인데 작가 타네히시 코츠는 이것들을 다음과 같이 분석한다.

> 나는 이 나라의 거리와 학교가 같은 괴물의 무기임을 알게 되었다. …… 거리에서 실패하면 거리의 무리가 미끄러져 넘어지는 당신을 발견하고 당신의 육신을 장악한다. 학교에서 실패하면 당신은 정학 처분을 받고 아까 그 거리로 보내져 그 거리의 무리에게 당신의 육신을 장악당한다. 이제 나는 이 두 무기 사이에 관계가 있음을 깨닫기 시작했다. 바로 학교에서의 실패가 거리에서의 파멸을 초래한다는 사실이다. 사회는 "걔는 학교에 남았어야 했어."라고 말하고는 그에게 내밀었던 손을 씻어 버리면 그만이다.

'개인의 책임'이라는 언어는 사회구조에 면죄부를

주고 개인에게 비난을 돌리는 언어다. 이것은 코츠가 설명한 것과 같은 경향들, 즉 "학교에서 감옥으로 이어지는 경로"부터 불공정과 대규모 수감이라는 사회적 낭비의 문제를 외면한다.

이런 실패 뒤에는 17세기 이래 새로운 시장, 새로운 재료, 만만한 노동력을 구하기 위한 탐욕스러운 식민지 확대와 노예제를 추동했고 오늘날 서구 사회 제조업의 쇠퇴를 재촉하는 자본주의 경제의 힘이 있다. 이런 추세는 뒤집힌 적이 없다. 오히려 가속화되고 있다. 고용은 점점 양극화되어, 최상위 직업은 더 좋아지는 데에 반해 나쁜 직업은 더 불안정해지고 더 고단해졌으며 보수도 더 적어지면서 열악해지고 있다. 그 중간에 있는 직업들은 사라지고 있다. 경제적 불평등은 급증했다. 밀레니얼 세대가 과거 어느 세대보다 학업에 더 많은 시간을 투자한다는 사실은 조금도 놀랄 일이 아니다. 자기만의 인적 자본에 투자하는 것이 경쟁이 치열한 대학 입학을 거쳐 점점 수가 줄고 있는 보수 좋은 직업을 얻는 유일한 방법처럼 보이기 때문이다. 삶은 성패의 문제가 되었고 점점 더 그렇게 인식되고 있다.

생존과 번영의 수단을 사적으로 소유하는 것이 모든 사람의 욕구가 충족되는 세상과 양립할 수 있는지는 알 수 없다. 어쩌면 우리의 유일한 희망은 윈스턴리와 디거스를 따라 토지 그 자체를 소유할 수 있다는 사실을 부인하는 것일지도 모른다. (생각해 보면 어떻게 땅이나 바다, 하늘 등 인간의 욕구가 닿는 것은 무엇이든 절대적인 권리를 주장할 수 있었는지 이해할 수 없다.) 그러나 모든 개혁 프로그램이 반드시 물질적 필요뿐만 아니라 인간의 가치가 생산성, 그중에서도 부의 측면의 생산성이 판단하는 이데올로기도 다루어야 한다는 사실은 이해하기 쉽고 말하기도 쉽다. 자존감이 시장 가치의 생산과 결부되어 있는 한, 누군가는 기껏해야 다른 사람들의 경제적 승리에 신세를 지며 사회보장제도나 보편적 기본 소득을 통해 생활비를 보조받는 낙오자가 될 것이다. 인간을 욕심 많은 사회적 원자로 묘사하는 소유적 개인주의는 외로움의 원인은 아닐지 몰라도 실패를 초래하는 데 결정적인 기능을 한다.

이 장은 자본주의에 만연한 목표 지향적 태도의 역사를 이야기한 것에 불과하다. 다른 장에서는 '근면'의 기원을 알아보고, 탐욕이 어떻게 개인의 죄에서 공공의 선으로 탈바꿈했는지, 기본재를 얻기 위한 경쟁을 통해 타인과 싸우게 만드는 경제적 관계가 사회적 연대와 어떻게 상충하는지 살펴볼 것이다. 오늘날 축적과 반복으로 조직된 경제적 사고방식은 우리 삶 구석구석에 스며들어 있다. 우리는 소셜 미디어에서 온라인 친구들의 수를 세고 '좋아요'를 더 받기 위해 경쟁하면서 인간관계를 상품화한다. 학문에 대한 10대들의 열정은 고학력, 화려한 이력서에 대한 어른들의 집착이 되어 버린다. 이력서는 더 이상 학문을 위한 수단이 아니라 목적 그 자체가 되었다. 사다리를 걷어차 버리고 다시 그것을 도구로 바라보지 않을 거라면 마음 챙김이 하나의 탈출구일지 모른다. 그러나 그것은 우리를 결정짓는 이데올로기와 공생하는 사회적, 경제적 구조는커녕 그 이데올로기의 근원에도 영향을 미치지 못한다.

게다가 실패의 원인이 우리에게 있다는 잘못된 통념이 거짓으로 판명 나는 순간을 단순히 목격하는 것으로는 그 통념에서 자유로워질 수 없다. 앞서 인용했던 설교에서 더글러스는 다음과 같이 인정하며 이야기를 시작한다.

> 정확히 말하면 이 세상에 말 그대로 자수성가한 사람은 없다. 자수성가라는 말은 절대 존재할 수 없는 과거와 현재로부터의 개인의 독립성을 내포하기 때문이다.
> 우리가 가진 것 중 가장 훌륭하고 소중한 것들은 우리의 동시대인들 또는 사상과 발견에서 우리를 앞서간 사람들 덕분에 획득된 것이다. 우리는 모두 간청했거나 빚졌거나 훔쳤다.

그러나 그는 앞서 말한 대로 설교를 이어 간다. 성공이 공정한 게임을 넘어 운의 불평등에 달려 있다는 사실을 아는 것만으로는 그것이 지니는 문화적 의미를 바꾸기 어렵다. 인간은 사회적 동물이기에 주변 사람들이 자신을 어떻게 인식하는지(승자로 또는 패자로)를 중요하게 여긴다. 그래서 사회 밖에서는 살 수 없다. 그러니 우리가 그것을 바꾸어야 한다.

그러므로 실패에 관한 한 개인적인 것은 정치적이다. 사회적·경제적 불평등과 우리가 지닌 유해한 자아 개념의 구조적 원인을 인정해야 한다. 한편에서는 회의적인 목소리도 들린다. 이와 같은 구조가 패배자라고 인식되는 사람들에게 해롭다는 사실은 이해하기 쉽다. 승자로 간주되는 사람들은 개의치 않을지 모르지만, 개중 이런 현실에 관심을 기울이는 사람들은 무엇을 해야 할까 생각할 것이다. 불공정은 직접 불공정에 시달리지는 않는 사람들의 삶에 왜 중요한가? 시간 루프에 갇힌 필 코너스를 기억하자. 그를 해방시킨 것은 과정을 지향하는 태도뿐만 아니라 그의 이타심 그리고 타인에 대한 애정과 존중이었다. 여기에서 우리가 배울 점은 없을까?

삶은 성패의 문제가 되었고
점점 더 그렇게 인식되고 있다.

그러나 우리는 행복이 아니라
잘 사는 것을 추구해야 하며,
결과와 과정 둘 다 중요하다.

압제와 불평등과 전쟁이 계속되는 시대에
잘 사는 것이란 어떤 의미일까?

불공정

2020년 말 어느 평범한 저녁, 나는 핸드폰으로 기사를 훑는다. 코로나19로 미국 경제가 박살 나면서 수백만 명의 사람들이 실업 상태에 있거나 의료보험이 있든 없든 위험한 노동환경에 내몰렸다. 그러는 사이 '슈퍼부자'들은 더 부자가 되고 있다. 헤드라인 속 숫자가 너무 길어서 '0'을 세어야 할 정도다. 소수의 사람들은 수십억 달러를 번다. 다음은 팬데믹 보조금 지급 기한이 만료되면서 유질 처분이 쏟아져 나올 것이 예상된다는 기사다. 링크 하나를 클릭하니 정치적 교착상태에 관한 이야기가 나온다. 공화당이 현재 운영 중인 보조금을 연장하는 법안의 표결을 거부한단다. 다른 링크를 클릭하니 무력 폭동과 내전의 위협을 다룬 기사가 보인다. 다른 기사는 민주주의의 쇠퇴와 파시즘의 역사에 관한 이야기다. 화제 전환을 위해 다른 기사를 클릭한다. 흑인 남성이 경찰이 쏜 총에 맞았다. 빙하가 너무 빨리 녹고 있어 과학자들이 경악했다. 열대성 폭풍, 산불, 가뭄, 장마 등등 기후 혼돈의 조짐이 곳곳에서 나타나고 있다. 두려움과 당혹감에 가슴이 두근거리기 시작한다.

나만 그런 게 아니라는 걸 나도 안다. 이런 경험을 하는 사람이 너무 많아서 안 좋은 뉴스를 강박적으로 확인하는 행위라는 뜻의 '둠서핑(doomsurfing)'과 '둠스크롤링(doomscrolling)'이라는 신조어까지 탄생했으니 말이다. 억지로 핸드폰을 치우면서 나는 세상의 불의에 분노하지만 그런 세상을 바꾸지 못하는 데에 무력감을 느낀다. 아마 이 책을 읽고 있는 독자들도 마찬가지일 것이다. 그러나 우리가 처음은 아니다. 제2차 세계대전 당시 독일에서 미국으로 망명한 철학자 테오도어 아도르노는 이렇게 탄식했다. "현실에 대한 헤아릴 수 없는 슬픔으로 가늠되지 않는 행복은 무엇일까? 세상이 몹시 병든 까닭이다." 그렇다고 해도 슬퍼하는 일이 무슨 소용이 있을까? 그것은 무관심한 사람들, 압제, 불평등, 전쟁에 눈 감은 사람들을 부러워하게 하기에 충분하다. 세상을 구할 수 없다면 나 자신이라도 구해야 하니까.

상황은 새로워도 질문은 새로울 게 없다. 연대가 고통을 불러올 때 왜 정의를 염려해야 하는가? 플라톤이 『국가』에서 던진 질문이다. 이 책의 2권은 모든 사고 실험의 모체라 불리는 이야기로 시작한다. 『국가』는 소크라테스가 정의의 가치를 묻는 다양한 상대와 나눈 대화를 묶은 것인데, 실제 플라톤의 형이었던 글라우콘도 그중 하나다. 글라우콘은 지진으로 벌어진 동굴 안에서 거인의 시체에 발이 걸려 넘어질 뻔한 양치기에 관해 이야기한다. 양치기는 거인의 손가락에서 반지를 낀 사람을 투명 인간으로 만드는 금반지를 발견한다. "이 사실을 알게 된 양치기는 즉시 스스로 왕의 사자가 된다. 왕궁에 도착한 그는 왕비를 유혹한 뒤 그녀의 도움을 받아 왕을 살해한 후 왕국을 차지한다." 혹자는 말은 쉽다고 생각할지도 모르겠다. 하지만 냉소적인 글라우콘은 인간이라면 누구나 이렇게 할 것이라고 믿는다.

> 이제, 처벌받지 않고 장터에서 원하는 것은 무엇이든 훔칠 수 있고, 남의 집에 들어가 원하는 사람과 성관계를 가질 수 있으며, 마음대로 사람을 죽이거나 감옥에서 풀어 줄 수 있고, 자신을 인간 가운데 신으로 만들어 주는 일은 무엇이든 할 수 있을 때, 너무

> 청렴결백하여 정의라는 길 위에 그냥 머물러 있거나 남의 재산에 가까이하지 않으려는 사람은 세상에 없을 것입니다. 정직한 이의 행동도 부정직한 이의 행동과 전혀 다르지 않을 것이며, 그 둘 모두 같은 길을 따라갈 것입니다.

인간이 정의를 중요하게 여기거나 중요하게 여기는 척하는 이유가 단지 체포되는 게 두려워서라는 거다.

심리학적 추측치고 이 주장은 아주 근거가 빈약하다. 글라우콘의 냉소주의가 유일한 근거다. 현실적으로 보건대, 투명 인간으로 변하는 능력을 사용하는 방식은 사람마다 다를 수밖에 없다. 이런 경우 당신이라면 어떻게 하겠냐고 묻는 것은 처음 만난 사람과 어색함을 깨는 데 유용한 재미있는 철학적 질문이 될 수 있다. 그러나 거인의 반지는 다음과 같은 딜레마를 상징한다. 자기 이익과 도덕성이 충돌할 때, 자신에게 가장 득이 되는 대로 행동해서 안 될 게 뭔가? 범죄를 저지르며 사는 삶이 자신에게 유리하다면, 그것이 도덕적으로 잘못됐다 한들 뭐 어떻단 말인가? 정의를 염려하는 일이 '헤아릴 수 없는 슬픔'을 가져온다면, 신경 쓰지 않는 편이 더 낫지 않은가?

자신의 삶 또는 타인의 삶에 나타나는 불공정에 대해 생각할 때 명쾌한 사고를 위한 첫 번째 단계는 이런 질문들이 모호하다는 사실을 깨닫는 것이다. 철학자 루트비히 비트겐슈타인은 모든 철학적 질문이 마찬가지라고 생각했다. 그는 "철학은 언어에 의한 인간 지성의 현혹에 대항하여 싸우는 것이다."라고 썼다. 흔히 속임수는 처음에 등장한다. "마술에서 결정적인 동작은 우리가 별것 아니라고 생각했던 바로 그 동작이다." 위의 질문에 내재한 속임수는 '자기 이익'이 무엇을 의미하는지 설명하지 않고 도덕성과 자기 이익을 대립시킨 것이다. 그것이 감정이나 기분으로서의 행복, 행복한 상태를 의미한다면, 맞다. 이 경우 자기 이익은 다른 사람들의 권리와 필요에 대해 마땅히 지녀야 할 관심과 충돌할 수 있다. 그런 관심을 지닌 사람들은 세계의 상태를 보고 걱정이 많겠지만, 그렇지 않은 사람은 행복할 것이다. 그러나 행복만이 원할 만한 유일한 가치는 아니다. 이 책의 서론에서 우리는 고도의 기술로 만든 시뮬레이션에 연결된 마야에 관해 이야기했다. 마야는 그녀가 만나는 모든 사람과 그녀가 행하고 아는 것 대부분이 가짜라는 사실을 모른다. 마야는 행복하지만 잘 사는 것은 아니다. 아니 산다고 볼 수도 없다. 그렇다면 자기 이익의 대상이 행복이 아니라 인간의 번영이라고 가정해 보자. 우리는 우리가 좋은 삶을 영위하기를 바란다. 그러나 잘 사는 것은 느껴야 할 감정을 느끼고 해야 할 행동을 하면서 올바르게 사는 것을 포함한다. 다른 사람들의 권리와 필요에 관심을 가져야 할 이유가 있다면, 우리는 타인에 관심을 기울이지 않고는 자기 삶을 잘 살 수 있다고 할 수 없기 때문이다. 이렇게 자기 이익과 도덕성은 일치한다.

그렇다고 해서 반드시 타인의 권리와 필요에 관심을 지니는 게 당연하다거나, 그들이 우리에게 그런 주장을 할 권리가 있다고 말할 수는 없다. 만약 그것이 당연하고 그들이 그런 권리를 지닌다면 도덕은 잘 사는 것에 해당하지만, 그렇지 않다면 도덕은 사기다. 어느 쪽이 됐든 문제는 도덕과 자기 이익이 갈릴 때 무엇을 하느냐가 아니라 세상의 불의에 어떻게 대응해야 하느냐다. 압제와 불평등과 전쟁이 계속되는 시대에 잘 사는 것이란 어떤 의미일까? 이 물음에 답하기 위해 나는 현대의 성자라 일컬어지는 이의 삶과 작품을 살펴보려 한다.

어떤 사람들은 고난의 사실을 심각하게 받아들인다. 1909년 2월 3일 파리에서 태어난 철학자 시몬 베유는 제2차 세계대전 중에 자신의 조국이 독일에 점령당하는 것을 목도했다. 부모와 함께 뉴욕으로 탈출했다가 혼자 런던으로 이주한 베유는 프랑스 망명 정부 내에서 허락된 배급 식량만 먹었다. 이는 그녀가 평생 실천해 온 연대의 한 형태였다. 베유의 전기를 쓴 팔레 유르그라우에 따르면, "어린 시절 그녀는 제1차 세계대전 당시 전선에 있는 병사들에게 설탕 보급이 안 된다는 사실을 듣고 초콜릿을 끊었다." 열 살도 채 되지 않았을 때였다. 20년 후 그녀는 프랑스에서 교사 생활을 하며 매달 월급을 궁핍한 노동자들에게 나눠 주었고, 실업자들이 집에 난방을 할 돈이 없을 때는 자기 아파트에도 난방을 하지 않았으며, 공장일이나 밭일을 고집하며 가뜩이나 쇠약한 몸을 혹사했다. 그녀는 공장의 생산 속도를 따라가지 못해 기진맥진해질 때까지 일했다. 하루에 여덟 시간 일했던 포도밭에서는 "너무 지쳐서 서 있지도 못하는 날이 잦았기에 누워서 포도를 따곤 했다 …… 새벽에는 젖소의 우유를 짜고, 채소의 껍질을 벗겼으며, 언제나 그렇듯 마을 아이들의 숙제를 도와주었다." 베유는 1943년 8월 24일에 결국 영양실조로 죽었는데, 켄트의 한 요양원에서 결핵을 앓으면서도 죽을 때까지 자진해서 배급량의 식사만 했다. 불평하는 일이 없었던 그녀는 자기가 삶을 마감할 곳을 이렇게 표현했다. "죽기에 정말 아름다운 방이군요."

베유의 자기희생에는 가혹한 논리가 있다. 다른 사람들이 굶주리고 있으니 자기가 먹는 것은 공정하지 않았고, 자기가 사람들을 먹여 살릴 수 없으니 자신도 굶어야 한다고 생각했다. 이 원칙은 그녀가 고등학교 시절에 세운 것으로, 레몽 아롱, 시몬 드 보부아르 등의 스승인 알랭(에밀 오귀스트 샤르티에의 필명)을 위해 쓴 에세이에 등장한다. 베유는 이 글에서 기원전 325년에 알렉산더 대왕이 그의 군대를 이끌고 사막을 횡단한 이야기를 들려준다. 병사들이 투구를 뒤집어 물을 떠서 가져다주자 알렉산더 대왕은 그것을 모래 위에 쏟아 버린다. 베유는 이렇게 말한다. 그가 그 물을 마셨더라면

"알렉산더 대왕의 행복은 …… 그를 그의 병사들로부터
갈라놓았을 것이다 …… 모든 성인은 물을 쏟아 버렸다.
모든 성인은 자신을 보통 사람들의 고통으로부터
떼어놓는 행복을 모두 거부했다."

베유는 비현실적이라 할 만한 성향이 있었는데, 그건 바로 인간의 것이 아닌 듯한 완고함이었다. 가족들에게는 "요정", 알랭에게는 "화성인", 다른 사람들에게는 "붉은 처녀"나 "치마를 입은 정언 명령"이라고 불렸다. (정언 명령은 이마누엘 칸트가 도덕 법칙을 엄격히 체계화한 것이다.) 1942년에 런던에 발이 묶여 있을 때 그녀는 간호사 중대를 조직하여 최전선에 낙하산을 타고 침투하자는 운동을 벌였다. 물론 자신이 선봉장에 설 생각이었다. 그녀는 "이 계획은 너무 새로워서 언뜻 보면 실현 불가능해 보일 수 있다."라고 인정한다. 하지만 그녀는 매우 진지했다.

세속적 유대인 가정에서 성장한 베유는 1937년 아시시 방문 때 처음으로, 다음 해에 솔렘의 베네딕트회 수도원에서 또 한 번 심오한 그리스도 체험을 하게 된다. 그녀는 언제나 이단자였다. 구약 신의 폭력성이나 믿지 않는 사람들은 지옥에 떨어진다고 말하는 종교를 받아들일 수 없었다. 베유는 그리스도 안에 신이 있다고 보았지만, 그리스도 안에만 있다는 주장을 거부했다. “우리는 예수의 강생 이전에 다른 강생이 없었다는 것, 그리고 이집트의 오시리스나 인도의 크리슈나가 그중 하나가 아니었다는 것을 확신할 수 없다.”

신비주의자인 베유는 내세를 엿보면서도 현세를 예리하게 비평했다. 명문 고등사범학교에서 철학을 공부하던 당시(베유는 1928년 입학시험에서 수석을 차지했는데 2등이 철학자 시몬 드 보부아르였다.), 그녀는 철도 노동자들을 위한 학교를 설립하는 일을 도왔다. 베유는 시위와 파업에 참여했고, 레온 트로츠키를 직접 만나 비판했다. 스페인 내전 중에는 파시즘 세력에 반대하는 운동을 펼치기도 했다. 베유는 노동자 탄압에 내재하는 경제적 힘뿐만 아니라 폭력의 기능에 대한 글을 썼다. 또 프로파간다의 힘을 알아보고 사람들을 서로 적대하게 만드는 언어의 오용을 경고했다. 그녀는 여기에서 철학의 중요성을 발견했다. “견해를 분명하게 하고, 본질적으로 의미 없는 말들을 의심하고, 정확한 분석을 통해 그렇지 않은 말들의 사용을 규정하는 것. 이상하게 들릴지 모르지만, 이렇게 하는 것이 인간의 생명을 구하는 하나의 길이 될 수 있다."

불공정과 인간의 고통을 진지하게 받아들이고 자기변명을 하지 않는 모습의 본보기로서 시몬 베유보다 더 나은 사람은 없을 것이다. 문제는 그녀가 보여 준 모범이 무서울 정도라는 것이다. 감동적이기는 하지만 무섭기도 하다. 나는 베유가 살았던 것처럼 살 수 없을 것 같다. 과연 그렇게 살 수 있는 사람이 있을까? 그런 삶이 불공정에 마음을 쓰는 것이라면, 나는 불공정에 관심이 없다고 해야 할 것이다. 어쩌면 그러지 않는 편이 좋을 것 같다.

우리가 관심을 가져야 함을 증명하는 논거를 찾다가 철학에 도달하게 하는 것이 바로 이런 의심들이다. 철학자들은 그동안 최선을 다해 왔다. 플라톤은 『국가』에서 내면에 정의가 없는 사람은 정신이 건강할 리 없고 내면이 정의로우면 타인에게 부당하게 굴 리 없다고 주장했다. 2000년 후, 이마누엘 칸트는 인간이 도덕 법칙을 따르지 않고 타인을 수단이자 목적으로 대하지 않으면 진정으로 자유로울 수 없다고 주장한다. 그러나 논증은 효과가 없다. 병적으로 자기중심적인 사람을 다른 사람에게 관심을 갖도록 설득할 수는 없다. 인간은 다른 사람들과 상관없이 각자 자신의 행복을 좇아야 한다는 견해에는 내재적 모순이 없다. 누군가를 설득하여 그런 견해를 포기하도록 하는 일은 열성적인 음모론자를 설득하여 단념시키거나 누가 봐도 명백한 세계를 가짜라고 믿는 회의론자와 논쟁하는 것과 같다. 그들은 자신들의 관점을 반박하는 어떤 주장도 그 전제를 인정하려 들지 않는다.

이는 그들이 옳아서가 아니라 우리가 또 속았기 때문이다. 음모가 거짓이라는 것 또는 이 세계가 실재함을 아는 일과, 그것에 대해 단호히 다른 생각을 지닌 사람을 설득하는 일은 별개의 문제다. 우리는 우리가 불공정에 마음을 써야 하는지를 물었지만, 간교한 이들은 우리가 눈치채지 못하게 이 질문을 교묘하게 뒤집어, 우리가 마음을 써야 한다는 사실을 '생각이 다른 사람에게' 증명할 수 있는가라고 묻는다. 우리는 고집 센 회의론자들을 전향시킬 수는 없어도 정의가 중요하다는 사실은 알 수 있다. 남의 마음을 돌리는 일은 도덕의 핵심이 아니다. 이와 관련하여 베유는 냉소적으로 이렇게 말한다.

> (다른 사람의 소유인) 기탁물을 자기가 갖고 싶어진 사람이 그렇게 하지 않는 이유는 단순히 그가 (칸트의) 『실천이성비판』을 읽어서가 아니다. 그가 그렇게 하지 않는 이유는, 자기도 모르게, 기탁물 안의 무언가가 되돌려줄 것을 애타게 부르짖는다는 느낌이 들기 때문이다.

정의가 절규하는 것처럼 보이지 않는다면, 칸트를 읽어도 소용없을 공산이 크다.

그렇다면 논쟁의 대안은 무엇인가? 그것은 바로 관심, 주의 깊은 해석이다. 베유에게 '해석'은 우리가 세상을 대면하고 세상에 대한 대응을 판단할 때 끊임없이 행하는 추론에 입각한 작업을 의미한다. 그녀는 "그러므로 삶의 매 순간, 우리는 외관, 이를테면 겉보기에서 우리가 읽어 내는 의미의 지배를 받는다 …… 하늘, 바다, 태양, 별, 인간, 우리를 둘러싼 것은 모두 우리가 그렇게 해석한 것"이라고 설명한다. 그러므로 해석은 무의식적인 행위다. 하지만 잘 해석하는 일은 어렵다.

우리가 1장에서 만나 본 필경사 바틀비의 이야기로 돌아가 보자. 그는 사무실을 떠나지 않는 편을, 일하지 않는 편을, 먹지 않는 편을, 아무것도 하지 않는 편을 택한다. 이 수수께끼 같은 사람은 무엇을 의미하는가? 바틀비의 의미를 해석하는 일은 바틀비를 해석하는 것만큼 위험한 일이다. 이 이야기에 대한 해석은 이 책을 읽은 사람마다 모두 다르다. 바틀비가 돈 되는 글을 쓰기를 거부하는 멜빌이라는 해석도 있고, 실존주의자, 허무주의자, 초월론자, 소외된 노동자, 사회활동가나 시위자라는 등의 다양한 해석이 있다. 바틀비는 자기와 같은 필경사들을 인간 복사기로 만들어 버리는 의미 없이 지루하고 고된 일이 반복되는 가혹한 시스템에 꼼짝없이 갇혀 있다. 그러나 이 이야기를 가장 충실하게 해석한 댄 맥콜은 『바틀비의 침묵』에서 바틀비를 하나의 상징으로 이해하는 모든 비평을 비난한다. 이런 해석은 "바틀비를 엄청나게 왜곡하는 것으로, 바틀비에게서 그의 침묵을 앗아 간다."라고 한다. 나는 나의 주장을 위해 극도로 과묵하고 가련한 바틀비를 인용해야 할 때도 그렇게 하지 않으려 노력할 것이다.

바틀비를 가장 잘 해석하는 사람은 이야기의 화자인 변호사다. 지금껏 비평가들은 이 화자가 자본주의적 착취를 상징하고 바틀비가 지닌 인간의 속성을 전혀 깨닫지 못한다고 비난했다. 그러나 변호사를 이런 식으로 취급하는 사람들은 그를 왜곡하는 것으로 그의 다변성(多辯性)을 앗아 간다. 변호사가 바틀비가 지닌 인간의 속성을 잘 이해하지 못하는 것이라면, 계속 그런다고 봐야 한다. 변호사는 선호('안 하는 편을 택하겠다')라는 앙상한 어휘를 거부하며 말로 바틀비를 이해하기 위해 노력하고 또 노력한다. "이제야 그 모습이 보인다." 그가 말한다. "핼쑥할 정도로 말쑥하고, 가련할 만큼 점잖고, 어쩌지 못할 정도로 쓸쓸해 보이는! 그것이 바틀비였다." 변호사가 좀처럼 말을 듣지 않는 직원 바틀비를 두고 쩔쩔맬 때 복합적인 표현들이 계속 등장한다. 바틀비의 "송장 같으면서도 신사다운 태연함", 그의 "무기력한 반항 …… 온화한 뻔뻔함 …… 경이로운 유순함 …… 비참한 호의 …… 창백한 오만함 ……

근엄한 침묵 …… 평범한 복종” 같은 표현이나, 바틀비는 “기묘하게 조용”하고 “기묘하게 온순”하다는 묘사가 그렇다.

변호사가 바틀비를 꿰뚫어 본다는 말이 아니다. 그는 그럴 수 없다. 바틀비를 말로 이해하려 하는 것은 유령을 껴안으려고 애쓰는 것과 같다. 변호사도 결국 깨닫는다. 그러나 그는 살아 있는 한 인간을 공정하게 다루려 노력하고, 그에게 무엇을 해야 한다고 말해 주는 진실을 전하기 위해 애쓴다. 변호사가 바틀비에게 짜증을 내지 않는다는 점, 그가 바틀비에게 집을 내준다는 점과 같은 사실들을 그의 어휘 선택이 지니는 관대한 겸양에서 따로 떼어 생각할 수 없다.

『필경사 바틀비』의 변호사는 아이리스 머독의 한 사고 실험에 등장하는, M이라고만 나오는 어머니를 떠올리게 한다. M은 며느리 D가 “당돌하고 격의 없으며, 격식이 부족하고, 무뚝뚝하며, 때때로 정말로 무례하고, 항상 성가실 정도로 유치”하다고 생각한다. 그러나 서서히 자신의 편견의 본질을 간파하기 위해 노력하고, 마침내 “며느리에 대한 생각이 …… 바뀐다.” “알고 보니 D는 천박한 게 아니라 신선할 정도로 천진난만하고, 품위가 없는 게 아니라 즉흥적이며, 시끄러운 게 아니라 유쾌하고, 성가실 정도로 유치한 게 아니라 유쾌하게 발랄하다."

머독은 어머니가 인식의 전환을 통해 진실에 이른다고 주장한다. "일상 세계에 대한 비인간적인 유사 과학적 지식(그것이 무엇이든 간에)"이 아니라 "…… 진실에 대한 품위 있고 정직한 인식이며 …… 이는 단순히 깨달음을 얻어서가 아니라 아주 익숙한 종류의 특정한 도덕 원칙의 결과다."

이것이 바로 머독과 베유가 "관심"이라고 부른 것이다. 무엇보다 우리를 도덕적으로 움직이게 만드는 건 논리가 아니라 사실을 인식하려는 노력이다. 나는 요즘 점점 더 많은 사람이 채식주의로 전향하는 이유가 그 뒤에 이어지는 설득력 있는 주장 때문이 아니라 공장식 축산업의 현실에 관한 글을 읽었거나 이미지를 보았기 때문이라고 생각한다. 인간의 고통과 불공정도 마찬가지다. 내가 핸드폰으로 신문 기사를 읽으면서 고통을 느낄 때 어떤 주장이 필요한 게 아니다. 나는 그것들을 정보로 그리고 다른 사람들의 삶에 대한 증거로 받아들이기만 하면 된다.

머독이 주장한 것처럼 "다른 사람들의 개별성과 특이성을 깨달을수록, 타인도 나와 같은 절실한 욕구와 소망이 있다는 사실을 알게 되고, 점점 더 사람을 사물처럼 대할 수 없게 된다." 이것은 단순한 추측이 아니다. 정치심리학자 크리스틴 먼로는 이타심에 관한 연구를 통해 자신이 위험에 처하는 때에도 낯선 이를 돕는 사람들의 동기를 탐구하고 "이타주의자들은 세상을 다른 관점으로 본다."라는 사실을 확인했다. "그들의 행동은 …… 어려운 처지에 있는 사람이 인간이고 그렇기에 특정한 대우를 받을 권리가 있다는 사실을 …… 인식한 데서 온 결과다. 인간 더하기 곤경. 이것이 유일한 도덕적 논리이자 유일한 이타주의 계산식이다."

이런 태도를 견지하며 주변 사람들을 외면하지 않고 신문 기사를 의미 없는 말들로 취급하지 않기는 상당히 힘들다. 연민의 어려움을 고찰한 베유는 이렇게 경고한다. "동물이 죽음을 보면 달아나는 것처럼 즉각적, 불가항력적으로 관심은 고통을 보면 달아난다." 나는 기사를 건성건성 보며 스크롤을 빨리 내려 버린다.

물마루 위에서만 파도를 타고 깊은 곳까지 수영하지는 않는다. 나의 근심에 매몰되어 내가 만나는 모든 사람이 내 문제만큼 심각하고 실질적인 문제로 제각각 괴롭다는 사실을 잊는다. 지금 여러분이 읽고 있는 이 책이 비록 이제껏 나와 여러분의 삶의 고난을 다루어 왔지만 윤리적인 목적을 달성할 수 있는 것도 그래서다. 인간 삶의 역경에 관해 사유하면서 나는 나 자신에 대해서도 생각하지만 다른 사람들, 즉 내가 가 보지 못한 가시밭길을 걷는 수많은 인간을 생각하지 않을 수 없다.

육체적 고통은 깊은 의미가 있고, 과거와 미래의 자기 자신에게 연민을 지니면 타인에 대한 연민도 생겨날 가능성이 있다. 장애에 적응하는 것은 굉장히 어려운 일이며, 대개 편견과 편의시설의 부재가 이를 더 힘들게 만든다. 인간은 인간 삶의 존엄성을 드러내는 애착에 대한 욕구가 있는데, 이는 고립과 슬픔으로 인해 좌절되곤 한다. 우리는 사랑이 도덕적 감정임을 확인했다. 사랑을 잃은 후에도 훼손되지 않고 남아 있을 가치를 그들의 내면에서 보지 못하면 우리는 누군가를 정말로 사랑할 수 없다. 그들은 우리 없이도 중요한 존재다. 누구나 사랑받을 수 있으므로, 이것은 모든 인간에게 해당한다.

베유와 머독은 모두 관심과 조건 없는 사랑을 구분했다. 베유는 "인간들 가운데에 우리가 사랑하는 사람들의 존재만이 완전히 실현된다."라고 썼다. "우정에는 보편적인 특성이 있다. 그것은 우리가 마땅히 사랑해야 하는 만큼 인간을 사랑하여 인류를 구성하는 모든 사람을 사랑할 수 있게 되는 것이다." 머독에게 "사랑은 개별 인간에 대한 인식이다. 사랑은 자기 자신이 아닌 어떤 존재가 실재한다는, 매우 이해하기 어려운 사실을 깨닫는 것이다." 여기서 중요한 것은 보편적 사랑에 대한 호소가 아니라 존중을 동반한 사랑의 지속성이다. 우리가 사랑에서 구하고자 하는 가치는 불공정이 훼손하는 가치다. 정의와 사랑은 진실과 아름다움처럼 상호 관련이 있는 미덕이나, 선(善)의 서로 다른 측면이다. 하나는 서로에 대한 책임의 하한선이며, 다른 하나는 우리의 삶이 수렴하는 최고점이다.

사랑과 정의를 어렵게 만드는 원인 중에는 고통을 벗어나려는 욕구와 머독이 인간의 내면에서 찾은 "비대하고 무자비한 자아"가 있다. 그러나 외부 장해물도 있다. 바로 사회적 세계를 왜곡하고 우리가 현실을 제대로 직시하지 못하게 만드는 이데올로기다. (이를테면, 삶은 계획에 의해 정의되고 모든 사람은 실패 또는 성공으로 구분된다는 관념) 철학은 우리가 타인에게 관심을 기울이지 않을 때 그들에게 관심을 쏟아야 한다는 사실을 증명해 보일 수는 없지만, 불공정이 무엇인지 명확하게 설명하고 우리가 무엇을 해야 하는지 알아내는 데는 유용할 수 있다. 여기가 바로 논증이 중요해지는 지점인데, 논증만이 아니라 사고의 명확성(베유가 주창한 프로파간다와의 전쟁)과 개념의 대전환도 중요하다. 머독의 말을 빌리면 "도덕철학자의 과제(는) 시인처럼 언어의 한계를 확장하고 이전에는 어둠이었던 영역을 환하게 밝히는 일이다." 지금 우리가 마주한 어둠은 이 세상의 불의와 우리에겐 그것을 바꿀 힘이 없다는 무력감이다. 철학이 이 어둠에 빛을 드리울 수 있을까?

플라톤의 『국가』는 투명 인간이 되는 힘을 갖게 된 양치기 전설을 통해 정의를 비웃는 글라우콘의 이야기로 시작되지만, 이후 갑자기 주제를 정치로 전환한다. 책에 나오는 대화 대부분은 '칼리폴리스(kallipolis, 아름다운 나라라는 뜻)', 즉 플라톤의 유토피아 구상을 담고 있다. 칼리폴리스에서 모든 시민은 평생 세 가지 계급 중 하나에 속한다. 국가를 지배하는 철인/통치자 계급, 국가를 수호하는 수호자 계급, 국가의 물질적 필요를 충족하기 위해 일하는 생산자 계급이다. 수호자와 통치자는 사유재산을 갖지 않고, 가족 제도는 폐지되며, 아이들은 공동 양육된다. 국가의 정의는 모든 이가 자신이 맡은 바를 다하는 데 있다.

당연한 일이지만 이런 플라톤식 규범과 명령에 따라 일하고 공동으로 아이를 키우는 억압적 체제를 수용한 후대 철학자는 거의 없다. 그러나 그들도 완벽하게 정의로운 사회질서를 그리려는 플라톤의 염원에는 공감하는 경우가 많았다. 이 목표는 많은 우여곡절 끝에 존 롤스의 저작 속에서 살아남았다. 존 롤스는 1971년에 『정의론』을 발표하면서 정치철학 분야에 새로운 활력을 불어넣은 정치철학자다. 롤스에게 정치철학은 완벽히 정의로운 사회를 설명하는 '이상론'으로 시작한다. 그에게 완벽히 정의로운 사회란 물적 재화가 충분하고 모든 사람이 정의의 원칙에 순응하는 "철저한 준수"에 의해 통치되는 사회다. 롤스는 이를 "인간은 있는 그대로" 받아들이고 "법은 그럴 수도 있음"을 인지하고 받아들이는 "현실적인 유토피아"라고 불렀다. 유토피아를 다루고 있으니 이제는 현실 세계의 조건을 다루는 "비이상론"으로 눈을 돌려 보자. 그것은 도덕이 허락하는 가장 효과적인 수단을 통해 유토피아를 지향하라고 말한다.

이 책의 전제를 통해서도 예상할 수 있듯이, 나는 도덕이 아리스토텔레스의 이상적 삶으로 시작되지 않아도 되는 것처럼, 정치철학도 완벽한 정의에 관한 비전으로 시작할 필요가 없다고 생각한다. 세상의 불공정을 확인하는 데에 유토피아에 대한 청사진은 필요 없다. 미국의 과거와 현재를 보라. 원주민의 추방과 학살, 동산(動産) 노예제, 남부 재건기의 실패, 짐 크로법, 레드라이닝(*미국에서 주로 흑인이 사는 빈곤층 거주 지역에 대한 금융 서비스 차별 — 역주), 대규모 수감, 경찰의 만행, 투표 억압 등등 사례는 많다. 우리는 이상론의 도움을 빌리지 않아도 여기서 불공정을 감지할 수 있다. 게다가 이상론은 개선의 길을 가르쳐 주지 않는다. 이상론은 특성상 억압의 구조를 제거한다. 최악의 경우에는 억압의 구조를 파악하기 어렵게 만든다. (유토피아는 인종을 고려하지 않는다.)

어쨌거나 우리가 이상적인 세계를 상상할 입장은 아닌 것 같다. 20세기 중반 프랑크푸르트학파가 발전시킨 '비판 이론'은 인간적으로 할 수 있는 것이 무엇인지에 대한 우리의 관념을 이데올로기가 왜곡한다는 통찰이 있다. 예를 하나 들어 보자. 자율주행 자동차, 무인 물류창고, 데이터 입력 전산화 등 기술에 의한 작업 자동화를 고된 노동에서 인간을 해방할 가능성이 아니라, 수천만 명의 사람들을 빈곤에 빠뜨릴 고용 위협으로 보기란 어렵지 않다. 이는 현재 정치적으로 실현할 수 있는 것을 용인하는 단순한 현실주의가 아니다. 이것은 생산적인 노동을 자존감의 원천으로 보는 이데올로기가 뒷받침한다. 둘 사이의 연관성이 그것을 통해 정당화되는 경제체제에 의해 만들어졌다는 사실은 잊힌다. 아무도 노동할 필요가 없는 세상이라면 실직이 실패처럼 느껴질까? 그렇지 않다는 말이 아니다. 내가 말하려는 바는 지금껏 우리가 살아온 것과는 완전히 다른 사회적 체계에서 인간의 삶이 어떤 모습일지, 인간이 노동은 물론 타인과 어떤 관계를 맺을지 알 수 없다는 것이다.

그러므로 정치철학은 완벽한 정의에 대한 이론을 세워서는 안 된다. 인간은 이상적인 세계를 상상할 수 없기 때문이다. 그 대신 정치철학은 이 세상이 무엇이 잘못되었는지, 우리가 그것을 고치기 위해 무엇을 해야 하는지 깨달을 수 있도록 도와야 한다. 비판 이론을 대표하는 학자 테오도어 아도르노도 정치철학을 이런 식으로 보았다. 여러 단상을 모아 제2차 세계대전 후 펴낸 『미니마 모랄리아』에서 아도르노는 "해방된 사회"나 "인간 가능성의 실현"을 꿈꾸기를 거부했다. 아도르노의 주장에 따르면 현재로서 인간은 해방을 목표로 할 수 없다. 그런 말의 뜻이 정확히 무엇인지 모르기 때문이다. 난파된 인간 역사의 잔해로부터 인간의 잠재력을 이해하는 일은 바싹 마른 땅에 심은 표본으로 식물학을 연구하는 것과 같다. 식물에 물이 부족하다는 사실은 알 수 있지만, 꽃이 피면 어떤 모습일지에 대해서는 알 수 없다. 아도르노에게는
"더 이상 아무도 굶주려서는 안 된다는 가장 난폭한 요구에만 다정함"이 있다. 우리가 유토피아를 상상할 수는 없어도,

적어도 필요가 채워지지 않는 현실에는 대응할 수 있다.

이런 요구는 도덕적 명료성의 측면에서 정확한 것도 있지만 놓치고 있는 것도 있다. 이것은 "효과적인 이타주의"를 위한 방식을 떠올리게 하는데, 효과적인 이타주의란 도움이 필요한 사람들을 도울 때는 언제나 가장 효과적인 수단을 이용해 도와야 한다는 관념이다. 윌리엄 매캐스킬과 피터 싱어와 같이 효과적인 이타주의를 주장하는 학자들은 부유한 사람들이 더 적극적으로 가난한 사람들을 도와야 한다고 주장한다. 구체적으로는 가장 효과적인 자선단체에 돈을 기부해야 한다고 주장하는데, 이들은 자신들의 전문성을 십분 발휘하여 연장된 '질 보정 수명'당 비용으로 이 효과성을 평가한다. (모기장과 말라리아 치료약이 가장 효과성이 높다.) 효과적인 이타주의자들은 정치적 해결 방법이 정량화하기 어렵다는 이유로 빈곤과 인간 고난의 사회적 원인을 무시하며 정치를 간과한다는 비판을 받아 왔다. 그러나 그들은 책임의 문제에도 무심하다. 효과적인 이타주의자들은 모든 필요를 동일하게 취급한다. 그러나 어떤 문제들은 다른 문제보다 우리를 훨씬 더 무겁게 짓누른다. 우리와 인간 고통의 도덕적 관계는 우리가 인간 고통의 원인과 아무런 관련이 없을 때보다 그것에 관여되어 있을 때 더 시급한 문제가 된다.

철학자들은 우리가 이 복잡한 관계를 철저히 따져 볼 수 있도록 도울 수 있다. 일례로 57세 나이에 암으로 세상을 떠난 정치이론가 아이리스 매리언 영은 “구조적 부정의”라는 개념을 발전시켰다. 구조적 부정의란 부당한 태도나 행위에만 집중하지 않고 상호작용하며 나타나는 부정의를 말한다. 그녀는 또 책임과 관련하여 “사회적 연결 모델”을 제시했다. 이런 것들이 바로 어둠에 빛을 밝혀 줄 개념들이다.

구조적 부정의는 적어도 어느 정도는 편견이나 불공정한 특정 행위에 기대지 않는 관습에 의해 만들어지고 유지된다. 예를 들어 여성의 능력에 대해 성차별적인 태도를 보이거나 여자이기 때문에 여성을 채용하지 않는 사람이 없다 하더라도, 여성이 양육이나 가사와 같은 무보수 노동을 전담하는 성별 분업은 제도적으로 여성을 불리하게 만든다. 이럴 때 부정의는 특정한 태도나 배제의 행위가 아니라 우리의 집단적 기대에 있다. 이것은 본질적으로 구조적이다.

영은 우리가 구조적 부정의에 대한 책임이 있다고 주장한다. 그 주장의 핵심에는 유죄성과 변화에 대한 책임 사이의 차이가 있다. 다른 예를 들어 보자. 미국의 인종차별주의 역사에 대해 현대 미국인들을 비판하는 일은 부당할지 모르지만, 우리는 대부분 인종차별의 유산이 남아 있는 시스템에 대한 책임이 있다. 교육을 생각해 보자. 미국 도시들은 사실상 인종적으로 분리되어 있는데, 학교들이 지방세로 운영되고 흑인 지역이 훨씬 가난하기 때문에 흑인 지역 학교는 평균적으로 부유한 동네의 학교보다 재정 상태가 열악하다. 교육 기회의 평등은 허상이다. 그런 잘못된 구조가 나의 잘못은 아니더라도, 좋은 공립학교 때문에 매사추세츠주 브루클린에 집을 살 때 나는 그런 구조에 무의식적으로 가담한 것이다. 영은 "책임의 사회적 연결 모델은 개개인이 구조적 부정의에 책임이 있다고 이야기한다."라고 주장하면서, "개인들이 그들의 행위를 통해 불공정한 결과를 초래하는 과정에 원인을 제공하기 때문"이라고 설명한다. 나를 말하는 것이다.

영이 주장하는 핵심은 가책이나 수치심이 아니라 변화를 위한 노력의 의무다. 이것이 그가 말하는 '책임'이다. 내 아이가 좋은 교육을 받기 원하는 것은 잘못이 아니고, 학교에 대한 재원 제공 방식은 내 책임이 아니지만, 나는 내가 원인을 제공하는 부정의를 바로잡는 개혁을 공개적으로 지지해야 한다. 우리는 영의 모델을 불공정을 영속화하는 사회적 관습에 참여하는 사람들뿐 아니라 불공정한 과거를 통해 이익을 얻는 사람들에게까지 확대할 수 있다. 오늘날 백인 가구 자산(중간 값 약 18만 8000달러)과 흑인 가구 자산(중간 값 약 2만 4000달러)이 엄청난 차이를 보이게 된 데에 일조한 식민지 수탈과 노예제 역사로부터 미국인 다수가 이득을 얻고 있기 때문이다. 원주민에 대한 자료는 많지 않지만, 2000년에 실시한 한 조사에 따르면 아메리카 원주민 개인의 순자산 중간 값은 5700달러였는데, 이는 1996년보다 감소한 것이었다. 우리는 이런 불평등으로부터 혜택을 보면서 부정의의 수혜자가 되는 잘못을 저질러서는 안 된다.

그렇다면 이런 현실 앞에서 우리는 무엇을 해야 할까?

아도르노는 “정말 어려운 과제는 다른 사람의 힘이나 자신의 무력함이 우리의 감각을 마비시키지 않게 하는 것이다.”라고 썼다. 영은 우리의 책무가 “죄책감이나 과실의 속성처럼 주로 과거를 좇는 일이 아니다.”라고 주장한다. 그것은 책망의 문제가 아니라 정치적 행위성에 관한 문제다. “구조적 부정의에 대한 책임을 지는 것은 …… 다른 사람들과 함께 구조를 바로잡기 위한 집단행동을 조직하는 것이다.” 영은 이런 의무가 벅차다는 사실을 인정한다. “내가 나의 행동을 통해 원인을 제공하는 구조적 과정에서 비롯되는 모든 사회적 부정의에 …… 책임을 같이한다면, 그것은 나에게 너무 많은 일에 대한 책임을 지우는 것이다. 이런 생각은 사람을 무력하게 만든다.” 그러나 무력감에 대한 올바른 대응은 어떤 행동도 취하지 않는 게 아니라, 첫발을 떼는 것, 하나씩 실천해 나가는 것이다.

나는 먼저 내가 이와 관련하여 본보기로 삼을 만한 사람이 아니라는 사실을 인정, 아니 주장해야겠다. 나는 그리 많은 일을 하지 않았다. 가끔 시위나 집회에 참여하고 꼬박꼬박 투표하며 친구들과 정치에 관한 이야기를 나누는 정도다. 그러나 이 중 어떤 활동도 큰 변화를 이끌어 낼 가능성은 없다. 영은 나 같은 방관자들에게 정치철학자 벤 로런스가 말한 “변화의 주체 문제”를 따져 묻는다. 불공정을 찾아내는 것이나 자기가 선호하는 정치인에게 투표하는 것으로는 부족하다. 그들은 우리가 원하는 변화에 무관심하거나 방해가 되는 경우가 많기 때문이다. 혼자 행동하는 것도 보통은 소용이 없다. 우리가 해야 할 일은 운동 단체, 노동조합, 이익 단체와 같이 변화를 가져올 힘과 의지가 있는 집단행동의 주체를 찾는 것이다.

나는 딱히 활동가라 할 수 없으며 무엇을 이끌 만한 사람은 더더욱 아니다. 게다가 나는 일상적으로 세상의 불공정에 압도되어 어찌할 바를 모른다. 여러분도 나와 비슷한 감정을 느낀다면 다음과 같은 조언을 하고 싶다. 한 가지 이슈를 골라 참여할 수 있는 단체를 찾자. 나 같은 경우 기후변화 이슈를 골라 탈화석연료 MIT(Fossil Free MIT)라는 단체에 가입했다.

기후변화의 윤리는 미래를 위한 선행의 문제, 즉 후대를 위해 충분히 살기 좋은 세상을 물려주는 것으로 이야기되곤 한다. 그러나 사실 기후변화는 과거와 현재의 불공정에 관한 문제를 제기한다. 기후변화가 초래하는 악천후, 홍수와 가뭄, 흉작, 물 부족, 난민 문제는 기후변화에 대한 책임이 가장 적은 나라들에서 훨씬 더 심각하게 나타날 것이다. 지구의 온도는 이미 1850년에 비해 1.1도 높아졌다. 현재 상태로는 30년 안에 2도가 높아질 것으로 예상되는데, 2도가 높아지면 방글라데시에서는 해수면 상승으로 100만 명의 사람들이 삶의 터전을 영원히 잃게 된다. 중앙아프리카에서는 강수량의 10~20퍼센트가 감소할 것으로 전망되는데, 거기에다 기온까지 높아지면 엄청난 재앙이 닥칠 것이다. 한편 남아시아와 중앙아시아에서는 산악 빙하가 사라지면서 수억 명의 사람들이 담수를 얻지 못할 처지에 놓여 있다. 상승 온도가 2도가 넘으면 결과는 더욱 심각해진다. 그러나 기후변화의 원인인 탄소 배출량의 절반 이상이 선진국들이 배출한 것인데 정작 그들은 최악의 상황을 모면할 것으로 예상된다. 논의를 1990년(일말의 타당성으로 우리가 몰랐다고 주장할 수 있는 마지막 시점)으로 좁혀 보면, 미국과 유럽이 탄소 배출의 25퍼센트 이상을, 중국이 15퍼센트를 차지한다. 현재 배출량으로 국한해도 세계 인구의 5퍼센트도 되지 않는 미국의 탄소 배출은 여전히 12퍼센트에 달한다. 한편 사하라 사막 이남 아프리카 지역의 1인당 탄소 배출량은 미국의 20분의 1 수준이다.

자신의 이익을 위해 다른 사람들에게 실질적인 해를 입히는 일은 명백한 부정의다. 글라우콘의 이야기에 나오는 양치기가 투명 인간이 되어 이런 일을 저지르지 않았던가. 그는 왕을 죽이고 왕위를 찬탈했다. 내가 사는 이 나라는 기후변화의 해악을 재정적으로 원조하는 정책을 펴 왔으며, 그 해악을 완화하거나 예방하는 조치를 취한 적이 거의 없다. 다른 사람들과 마찬가지로 나 역시 화석연료 경제에 휘말려 있다. 나는 참여자이자 수혜자로서 이 부정의에 책임이 있기에 행동에 나설 의무가 있다. 나는 평생 별로 한 게 없다. 뭘 해야 할지 모르기도 했지만, 그렇다고 열심히 방법을 찾은 것도 아니었다. 나는 나의 탄소 발자국이 조금 걱정되었다. 아무 문제 없는 생각이지만 변화를 가져오는 데에 필요한 집단행동과는 거의 관련이 없다. 2007년에 MIT의 한 수업에서 미국 노숙자 1인의 탄소 발자국을 계산했다. 노숙자는 전기와 가스 없이 살긴 하지만 화석연료로 돌아가는 기간 시설에 의존하는 사람들이다. 그럼에도 이들의 탄소 발자국은 사하라 사막 이남 아프리카 지역에 사는 사람의 10배였다. 문제는 체제에 있다. 개인의 탄소 발자국에 집착하는 관념을 브리티시페트롤리엄이 매우 적극적으로 장려한 것은 우연이 아니다. 관심을 기업의 책임에서 다른 데로 돌리는 수단이었던 것이다.

내게 변화가 시작된 것은 2014년, MIT로 옮긴 해였다. 학교에 도착하자 마치 현대미술 작품처럼 6.4km킬로미터에 달하는 파란색 경고 테이프가 건물 외벽과 캠퍼스 곳곳에 둘러쳐져 있는 것이 보였다. 테이프의 높이는 제각각 달랐는데, 대개는 1~2미터 정도였고, 어떤 곳은 발목 높이까지 낮아졌다가, 내 사무실로 가는 방향은 허리 높이까지 높아졌다. 문과 창문에는 테이프가 사선으로 쳐 있었다. 가까이 가서 보니 테이프에는 “기후온난화 홍수 수위 — MIT에게 요구한다! 화석연료에 대한 투자를 철회하라!”라는 메시지가 쓰여 있었다. 탈화석연료 운동을 하는 학생

단체가 설치한 이 테이프는 2050년 해수면 상승 예측도에 따라 2012년 보스턴을 강타한 것 같은 1.5미터 해일이 발생했을 때 캠퍼스에서 일어날 홍수의 수위를 표시한 것이었다. 그것이 현실이 되면 MIT는 물에 잠길 터였다.

테이프 설치에 이어 학생들은 학교가 후원하고 학생과 교직원들로 구성된 위원회가 정책 제안서를 마련하는 1년짜리 '기후변화 대담'을 추진했다. 그중 주안점을 둔 것은 화석연료 기업에 대한 MIT 기금 180억 투자를 철회하는 것이었다. 경제적 보이콧은 영국의 노예제도 폐지에 일조한 설탕 불매 운동부터 남아프리카공화국의 아파르트헤이트에 반대한 투자 철회 운동에 이르기까지 고집 센 상대를 압박하는 데에 역사적으로 중요한 역할을 해 왔다. 기후변화 대담위원회는 9대 3의 투표 결과로 MIT가 화석연료 추출물 중 환경에 가장 유해한 석탄과 타르샌드 기업에 대한 투자를 철회해야 한다고 결정했고, 만장일치로 학교의 기금 배분을 검토하는 윤리 자문 이사회 설치를 지지했다.

나는 학생들과 함께 이 모든 상황을 지켜보았고, 여름이 지나 MIT가 학교의 신탁 이사회인 법인과 협의를 거친 후 학교의 사상 첫 '기후변화 행동 계획'에 위원회의 제안을 포함하지 않겠다고 공표하자 경악했다. (미국의 기후 관련법을 가장 거칠게 비난하는 사람으로 알려진 데이비드 코크가 당시 MIT 법인의 종신회원이었으며 MIT에 가장 큰돈을 기부하는 기부자 중 하나였다.) 투자 철회도 윤리도 물거품이 될 터였다.

내가 이 운동에 더 진지하게 참여하기 시작한 것은 바로 그때부터였다. 법인의 결정에 항의하는 교수진 시위를 조직하는 것을 돕고, 총장실 밖 복도를 점거하는 학생들을 지지하며 더 많은 것을 요구했다. 학생들이 선봉에 섰고 나는 다른 교수들과 함께 음식을 나눠 주고 학생들을 응원하고 격려하며 그 뒤를 따랐다. 연좌 농성은 참여 인원이 적어 초라할 때도 있었지만 2016년 봄까지 4개월간 계속되었고, 마침내 양보를 얻어 냈다. 투자 철회는 관철되지 않았지만, 화석연료 기업에 대한 MIT의 '관여' 전략의 과정을 추적 조사하는 자문 위원회와 기후변화 윤리를 다루는 포럼을 설치하기로 했다. 이상적인 결과는 아니었다. 그러나 6주년을 맞이한 지금 새로운 학생 단체 MIT 다이베스트(Divest, *투자 철회라는 뜻 — 역주)가 다시 한번 행정 당국을 압박하고 있다.

내가 이 이야기를 하는 것은 성공(또는 실패)에 관한 서사라서가 아니라 변화의 주체가 필요하다는 것을 잘 보여 주는 사례라서다. 내가 나의 무기력함을 극복한 것은 변화를 이끌어 낼 수 있는 실질적인 기회와 집단행동의 구심점을 찾았기 때문이다. MIT는 학생들을 무시할 수 없었다. 다른 건 몰라도 여론은 나빠졌을 것이다. 우리가 기후변화 행동 계획이라도 갖게 된 것은 학생들 덕분이다. 비록 내가 바랐던 결과는 아니지만, 이 경험은 내가 아이리스 매리언 영이 논의한 정의에 대한 책임을 다하는 일에 가장 근접한 것이었다.

내가 모범으로 삼을 만한 사람은 아니라고 말했고 그 말은 앞으로도 사실일 것이다. 2015년부터 나는 이곳저곳에서 기후 정의에 관한 강연을 해 왔고 온라인에서도 관련 문제를 논의해 왔다. 3년 전에는 MIT에서 동료 교수와 함께 기후변화의 윤리에 관한 수업을 개설했다. 당연히 이것으로는 부족하다. 기후 윤리에 대한 강의가 무슨 소용이 있을까? 인식 제고에는 일조할 수 있을 것이다. 이미 관심이 있는 사람이 아니라면 강의를 들을 리 만무하긴 하지만 말이다. 또 공동체를 형성하고 우리가 직면한 문제에 대한 이해를 높이는 데도 도움은 될 것이다. 내가 가르치는 학생들이 앞으로 내가 다하지 못한 책임을 다하는 사람이 되기를 바란다. 내게는 더 많은 일을 하지 못하고 있다는 죄책감이 크다.

이 책을 읽는 독자들도 자신을 가장 괴롭히는 문제, 곧 대규모 수감, 빈곤, 투표, 시민권 등에 대해 나와 같은 죄의식을 느낄 수 있다. 과연 우리는 불공정과 싸우는 데 최선을 다하고 있는가? 이것은 모든 사람에게 해당하는 질문이지만, 나 같은 철학자들에게는 특정한 형식을 취하며 이론과 실천에 관한 오랜 논쟁을 끌어낸다. 카를 마르크스는 그의 열한 번째 논문으로 루트비히 포이어바흐(독일의 철학자이자 인류학자)에 관해 쓴 것으로 유명하다. "철학자들은 지금껏 세계를 여러 가지 방식으로 해석하기만 했다. 그러나 핵심은 세계를 변혁하는 것이다." 벤 로런스는 변화의 주체에 관한 그의 논고를 마무리하며 이렇게 우려했다. "학계는 철학자를 다양한 변화의 주체로부터 갈라놓는다. 특히 그런 주체들이 심각한 부정의와 억압으로 고통받고 있을 때 더욱 그렇다." 이 우려는 테오도어 아도르노의 삶과 저작에서 단적으로 드러난다.

아도르노는 1903년에 프랑크푸르트에서 포도주 무역상의 아들로 태어났다. 그의 어머니는 전업 가수였다. 아도르노도 영재 기질이 있어 열두 살에 베토벤 피아노곡을 연주할 수 있었고, 이후에는 알반 베르크에게 작곡을 배우기도 했다. 그러나 그는 프랑크푸르트학파의 비판 이론으로 큰 명성을 얻었고 인간 번영을 방해하는 이념들을 폭로했다. 유대인인 그는 1932년 독일에서 더 이상 학생들을 가르칠 수 없게 되었고, 2년 뒤 옥스퍼드로 가 영국 철학자 길버트 라일과 함께 수학했다. 그가 재즈 음악을 비판하는 글을 쓰고 헥토르 로트바일러라는 그에 딱 맞는 가명으로 출간한 곳도 옥스퍼드다. 그는 대중문화를 좋아하지 않았다.

아도르노는 1938년에 뉴욕으로 이주했다가 이후 로스앤젤레스로 넘어가 극작가 베르톨트 브레히트, 소설가 토마스 만, 작곡가 아놀드 쇤베르크와 같은 다른 독일 망명자들과 한 집에서 살았다. 그들은 그

집을 "태평양의 바이마르"라고 불렀다. 아도르노는 미국에서 『계몽의 변증법』(동료 비판 이론 철학자 막스 호르크하이머와 공저), 『신음악의 철학』, 『미니마 모랄리아』와 같은 가장 유명한 작품들을 집필했다. 1949년에 프랑크푸르트로 돌아온 그는 20년 뒤 사망할 때까지 그곳에서 살면서 두 편의 걸작 『부정변증법』과 『미학 이론』을 완성했다.

아도르노가 여기서 중요한 이유는 그가 건설적 정치 참여에 대한 희망을 버리다시피 한 마르크스의 영향을 받아 산업자본주의를 신랄하게 비판했다는 점이다. 아도르노는 끈질길 정도로, 때로는 우스꽝스러울 만큼 비판 일색이다. 『미니마 모랄리아』를 읽다 보면 이따금 현대사회의 사소한 일들에 대해 신랄한 의견을 내놓는 것이 철학의 대가와 짜증 내는 삼촌이 섞인 듯한 인상을 받는다. 어느 부분에선 "우리는 점점 선물하는 법을 잊어버리고 있다."라고 하면서 다음과 같이 한탄한다.

> 진심 어린 선물의 즐거움은 받는 사람의 기쁨을 상상하는 데 있다. 그것은 선택하고 시간을 들이고

번거로움을 무릅쓰고 상대방을 어떤 주제처럼 생각하는 행위다. 즉 한눈을 파는 것과 완전히 반대되는 일이다. 그러나 요즘은 이것조차 제대로 할 수 있는 사람이 거의 없다. 기껏해야 사람들은 자기가 갖고 싶은 것을 선물한다. 그것도 훨씬 더 질이 좋지 않은 것으로.

이런 불만에 대한 핑계는 세상에 대한 불안한 전망이다. "한때 철학자들이 삶이라고 이해했던 것은 사적 존재의 영역이 되었고, 이제는 단순한 소비의 영역이 되어 버렸으며, 자율성이나 고유한 실체 없이, 물질적 생산 과정의 부속물로서 질질 끌려다닌다." 인간은 살아 있는 시체로, 번영의 가능성이 없다는 것이다.

아도르노는 제1차 세계대전이 끝날 무렵 독일의 혁명이 실패하는 것을 목도했다. 혁명은 전쟁에서 싸웠던 노동자들이 이끈 사회주의 봉기였으나, 바이마르 공화국의 중도파 연합에 의해 진압당하면서 1년 만에 사그라졌다. 아도르노는 프롤레타리아가 마르크스가 예상했던 변혁적 역할을 수행할 수 없다면 변화의 주체는 없다고 우려했다. 그렇게 되면 할 일은 학계에 은둔하며 상황이 바뀔 때까지 사회의 모순을 찾아내어 분석하는 일밖에 없다고 보았다. 아도르노와 동시대를 산 헝가리 철학자 죄르지 루카치는 이런 은둔적 행위를 경멸했다. 그는 "아도르노를 포함한 대표적인 독일 지식 계급 상당수가 '그랜드 호텔 어비스(Abyss, *심연이라는 뜻 — 역주)'에 둥지를 틀었다 …… 그곳은 모든 편리함을 갖춘 아름다운 호텔로, 무의미와 부조리라는 심연 끝에 자리하고 있다."라고 썼다.

루카치의 주장은 일리가 있었다. 1968년에 프랑크푸르트에서 학생 시위가 한창이던 당시 아도르노는 경찰을 불러 학생들을 체포하게 했다. 학생들은 그의 수업을 방해하고 사과를 요구하는 것으로 응수했다. 방해 행위는 여학생들이 연단에 선 그를 둘러싸고 가슴을 노출한 채 그에게 장미와 튤립 꽃잎을 뿌리면서 정점에 달했다. 아도르노는 강의를 취소하고 도망쳤다. 1967년에 프랑크푸르트에서 미국으로 돌아와 흑표당에 입당한 앤절라 데이비스처럼 학생들이 사회운동가가 되었을 때 아도르노는 그들의 활동을 무시했다. 데이비스는 훗날 “그는 당시 급진주의 운동에 직접 참여하고자 하는 내 열망을 미디어학과 교수가 라디오 기술자가 되려고 결심한 것과 똑같다는 식으로 말했다.”라고 회고했다. 그녀는 이후 철학 교수가 되었고 FBI의 수배 대상 1순위 정치운동가이면서 감산복합체를 예견하고 비판한 비평가가 되었다.

나에게 아도르노는 한 편의 교훈적인 이야기다. 그는 뛰어난 사상가로 강의와 저술이 저항을 대신할 수 있다고 굳게 믿었다. 이는 학자들에게 나타나는 직업상 위해로, 지식인 집단이 신의를 저버리는 행위다. 학자들의 저술이 실질적인 효과를 발휘할 때도 있지만, 그럴 때도 우리는 언제나 정의에 대한 책임을 다하기 위해 더 노력할 수 있다. 이는 다른 사람들도 마찬가지다. 해야 할 몫을 다하고 있다고 말할 수 있는 사람은 아무도 없다.

여기서 아도르노는 우리에게 교훈을 준다. 『미니마 모랄리아』에 나오는 표현을 빌리면 그의 비관주의와 은둔적 행위를 불러온 것은 “그릇된 삶은 올바르게 살 수 없다.”라는 믿음이다. 그 말은 우리가 사회적 삶의 모든 측면을 해치는 불공정한 환경에서는 잘 살 수 없다는 의미다. 그런 환경에서는 번영이 무엇인지도 이해하지 못한다. 그러나 그의 말 속에는 더욱 평범한 진실이 담겨 있다. 우리는 우리가 누구인지 감안하면 올바르게 살기 위해 자기 자신에게 요구할 수 있는 것에 한계가 있음을 안다. 누구나 시몬 베유가 될 수는 없다. 어쩌면 누구도 그녀처럼 살 수 없다. 우리가 어떻게 살아가느냐는 각자의 심리 상태와 사회적 환경, 세상에 대한 불완전한 이해, 평정심을 유지하고 친지와 친척에 의무를 다할 필요성에 따라 결정된다. (여기에는 불공정에 시달려 이미 생존 자체가 버거운 사람들에게 무엇을 요구할 수 있을지에 관한 난해한 문제가 있다.) 그러나 한계가 있다는 것을 알지만 우리는 그 한계가 어딘지 모른다. 그러므로 스스로 정의에 대한 책임을 충분히 다하고 있는지 자문할 때 그렇다고 대답할 수 있다면 그것은 순전한 우연의 일치다. 내가 스스로 기대할 수 있는 최대한으로 정확하게 과녁을 맞힐 확률이 얼마나 될까? 나는 0에 가깝다고 생각한다. 그러므로 나는 내가 기대에 못 미치고 있음을 사실상 확신한다. 아마도 그것은 분명한 사실일 것이다. 그러나 이런 논리는 거의 모든 사람에게 해당한다. 심지어 사회변혁에 헌신하며 훨씬 더 많은 일을 하는 사람들도 그렇다. 그들도 자기가 충분히 의무를 다했는지 확신하지 못한다. 심각하게 불공정한 환경에서 우리는 잘 살고 있는지 의심할 수밖에 없기 때문이다.

여기에는 우리에게 주는 가르침이자 우리를 안심하게 하는 요소가 있다. 상심했다고 해서 너무 낙담해서는 안 된다는 점이다. 우리의 죄의식은 잘못이 아니다. 더 중요한 것은 죄의식 때문에 자신의 노력이 너무 하찮다고 스스로를 비난하며 노력을 그만두어서는 안 된다는 사실이다. 우리가 하는 일이 사소할 수 있다. 그러나 단념한 채 노력을 게을리하는 식으로 대응하는 것은 비뚤어진 행위다. 정의를 위한 한 걸음에는 가치가 있고, 그 한 걸음은 또 다른 한 걸음으로 이어진다. 혼자서는 변화를 만들어 내기 어렵지만, 수백만 명의 행진은 결국 개개인이 모여 이루어지는 것이다. 게다가 집단행동은 지역 조합부터 시위, 정치 운동에 이르기까지 그 규모가 아주 다양하다.

인간 고통의 규모와 정도를 마주하면 어떤 사람들은 이렇게 좌절한다. "내가 뭘 하든 중요하지 않아. 수백만의 사람들은 여전히 고통 속에 살 테니까.” 하지만 이런 생각은 착각이다. 우리가 충분한 노력을 다하지 못하고 있을 수는 있지만, 우리가 한 생명을 구할 때 만들어 내는 변화는 두 명 중 한 명을 살리든 200만 명 중 한 명을 살리든 같다. 한 번의 시위가 세상을 바꾸지는 못하더라도 변혁의 가능성을 미약하게나마 조금씩 높일 수 있다. 그런 점진적 변화를 경시하는 것은 옳지 않다. 다른 사람들이 더 고통받는다는 사실을 알면서도 연민을 품으려 하지 않을 때 우리는 같은 실수를 저지르는 것이다. 시인 리처드 휴고는 “그것이 내가 배운 가장 중요한 교훈이고, 인간이 줄 수 있는 가장 중요한 가르침이다. 당신은 중요한 사람이고 당신 삶에 대한 권리가 있다.”라고 썼다. 우리는 고통에 대한 권리도 있다.

마지막으로 내가 아도르노에 공감하는 주제가 있는데, 바로 예술과 추상적 사고에 대한 그의 깊은 애정이다. 그가 프랑크푸르트에서 학생들을 도울 수 있었을 때 그랜드 호텔 어비스에 칩거하며 베토벤의 후기 4중주를 감상한 일은 옳지 않았다. 재즈를 잘못 이해하고 있었던 것도 틀림없다. 그러나 ‘개선의 압박’이라고 부를 수 있는 감각,

즉 위기가 닥쳤을 때 현실을 조금이라도 개선하기 위해 불의에 맞서 싸우는 것만이 가치 있는 행위라는 생각을 거부한 것은 그가 옳았다. 지구가 불타고 있는데 어떻게 음악을 듣거나 철학과 과학 같은 이론적인 문제를 고민할 수 있을까? 그러나 정치적 행동이 시급한 때에도 그것만 중요한 것은 아니다.

사실 그럴 리도 없다. 우리가 할 수 있는 최고의 일이 불공정과 인간 고통을 최소화하여 삶을 정말 괴롭지 않게 만드는 것이라면 삶을 사는 이유가 전혀 없을 것이다. 인간의 삶이 잘못된 게 아니라면, 어떤 문제를 해결하거나 없는 게 나았을 법한 욕구를 다루어서가 아니라 삶을 정말로 행복하게 만들기 때문에 중요한 것들이 틀림없이 있다. 나는 이를 "실존적 가치"라고 일컫는다. 예술, 순수과학, 이론철학에 이런 종류의 가치가 있다. 그러나 웃긴 이야기하기, 취미로 그림 그리기, 수영이나 요트 타기, 목공일이나 요리, 가족이나 친구들과 게임하기처럼 철학자 제나 히츠가 "사소하고 인간적인 것들"이라고 부른 평범한 활동들도 그렇다. 단순히 우리가 다시 일할 수 있도록 재충전하기 위해 그런 활동이 필요한 게 아니다.

그런 일들은 살아 있음의 핵심이다. 예술이나 과학, 철학 또는 사소하고 인간적인 것들이 없는 미래는 너무나 암울할 것이다. 우리가 발전시키지 않으면 그것들은 살아남지 못하므로 그 또한 우리의 책임이다.

두 명의 시몬, 베유와 보부아르가 마침내 소르본 대학교의 교정에서 만났을 때 베유는 보부아르에게 가난한 이들에게 음식을 줄 수 있는 혁명만이 중요하다고 말했다. 이에 보부아르는 삶의 의미에도 관심을 기울여야 한다고 대답했다. 그러자 베유는 퉁명스럽게 되받아쳤다. "당신이 굶주려 본 적이 없는 건 분명하군요." 논쟁에서 이긴 것은 베유였지만, 보부아르가 옳았다. 기후변화의 참상에 대해 떠올릴 때 나를 불안하게 만드는 것은 폭풍과 홍수, 가뭄과 기아로 수천만 명이 고통받을지 모른다는 사실도 있지만, 문화가 파괴될 가능성이 있다는 점도 있다. 역사는 수몰되고 전통은 아사하며 예술과 과학과 철학은 빈곤해지는 상상을 한다. 그런 세상은 인간이 안온함을 느낄 수 있는 세상이 아니다. 더 나은 미래로 가는 길이 보이지 않는다면, 지금의 삶에서 어떤 의미를 찾을 수 있을까?

불공정과의 싸움은
정의를 위한 한 걸음으로 시작된다.
무력감으로 어떤 행동도
취하지 않는 게 아니라 첫발을 떼는 것,
하나씩 실천해 나가는 것이다.

부조리는 세상이 부정적인 반응을 지시한다거나
진실이 끔찍하다는 사실이 아니라
“삶의 의미는 무엇인가?”라는
가장 심오한 질문에 답이 없다는 데 있다.

부조리

나는 일곱 살인가 여덟 살 무렵에 철학자가 되었다. 텅 빈 운동장에서 그 외로움에 관한 시를 끄적이고 난 후 얼마 되지 않아서였다. 나를 철학적으로 만든 건 외로움이 아니었다. 그것은 경이감과 내면 깊숙이 자리한 근심이었다. 쉬는 시간에 운동장에서 골이 진 나무 기둥을 가만히 바라보다가, 무언가 존재한다는 사실에 정신이 멍해졌다. 아무것도 존재하지 않는다는 생각은, 지금 생각해 보면 장 폴 사르트르의 "구토(외면할 수 없는 사물의 사실성, 그것의 순전한 우연성, 그것이 사고를 완전히 거부하는 데에 대한 두려움)"와 같은, 갑작스러운 불안을 불러왔다. 만약 모든 것이 존재하기를 멈춘다면 어떻게 될까? 그러지 말라는 법도 없지 않은가?

우연인지 아니면 운명인지 사르트르의 실존주의 소설인 『구토』의 주인공 역시 나무 기둥을 보고 불쾌감을 느낀다. 그는 "나는 며칠 전에야 비로소 '존재'의 의미를 처음 깨달았다."라고 고백한다.

> 존재는 모든 곳에 있다. 무한히, 과도하게, 언제나 어디에나 있다. 존재는 오직 존재에 의해서만

> 제한된다 …… 나는 언제든 나무 기둥들이 시든 나뭇가지처럼 쪼그라들고, 구깃구깃해지고, 땅에 쓰러져 켜켜이 쌓인 푹신하고 새까만 무더기가 될 거라고 생각했다. 그것들은 존재하기를 '원치 않았다.' 그들도 어쩔 수 없었을 뿐이다. 그래서 그들은 조용히 자기 할 일만 했다. 수액은 조직을 통해 천천히, 어느 정도는 마지못해 차올랐고, 뿌리는 서서히 땅속으로 가라앉았다.

실재는 놀랍고 곤혹스러울 만큼 이유가 없다.

경외와 근심, 불안과 두려움. 이런 감정이 바로 나를 철학으로 이끌어 나무 기둥이 아닌 존재의 총체성을 탐구하도록 만든 것들이다. 18세기 초 수학자이자 철학자이자 신학자인 고트프리트 빌헬름 라이프니츠는 "왜 세상은 무(無)가 아니라 유(有)인가?"라고 물었다. 이에 대한 가장 멋진 대답은 아마도 미국의 철학자 시드니 모겐베서의 말이 아닐까 싶다. "세상이 '무'이더라도 자네는 여전히 투덜거릴 걸세!" 이것은 정답을 낼 수 없는 질문이지만, 그렇다고 우리가 묻지 못하는 것은 아니다.

부조리라는 문제의 핵심은 설명이 아니라 의미에 있다. 그렇지만 부조리라는 문제는 우리가 우주와 그 안에서 인간이 차지하는 위치, 우주의 찰나에 지나지 않는 인류 역사를 고찰하는 것과 같은 관점에서 나온다. 삶의 부조리는 진부한 관념이 된 지 오래다. 우주에서 촬영한 지구는 어둠 속에서 빙글빙글 돌고 있는 푸른 구슬처럼 보인다. 렌즈를 당겨 태양계 전체를 찍는다고 상상하면 지구는 까마득히 멀어져 아주 자그마해진다. 수천억 개의 별이 모인 우리 은하는 대부분이 빈 공간이다. 우리 은하는 수백억 개가 넘는 은하 중 하나이며, 우주의 너비는 수백억 광년에 달한다. 이토록 광활하고 시공간을 가늠하기 힘든 우주에서 인간은 얼마나 작고 사소한 존재인가. 인간이 인간을 너무나 진지하게 생각하는 것은 얼마나 어처구니가 없는 일인가. 이따금 이런 세상의 부조리를 느껴 보지 않은 사람은 없을 것이다.

우리는 이런 감정을 다루고 해결해야 한다. 부조리의 감정은 본질적으로 마음을 어지럽히지만, 인간 삶에 내재한 여러 가지 고난의 이유와 의미에 관해 이야기한다. 부조리에 관한 고찰은 다시 사랑과 상실, 서사와 비이상성,

인정과 관심으로 논의의 초점을 되돌린다. 우리는 공허를 응시함으로써, 다시 말해 인류 절멸의 가능성을 고찰함으로써 부조리를 돌파하는 방법을 찾을 것이다. 우리는 세상의 불의와 싸우고, 부조리의 한가운데에서 삶의 의미를 밝혀낼 것이다. 삶에 의미가 있다고 말하는 것은 삶이 부조리하지 않다고 말하는 것이다. 우리는 우선 그 말의 의미가 무엇인지 물을 필요가 있다.

철학자들이 삶의 의미를 고찰한다는 것은 삶의 부조리라는 관념만큼이나 진부한 사실이다. 내가 철학을 가르치며 먹고산다는 사실을 낯선 이에게 인정해야 할 때 본원적인 질문을 받는 경우가 있다. "그래서 삶의 의미란 대체 무엇인가요?" 그러면 나는 늘 이렇게 답한다. "철학자들은 그 해답을 1950년대에 알아냈지만 우리는 그것을 비밀로 묻어 두어야 하지요. 그렇지 않으면 밥줄이 끊기거든요. 말해 드릴 수는 있는데, 그러면 당신의 목숨이 위험해집니다." 사실 학계에 있는 철학자들은 삶의 의미를 고찰하는 일이 거의 없고, 혹여나 그것을 고찰할 때에도 대개 난센스로 치부한다.

그것이 모호한 질문이라는 점에는 의심의 여지가 없다. 우리는 "삶의 의미란 무엇일까?"라고 물으면서도 자기가 무엇을 묻는지 모른다. 이 질문이 얼마나 등한시되는지는 선의에서 비롯된 대체 질문으로 숨길 수 있다. 그래서 철학자들은 인간이 '의미 있는 삶'을 사는 데에 무엇이 필요하냐고 묻는다. 이것은 이해하기 쉬우면서도 통찰을 주는 철학자 수전 울프의 저서 『LIFE 삶이란 무엇인가』의 주제이기도 하다. 울프의 의중은 이 질문의 초점을 전체적인 삶의 의미에서 개인의 삶으로 전환한 것과, 그녀가 제시하는 답변의 골자에 잘 나타난다. 울프에 따르면 의미 있는 삶을 사는 것은 중요한 활동에 대체로 행복하게 그리고 성공적으로 참여하는 것이다. 여기에는 다른 사람들과 관계 맺기와 사랑하는 이들을 돌보는 행위도 포함된다. 또 정의를 좇는 일, 예술이나 학문이나 철학, 생산적인 작업과 즐거운 여가 생활일 수도 있다.

이와 관련한 철학적 위험은 아무것도 중요하지 않다고 주장하는 허무주의에서 온다. 소설가 레프 톨스토이는 『고백론』에서 실존적 위기를 묘사하며 이 위험을 우아하게 표현했다. "나의 삶은 완전히 멈추어

셨습니다. 나는 숨 쉬고 먹고 마시고 잘 수 있었지만, 숨 쉬고 먹고 마시고 잘 수밖에 없었습니다. 그러나 내게 삶은 없었지요. 충족하는 게 합당하다고 생각될 만한 욕구가 없었으니까요." 허무주의는 철학적 회의주의의 한 형태로, 6장에서 언급한 타인이 중요하지 않다는 회의론자들과 같이 허무주의자들은 그들의 방식대로 논박될 수 없다. 무엇인가가 중요하다고 가정하지 않는다면 무엇이 중요하다는 사실을 증명할 수 없기 때문이다. 허무주의자들과 언쟁을 벌이려고 하면 교착상태에 빠지고 말 것이다. 앞서 이야기한 것처럼, 이는 허무주의자들이나 회의론자들이 옳다거나 우리가 그들이 틀렸음을 모른다는 뜻이 아니다. 무엇보다 이 세상을 가치로 빛나게 하는 건 논리적 주장이 아니라 관심이라는 뜻이다.

어쨌거나 여기서 주목해야 할 점은 삶의 의미라는 문제가 어떻게 의미 있는 삶을 사느냐라는 문제와는 다르다는 것이다. 울프와 그 지지자들에게 어떤 사람들의 삶은 무의미한 반면 어떤 사람들의 삶은 유의미하다. 울프가 주목하는 의미는 개인을 지배하는 관념이다. 제라드 윈스턴리는 의미 있는 삶을 살았다. 아이리스 머독과 빌 비크도 마찬가지다. 필경사 바틀비는 그렇지 않다. 그러나 전체적인 삶이 의미 있는지 물을 때 우리는 사람마다 서로 다른 것을 묻는 게 아니다. 부조리라는 문제의 해답은 모든 사람에게 같거나 아예 존재하지 않는다. 그렇다면 그 자체로서 인간 삶의 의미란 무엇일까?

철학자들이 터무니없다고 여기며 쉽게 무시하는 질문이 바로 이것이다. 논의의 진전을 방해하는 요소는 의미다. 삶의 의미에서 의미라는 단어는 대체 무엇을 뜻하는가? 우리가 말하는 의미는 보통 단어의 의미, 언어적 의미, 발화 또는 책 속의 글의 의미다. 그렇다면 우리가 삶의 의미를 물을 때, 삶에 이런 관점의 의미가 있는지 묻는 걸까? 인간의 삶이 어떤 우주의 언어에 있는 문장이기라도 한 걸까? 어쩌면 그럴 수도 있다. 수 세기 동안 종의 활동을 통해 의사소통해 온 외계의 존재가 혁명은 쉼표로 쓰고 진보나 퇴행의 시간으로 이야기를 지어 낼 수도 있다. 원숭이들이 타자기를 치다 나온 셰익스피어의 희곡처럼 그들도 인간 역사에서 우연히 쓰인 글 한 편을 찾아낼지 모른다. 또 그것이 경이로운 사실일지도 모른다. 그 글에 무엇이 쓰여 있을까. 그러나 그건 우리가 찾는 의미가 아니다. 어떤 외계의 존재가 쓴 원고에 우리도 모르는 새 남은 잉크가 되는 것은 인간의 부조리를 확인해 줄 뿐이다. 그것은 인간의 삶이 외계인에게 어떤 의미인지 말해 줄지는 몰라도, 인간에게 무엇을 의미하는지는 말해 주지 않는다.

그렇다면 의미라는 단어에 대한 집착을 버리는 건 어떨까? 삶에서 가장 중요한 것 또는 삶의 목표는 어떠한가? 인류가 거대한 시스템에서 어떤 역할이나 기능을 하는 것일 수도 있지 않을까? 이를테면 더글러스 애덤스의 『히치하이커』 시리즈에서 지구는 아이러니하게도 '삶, 우주 그리고 모든 것에 대한 궁극적 질문'을 찾기 위해 설계된 은하계 컴퓨터의 일부다. (알다시피 그 해답은 "42"다.) 그러나 인간이 거대한 우주 컴퓨터의 일개 부속품일 뿐이라면, 우리의 기능이 무엇인지 깨닫는다고 해서 삶의 의미를 이해할 수는 없다. 이러면 인간의 실존적 문제는 해결되지 못한 채 그대로 남게 된다. 철학자 토머스 네이글은 이 점을 다음과 같이 섬뜩하게 설명한다.

> 만약 우리가 인간 고기를 좋아하는, 우리가 너무 질겨지기 전에 우리를 커틀릿으로 만들려고 하는 다른 생명체에 음식을 제공하기 위해 사육되고 있음을 알게 되더라도, 심지어 정확히 이런 목적으로 인류를 동물 육종가들이 개발했음을 알게 되더라도, 그런 사실이 인간의 삶에 의미를 부여하는 것은 아니다.

누군가는 그 기능에 문제가 있다고 생각할지 모른다. 네이글은 "더 높은 존재를 향한 일반적인 형태의 의식은 이와 다르다는 것을 인정한다."라고 시인한다. "우리가 신의 영광을 이해하고 나누는 방식은, 이를테면 닭이 코코뱅(*와인을 넣어 만든 닭요리 — 역주)의 영광을 함께하지 않는 것과 같아야 한다." 맞는 말이다. 그래도 이건 우리가 삶의 의미를 이해하는 데에 도움이 되지 않는다. 여전히 핵심은 오직 기능만이 삶을 의미 있게 만드는 건 아니라는 점, 적어도 우리가 주목하는 측면에서는 그렇지 않다는 점이다. 이는 곧 삶의 의미에서 의미가 기능을 뜻하지 않는다는 말이다.

바로 여기가 철학자들이 백기를 드는 지점이다. 비트겐슈타인이 이야기한 "언어에 의한 인간 지성의 현혹"을 떠올려 보자. 어쩌면 우리가 지금껏 언어에 현혹되었던 것이어서, 삶의 의미에 대한 질문이 무의미함을 깨달으면 부조리의 문제는 사라질지 모른다. (아니면 상황이 더 악화할까? 자신이 던진 가장 심오한 질문이 아무런 의미가 없다는 사실을 알게 되는 것보다 더 부조리한 건 없을 테니까.) 그러나 이번에는 잘 모르겠다. 아무리 난해하다 한들 그 질문은 사라지지 않고 우리 마음속에서 나직하게 속삭인다. 삶의 의미는 무엇인가? 맨 처음으로 돌아가 보면 마침내 실마리를 찾을 수 있을지 모르겠다.

허세 부리기 좋아하나 소양이 부족한 평론가는 "태초부터 인간은 삶의 의미를 고찰해 왔다."라고 주장한다. 하지만 그것은 사실이 아니다. 삶의 의미에 대한 질문은 플라톤이나 아리스토텔레스, 세네카나 에픽테토스, 아우구스티누스나 아퀴나스, 데카르트, 흄이나 칸트의 이론에 등장하지 않는다. 그들이 묻는 건 좋은 삶을 사는 것의 의미이지 삶 그 자체의 의미가 아니다.

'삶의 의미'로 표현의 변화가 일어난 것은 1834년으로 거슬러 올라간다. 이 표현은 영국 작가 토머스 칼라일의 풍자 소설 『의상 철학』에 나오는 허구의 철학자 디오게네스 토이펠스드뢰크("신에서 나온 악마의 똥"이란 뜻)의 입을 통해 처음 등장한다. 토이펠스드뢰크에 따르면, 우리가 감각하는 세상은 신 또는 신령의 외투에 지나지 않는다. "그러므로 정확하게 이해된, 이 옷이라는 의미심장한 주제에, 인간이 사유하고 꿈꾸고 행하고 경험해 온 모든 것이 포함된다. 온 외부 우주와 그것이 품고 있는 것은 옷뿐이다. 모든 학문의 정수는 이 '의상 철학'에 있다." 깊은 절망을 준비하는 이 긴 농담을 어떻게 받아들여야 하는지는 알 수 없다. "영원한 부정"이라는 장에서 토이펠스드뢰크는 주변 세상에서 소외된 자신을 한탄한다. "내게 우주는 완전히 공허하여 생명도 목적도 의지도 적의마저도 없었다. 그것은 하나의 거대하고 죽어 있는 무한한 증기기관이어서, 완전한 무관심 속에서 달리고 또 달리며 나의 사지를 찢어 놓았다." 그는 바로 이런 감정에서 삶의 의미를 묻고 새로운 표현을 만들어 낸 것이다.

여기에 두 가지 열쇠가 있다. 첫째, 삶의 의미에 대한 질문은 19세기까지 거의 보이지 않았다는 점. 둘째, 이것이 우리가 공허함이나 괴로움을 느낄 때, 삶이 무의미하거나 부조리하다고 느낄 때 던지는 질문이라는 점이다. 우리는 고통스럽거나 슬픔에 잠겨 있는데도 위안을 얻지 못할 때, 외롭거나 억울할 때, 불행과 불의로 견디기 힘들 때 삶의 의미를 묻는다. 삶은 결함투성이인데, 그런 삶에 애초에 의미라는 게 있을까? 인간 존재의 불안으로 괴로워했던 쇠렌 키르케고르와 같은 실존주의 선구자들이 그랬던 것처럼, 이 질문은 우리가 삶에 아무런 의미가 없을지도 모른다는 두려움을 느낄 때 절박한 문제가 된다.

그렇다면 삶의 의미에서 의미는 무엇인가? 서사나 그림, 음악과 같은 예술 작품의 의미를 찾을 때, 우리는 그것의 언어적 의미(언어적 서사를 제외하면 그런 건 없을 것이다.)나 그것이 시스템 안에서 수행하는 기능 또는 목적에 주목하지 않는다. 우리가 찾는 것은 그것의 의의다. 우리는 그것이 무엇을 어떻게 하는지, 즉 광의의 측면에서 그것의 핵심이 무엇인지에 관한 자세한 설명을 찾는다. 그리고 그 설명을 통해 우리가 그것에 어떤 태도를 지녀야 하는지 알기를 바란다. 우리가 어떤 감정을 느끼고 어떤 생각을 해야 하는지 말해 줄 진실을 찾는 것이다. (답은 대개 복잡하고 다면적인 가치를 지닌다.) 여기서 해석은 관심과 설명과 정서를 결합한다. 삶의 의미도 마찬가지다. 문제는 세상 모든 것에 대해, 존재 전체와 그 속에서 차지하는 인간의 위치에 대해 어떤 생각을 지녀야 하는가다. 삶의 의미는 그 문제에 답을 주는 인간에 관한 진실이자 세상에 관한 진실이다. 그 진실은 우리가 무엇을 왜 느껴야 하는지 말해 준다. 우리가 삶이 고될 때 이 질문을 던지는 것도 그래서다. 우리는 상실과 실패, 불의와 인간 고통을 어떻게든 받아들일 수 있기를 바란다. 우리는 우리가 느끼는 절망의 날을 무디게 해 줄 진실을 바란다.

이런 해석은 삶의 의미라는 문제가 등장한 타이밍, 왜 이것이 역사의 그 시점에 느닷없이 나타났는가를 설명해 준다. 19세기 이전까지 대부분의 사람들은 답이 정해져 있는 종교적 세계관을 당연하게 받아들였다. "종교는, 어떤 종교이든 간에, 삶에 대한 인간의 총체적 반응이다." 심리학자 윌리엄 제임스는 1902년에 발표한 저서 『종교적 경험의 다양성』에서 이렇게 썼다. “(이 반응)을 이해하기 위해서는 보이는 것 외에 존재의 이면을 파고들어, 그것이 친밀하든 낯설든, 끔찍하든 유쾌하든, 사랑스럽든 혐오스럽든, 누구나 어느 정도는 간직하고 있는, 영원한 존재로서의 나머지 우주 전체에 대한 그 궁금증에 가 닿아야 한다.” 종교가 있는 사람은 총체적 반응이 긍정적이고, 긍정적이지 않더라도 수용적이거나 희망적이다. 종교는 나머지 우주 전체를 구원하는 관점을 제시한다. 삶의 의미를 공언하지는 않더라도, 종교는 삶의 의미(그것이 얼마나 이해하기 힘든지와는 상관없이)가 존재한다는 확신을 준다. 우리가 어떻게 느끼고 생각해야 하는지 알려 주는 진실은 하나 있는 셈이다.

알베르트 아인슈타인은 이보다 한발 더 나아가 “인간의 삶, 또는 모든 유기체의 삶의 의미는 무엇인가? ……”라는 질문에 대한 모든 답에는 “종교가 암시되어 있다.”라고 주장했다. 실존주의자들에게도 그렇듯이, 내게 문제는 종교적 세계관이 당연한 사실이 아닐 때, 삶의 의미를 어떻게 입증하느냐다. 신이 죽었다면 인간의 삶은 부조리한가?

우선 모든 종교가 유일신을 말하지는 않는다는 사실을 언급할 필요가 있다. 유대교, 기독교, 이슬람교와 같은 일신교 외에도, 힌두교와 같은 다신교와 불교와 같이 신이 존재하지 않는 종교도 있다. 이 종교들에 어떤 공통점이 있는지, 무엇이 '삶에 대한 총체적 반응'을 교리 및 교의, 의식 및 관례와 결합하여 종교로 만드는지 말하기는 쉽지 않다. 그러나 어느 종교에나 존재하는 요소가 한 가지 있는데, 바로 세속의 세계를 초월하는 무언가(신이 아니라면, 공(空) 이론이나 자아가 존재하지 않는다는 난해한 주장을 펴는 불교에서처럼 어떤 종류의 형이상학)에 대한 믿음이다.

내 생각에 종교는 본래 형이상학적이다. 종교는 우리의 총체적 반응, 다시 말해 삶과 세상을 비롯한 모든 것에 대해 우리가 어떤 생각을 가져야 하는지 알려 주는 전체적인 세계에 대한 설명을 제공한다. 여기에는 신과의 관계가 포함되어 있을 수도 있고 없을 수도 있지만, 초월성의 형이상학은 반드시 포함되어 있다. 불교를 예로 들어 보자. 불교의 명상이 스트레스 조절 방법으로서의 마음 챙김과 다른 점은 진리를 깨달음으로써, 특히 내가 존재하지 않는다는 진리를 깨달음으로써 고통을 끝내고자 하는 목적에 있다. 나 자신은 물론 내가 사랑하는 사람들도 한때 내가 알고 있었던 방식대로 실재하지 않는다면, 죽음이나 상실이 주는 충격은 그리 크지 않다. (이것이 불교 사상이다. 하지만 나는 이 진리를 깨닫는 것이 적어도 자신을 포함하여 자기가 아는 사람들이 모두 이미 죽었다는 이야기를 듣는 것만큼 왜 충격적이지 않은지 늘 이해가 되지 않는다.) 평정을 찾기 위한 명상이나 상담을 통해 삶의 시련을 받아들이는 법을 배우는 일은 그런 진리를 깨닫는 일이 아니므로, 종교와 관련이 있다거나 삶의 의미를 아는 것이라 할 수 없다.

대부분의 종교에서 삶의 의미는 인간에 대한 신의 섭리를 증명하는 신의론에 등장한다. 삶은 고되지만 결국은, 어쩌면 어떤 영생의 사후 세계에서 모든 게 다 잘된다는 이야기가 전해진다. 그런 이야기가 우리에게 펼쳐지지 않으면 우리는 그것이 우리가 이해하지 못하는 곳에 존재한다고 믿는다. 그래서 시인 알렉산더 포프는 1734년에 펴낸 『인간론』에서 첫 번째 서한시를 이렇게 맺는다.

모든 자연은 그대가 모르는 예술일 뿐,
모든 우연에는 그대가 보지 못하는 방향이 있고,
모든 불화에는 그대가 이해하지 못하는 조화가
있으며,
모든 불완전한 악에는 보편적인 선이 있다.
과오를 범한 이성의 악의에 오만이 있음에도,
한 가지 진리는 분명하니, "존재하는 것은 무엇이든,
옳다."라는 것이다.

포프의 압운과 반복되는 대조는 모든 문제에는 보이지 않는 장점이 있고 모든 불만에는 날카로운 응답이 있음을 우리에게 가르쳐 준다. 우리에게는 보이지 않는 신의 계획이 똑딱똑딱 시계처럼 정확하게 이루어진다는 신의론은 마지막 단언을 통해 강조된다.

근대 철학자들은 존재하는 모든 것은 옳다는 것을 증명하고자 하는 신의론의 목표를 전통적 종교의 교의에서 분리했다. 그래서 라이프니츠는 논리적 근거를 들어 이 세계가 모든 가능한 세계 중 최선의 것이라고 주장했다. 장 자크 루소는 인간 삶에 나타나는 병폐의 원인을 폭력으로 파괴된 사회에서 찾으면서 그것들을 우리 힘으로 고칠 수 있다고 주장했다. 그리고 게오르크 빌헬름 프리드리히 헤겔은 1837년에 발표한 글에서 "철학이 인도해야 할 통찰은 …… 현실 세계가 마땅히 그래야 하는 모습으로 존재한다는 사실"이라고 썼다.

신이 존재하지 않아도, 전통적 종교가 없어도 삶의 의미가 살아남을 수 있다면, 나 같은 무신론자들에게도 희망이 있다. 우리에게 필요한 건 이 세상과 그 속에서 인간이 차지하는 자리에 관한 진리다. 이런 진리는 나머지 우주 전체에 대해 우리가 어떤 생각을 지녀야 하는지 가르쳐 주는, 이상적으로는 고통과 불의를 받아들일 수 있도록 도와주는 것이어야 한다. 맞는 말이다. 그 진리가 무엇인지 모른다는 점만 제외하면. 윌리엄 제임스에 따르면, 뉴잉글랜드 초월주의자 마거릿 풀러는 삶의 의미라는 말을 만들어 낸 토머스 칼라일에게 "나는 이 우주를 받아들인다."라고 말했다. 칼라일은 시큰둥했다. 그럼 달리 뭘 어쩌겠는가? 더 일반적인 반응은 회의적인 태도다. 내가 이 책을 시작하면서 그랬던 것처럼, 신의론을 제쳐 두고 나면, 어떤 진리가 우리가 겪지 않아도 되는 고통을 보상해 주고 세상에 가득 찬 불의를 해결할 수 있을까? 우리는 어떻게 이 세상을 받아들일 수 있을까?

더욱이 우리는 왜 우리가 마땅히 느껴야 하는 방식이 있고, 현실이 삶에 대한 우리의 총체적인 반응을 규정한다고 믿어야 할까? 이 점에 대해서도 제임스가 다시 한번 합당한 대변인이 되어 준다.

> 사실이 정반대되는 감정의 말들과 양립할 수 있다는 것은 잘 알려진 이야기다. 같은 사실이라도 사람에 따라 완전히 다른 감정을 자극하고, 같은 사람에게서도 그때그때 완전히 다른 감정을 일으키기 때문이다. 게다가 외면적인 사실과 그것이 유발할 수 있는 감정 사이에는 합리적으로 추론할 수 있는 관계성이 없다.

서로 다른 기질을 가진 사람들이 불행이나 악에 다르게 반응하는 건 새로울 게 없는 사실이다. 소크라테스 이전의 그리스 철학자 데모크리토스는 현실이 너무 어처구니가 없어 웃을 수밖에 없다고 생각했고, 그보다 먼저 살았던

헤라클레이토스는 한탄했다. 이것이 기원전 5세기의 일이다.

불명확성의 위협에 대해 가장 호감 가는 반응을 보인 것은 아마도 프랭크 램지일 것이다. 램지는 수학, 경제학, 철학 분야에서 비범한 업적을 남기고 1930년 26세에 간염으로 죽은 천재다. 스물두 번째 생일 직후 그는 이 세상의 의미에 관하여 이야기해 달라는 요청을 받았다. 그는 "내가 몇몇 내 친구와 다른 점은 물리적 크기를 그다지 중요하게 여기지 않는다는 점이다."라고 말하고는 이렇게 이야기를 이어 갔다.

> 나는 창공의 광활함 앞에 조금도 겸손해지지 않는다. 별들은 크기는 크지만, 사유하거나 사랑할 수 없다. 사유나 사랑과 같은 자질들이 나에게 크기보다 더 깊은 인상을 준다. 내가 108kg킬로그램이 나가는 것은 나의 공이 아니며 …… 내가 보는 (인간은) 흥미롭고 대체로 존경할 만하다. 나는, 적어도 지금은, 이 세상이 유쾌하고 즐거운 곳이라고 생각한다. 당신은 암울하다고 생각할지도 모르겠다. 딱한 사람. 나를

경멸해도 좋다. 그러나 나는 근거가 있고, 당신은 없다. 당신의 감정이 사실에 부합하고 나의 감정이 그렇지 않을 때만이 당신은 나를 경멸할 이유가 있다. 그러나 당신의 감정과 나의 감정 모두 사실에 부합할 수 없다. 사실 그 자체는 좋지도 나쁘지도 않다. 세상이 나를 설레게 하지만, 당신은 슬프게 만든다는 것뿐이다. 한편 내가 당신을 딱하게 여기는 데는 이유가 있는데, 슬픈 것보다 설레는 편이 더 유쾌한 데다, 더 유쾌하기만 한 게 아니라 모든 활동에 더 도움이 되기 때문이다.

램지는 현실적인 이유에서 긍정적인 태도를 견지하는 것, 언제나 삶의 밝은 면을 보는 것이 인간이 할 수 있는 최선이라고 생각했다. 그러나 환멸의 눈으로 세상을 바라보는 편이 덜 유쾌하긴 하지만 더 정확한 것일 수 있다. 이것이 바로 삶의 부조리다.

비록 어조는 다르지만 『시지프 신화』를 만들어 낸 것도 이런 부조리다. 프랑스 철학자 알베르 카뮈는 이 책에서 “인간은 불합리함과 마주 서 있다. 인간은 내면 깊은 곳에서 행복과 이유를 갈망한다. 부조리는 인간의 욕구와 세상의 불합리한 침묵 사이의 대립에서 생겨난다."라고 썼다. 부조리는 세상이 부정적인 반응을 지시한다거나 진실이 끔찍하다는 사실이 아니라 "삶의 의미는 무엇인가?"라는 가장 심오한 질문에 답이 없다는 데 있다. 인간이 세상에 대해 어떻게 느끼고 생각해야 하는지는 정해진 것이 없다. 한마디로 우리의 총체적 반응은 임의적이다. 우리가 물으면 세상은 어깨를 으쓱한다. 이제 더 할 이야기가 없는 걸까?

부조리의 정신에 입각하여 이제부터 나는 삶의 의미가 무엇이냐는 질문에 암울할 수 있는 답은 고려하여 답할 수 있다는 주장을 펼 것이다.

알폰소 쿠아론 감독이 영화로 각색하기도 한 P. D. 제임스의 소설 『사람의 아이들』에서 인류는 불임이 된다. 18년 동안 단 한 명의 아이도 잉태되지 않은 것이다. 미래가 없는 사회는 공포에 휩싸여 붕괴해 간다. 그러나 제임스는 마지막 세대의 현실적인 문제(누가 노인들을 돌볼 것인가? 미래에 투자하지 못하거나 미래를 담보로 돈을 빌릴 수 없을 때 세계경제는 어떻게 될 것인가? 등등)보다는 그들의 정신적인 삶에 더 주목한다. 인류가 더 이상 존속할 수 없음을 알았다면 여러분은 어떤 기분이 들겠는가? 소설의 세계 안에서 주인공 테오 페이런은 "살아 있는 사람들은 보편적이라 할 만한 부정주의, 프랑스어로 'ennui universel(보편적 권태)'라고 부르는 것을 이기지 못하고 무너졌다."라고 쓴다.

> 그것은 잠행성 질병처럼 우리에게 들이닥쳤다. 정말이지 무기력, 우울, 원인을 알 수 없는 불안을 비롯하여 경미한 감염에 시달리거나 아무것도 할 수 없게 만드는 만성 두통처럼 머지않아 익숙해지는 증상을 동반하는 질병이었다. 많은 사람과 마찬가지로 나는 그것에 맞서 싸웠다 …… 나는 나에게 위안을 주는 책, 음악, 음식, 와인, 자연으로 이것과 싸웠다 …… (그러나) 각자의 자손까지는 아니라 하더라도 인류를 이을 후대의 희망이 없고, 우리가 죽어도 인류가 살아남을 거라고 장담할 수 없기에, 마음과 감각이 느끼는 모든 즐거움이 때때로

그저 인간의 폐허를 떠받치고 있는, 금방이라도
허물어질 것 같은 애처로운 방벽처럼 느껴진다.

제임스보다 앞서 유사한 이야기를 한 사람이 있으니, 바로 1982년에 출간되어 후대에 큰 영향을 미친 추론적인 논픽션 『지구의 운명』을 쓴 반전 운동가이자 작가인 조너선 셸이다. 셸의 궁극적인 주제는 핵으로 인한 대재앙이지만, 그는 그 대재앙의 요소, 즉 수십억 명의 고통스럽고 때 이른 죽음과 '인간의 모든 미래 세대의 말살'을 분석한다. 제임스와 마찬가지로 셸도 보통 사람들의 불임을 통해 전자가 아닌 후자를 상상한다. 그리고 제임스와 마찬가지로 암울한 반응을 예상한다. 그는 멸종을 직면한 이들에게 "결혼, 정치, 예술, 학습 그리고 전쟁과 같은 공동의 세계에서 이루어지던 모든 활동의 무익함이 냉혹하리만큼 분명해질 것이다."라고 쓴다.

셸의 저서가 발표되고 30년, 제임스의 소설이 나오고 20년 후, 미국의 철학자 새뮤얼 셰플러는 인류 불임 시나리오를 철학 연구에 이용했다. 제임스와 셸과 마찬가지로 셰플러는 "그런 세상은 만연한 무관심, 사회적 무질서, 절망, 사회제도 및 사회적 연대의 약화, 물리적 환경의 황폐화, 많은 활동의 가치와 의미에 대한 신념의 전반적인 상실을 특징으로 하는 세상이 될 가능성이 충분하다."라고 주장했다. 우리가 거의 인식하지 못하고 탐구하지 않는 방식으로, 우리가 하루하루 행하는 일의 의미는 인류가 우리 사후에도 적어도 몇 세대 동안은 존속할 것이라는 암묵적 믿음에 의존한다. 셰플러가 말하는 것처럼 그것은 "집단적 후생(後生)"에 대한 우리의 믿음에 달려 있다.

인류가 불임이 된 세상에 살고 있다고 상상해 보자. 우리는 어떤 반응을 보일까? 공포에 질릴까? 슬픔에 잠길까? 아니면 불안에 떨까? 부산스러운 일상생활이 더 이상 의미 없게 느껴질까? 우리의 활동이 미래에 저당 잡혀 있다는 사실은, 그 결과가 먼 미래에 발생할 때(수십 년 동안 찾지 못할 수도 있는 암 치료법에 조금씩 이바지할 때처럼) 명백하게 드러나지만, 그 현상은 더 광범위하게 나타난다고 할 수 있다. 50년 후 관객이나 독자가 모두 사라진다면 예술과 학문의 의미는 적어도 일부 상실된다.

운명이 결정된 전통에 굳이 왜 이바지하겠는가? 인류가 불임이라면 인류의 공동 유산을 계승할 아이들이 존재하지 않을 것이다. 독서나 음악 감상, 먹고 마시는 일이 주는 일시적인 즐거움도 시들어 갈 것이다. 테오 페이런이 "이제 즐거움은 거의 찾아오지 않지만, 어쩌다 찾아와도 고통과 분간되지 않는다."라고 말한 것처럼.

인류 멸종을 앞두고 우리는 페이런처럼 체념해야 할까? 아니면 차분히 대응해야 할까? 그것도 아니라면 이 모든 건 누군가에게는 우울한 이야기고 누군가에게는 위안이 되는, 사람의 기질에 따라 달라지는 문제일까? 『사람의 아이들』에서 나머지 우주 전체에 대해 '마땅히' 가져야 할 마음이라는 게 있을까?

나는 있다고 믿는다. 여기서 우리가 느끼는 감정은 상실의 슬픔이나 사랑의 감정이 그렇듯 전적으로 주관적이지 않다. 따라서 페이런과 같은 허무주의적 반응에 저항해야 할 타당한 이유가 있다. 우선 먹고 마시는 것은 물론 책을 읽거나 음악을 듣는 일의 가치(참여의 순간에 존재하는 가치)가 왜 앞으로 일어날 일에 달려 있어야 하는지 불분명하다. 그런 일은 100년 안에 암을 치료하는 일과 다르다. 세상이 끝나는 순간에도 우리는 예술이 주는 위안과 육체적 쾌락을 고수할 수 있다.

게다가 시간의 문제도 있다. 인류의 시간이 얼마 남지 않았다는 사실을 알고 있는, 인간 멸종이 목전에 다다른 긴박한 때에 왜 우리가 하는 일의 가치가 사라져야 하는가? 셰플러는 우디 앨런의 영화 「애니 홀」에서 언젠가 우주가 멸망할 거라면 숙제를 할 이유가 없다고 말하는 아홉 살 주인공의 이름을 따 이것을 “앨비 싱어 문제”라고 부른다. 앨비의 태도는 터무니없어 보이지만, 그의 주장에는 나름의 논리가 있다. 우리가 하는 일의 가치가 후대의 번영에 근거를 둔다면, 최후의 세대(그때가 언제든)가 하는 일은 가치 없는 것이 된다. 그들은 번영하지 못한다. 그러나 그렇게 되면 마지막에서 두 번째 세대도, 같은 원리에 의해 그 전 세대도 마찬가지란 이야기다. 번영의 도미노는 인류 멸종부터 현재에 이르기까지 거꾸로 차례차례 쓰러져 무가치한 파편만 남긴다.

인간이 하는 일은 아무것도 중요하지 않다고 믿을 요량이 아니라면 이 최후 세대 이야기는 믿을 수 없다.

우리가 적어도 허무주의자들의 마음에 들지 않을 만큼 세상에 가치가 있음을 증명할 수는 없지만, 그렇다고 그것이 사실이 아니라는 뜻은 아니다. 페이런은 너무 우울한 나머지 오페라 음악도 듣기 싫고, P. G. 우드하우스의 소설도 읽기 싫고, 친한 친구들과 보드게임도 하기 싫었을지 모른다. 그러나 그런 활동들은 여전히 할 만한 가치가 있다. 그것들의 가치는 온전히 후대에 근거하지 않는다. (왜 그래야 하는가?) 이는 가장 첫 번째 도미노가 쓰러질 필요가 없다는 말이 된다. 최후의 세대도 그들의 삶 속에서 가치를 발견할 수 있다는 뜻이다.

따라서 우리는 멸종의 충격을 과장해서는 안 된다. 하지만 그것을 축하해서도 안 된다. 1990년대 이래 소수의 극단적 환경보호론자들은 자발적인 인류 멸종을 옹호해 왔다. 지구를 위해 재생산을 멈추자는 것이다. 그러나 그들도 인간 멸종을 상실이자 고귀한 희생이라고 보고, 인간이 이 세상에서 자연과 조화를 이루어 생존할 수 있기를 더 바란다. 그저 그렇게 될 가능성이 없다고 생각할 뿐이다.

이 모든 것은 부조리의 진부함에 맞서는 데에 도움이

된다. 무척이나 반가운 소식이 있다. 인간 역사의 종말을 어떤 특정한 방식으로 대응하는 데는 이유가 있으므로, 우리의 총체적 반응은 임의적일 필요가 없다. 어떤 태도가 다른 태도보다 더 합리적이기 때문이다. 목전에 닥친 멸종을 환영해서는 안 되지만, 그것이 우리를 허무주의로 이끌게 두어서도 안 된다. 현실은 우리가 전체로서의 존재에 대해 어떤 생각을 가져야 하는지 규정할 수 있다. 다시 말해 삶에 의미가 있을 수 있다는 뜻이다. 잠재적 의미치고 멸종을 통해 도출되는 삶의 의미는 두려움과 불안만 자아내고 너무 부정적이어서 별로 중요하지 않다. 그러나 일단 우리의 반응을 불임 시나리오에 대입해 보면, 가정에 근거한 상황을 다양하게 생각해 보면서 우리의 총체적 반응을 시험하고, 사실들을 통해 우리가 무엇을 느껴야 하는지 물을 수 있다. 이는 테오 페이런에 대한 나의 반박 같은 주장을 한다는 의미일 수도 있지만, 대개는 설명이며, 우리의 도덕적 삶을 지시하는 타인에 대한 설명과 다르지 않다.

그렇다면 인류의 종말이 임박했다는 사실에 슬퍼하는 이유는 무엇일까? 한 가지 이유는 우리가 인간의 역사와 그 주체인 인류를 가치 있게 여기고, 가치 있게 여기는 것들이 계속해서 존속해 가기를 바라기 때문이다. 과학자들이 이야기하는 "생태 슬픔"은 기후 위기의 최전선에 있는 사람들이 생태계가 파괴되고 멸종 위기에 처한 종들이 사라져 가는 것을 지켜보는 현실과 관련이 있다. 그것들은 다시 돌아오지 않는다. 죽음으로 인한 상실의 슬픔처럼 생태 슬픔 역시 잃어버린 것의 대체 불가능성을 슬퍼한다. 이것은 기본적인 사랑의 표현이다. 모든 나약함과 결함에도 불구하고, 인간 역시 사랑스러운 존재다. 인류가 멸종할 것이라는 생각에 슬퍼하는 일은 생태 슬픔의 반성적 형태다. 우리가 인류를 사랑한다면 인류가 계속해서 살아남기를 바랄 것이다.

그러나 단순히 살아남는 것으로는 부족하다. 우리 감정은 보전보다는 변화에 집중해야 한다. 우리에게는 끝내지 못한 책무가 있기 때문이다. 5장에서 논의한 불공정을 생각해 보자. 여기에 인간의 무지도 있다. 우리는 여전히 세상에 대해 알지 못하는 것이 많고, 순수 과학과 철학 분야에서 아직 풀지 못한 문제도 산적해 있다. 또 아직 개발되지 못한 인간의 창의성과 자연 세계에 대한 사랑을 포함하여 다 펼치지 못한 사랑의 능력도 있다. 인류의 삶이 이렇게 끝나 버리는 것은 비유적 의미 이상의 측면에서 시기상조다.

인류가 여러 세대를 거치며 불공정을 개선하고 약자를 보호하며 인간에게 기본적으로 필요한 것을 충족하기 위해 노력했다면 상황은 달랐을 것이다. 우리가 지금은 상상조차 할 수 없는 사회를 이루었다고 상상해 보자. 인간의 나약함이 지닌 한계 안에서 가장 정의에 근접한 사회, 유토피아는 아니지만 인간이 이룰 수 있는 최선의 사회 말이다. 『사람의 아이들』에서처럼 생식 불능이 여전히 우리를 괴롭히더라도 우리는 창의력, 연대, 연민의 마음으로 헤쳐 나갈 것이다. 서로를 돌보고, 예술과 우정을 나누며, 어둠 속에서도 함께 휘파람을 불며 위안을 얻는 방법을 찾을 것이다. 우리는 기품 있게 최후를 맞이할 것이다.

이 서사가 마음에 든다는 말은 아니지만, 나는 이 정도면 우리가 받아들일 만하다고 생각한다. 인류가 이런 식으로 멸종에 이른다면, 나는 괜찮을 것 같다. 어찌 됐든 앨비 싱어가 말한 것처럼 인간은 언젠가 절멸하게 되어 있다. 변화는 외부 상황이 아니라 우리 안에 있다. 인류가 처한 역경을 우리가 공동체로서 어떻게 대응할지에 달린 것이다. 끔찍한 결말은 간헐적인 진보와 함께 편견, 노예제, 여성 혐오, 식민주의적 폭력, 전쟁, 압제, 불평등으로 점철된 인간 역사가 인간의 잠재력이 온전히 실현되기에는 너무나 요원한 채 막을 내리는 것이다. 나는 미래가 과거를 구원해 줄 수 있다거나 우리가 더 정의로운 사회를 만들면 우리가 저지른 불의가 어떤 식으로든 상쇄될 거라고 말하는 게 아니다. 과거는 지워지지 않는다. 그러나 바로 그런 이유로, 우리가 간절히 바랄 수 있는 일은 더 나은 미래를 만드는 것뿐이다.

그러므로 정의는 정의 그 자체뿐 아니라 부조리의 해결책으로서도 중요하다. 관계와 취미, 일과 놀이같이 의미 있는 삶에 기여하는 다른 것들도 중요하다. 그러나 인간 존재 안의 좋은 것들이 끊임없이 불공평하게 분배된다면 전체로서의 인간 존재는 의미가 없을 것이다. 불의를 극복하는 것은 우리가 어떤 생각을 가져야 하는지 가르쳐 주는 진실을 벼려서 삶에 의미를 부여하는 것이다.

따라서 실존주의자들은 틀렸다. 이유가 세상에 대한

총체적 반응을 규정할 수 있고, 그 반응이 (꼭 긍정은 아니더라도) 이 세상과 그 안에서 인간의 삶이 차지하는 위치를 받아들이는 것일 수 있다. 이는 초월적이거나 신성한 존재에 기초할 필요도 없고, 자아의 부재나 영혼의 불멸에 바탕을 둘 필요도 없다. 그것이 요구하는 후생은 공동체적 후생이다. 삶의 의미, 즉 나머지 우주 전체에 대해 우리가 어떤 마음을 지녀야 하는지 알려 주는 진실은 이 세상의 정의를 향해 갈팡질팡하면서도 끊임없이 나아가는 인간의 진보에 있다.

이런 통찰은 의외로 종교와 크게 다르지 않다. 흔히들 종교적 신념은 죽음에 대한 두려움으로 생겨났고 언젠가는 죽을 운명인 인간을 위로하기 위한 것이라고 말한다. 그러나 그런 관점은 지나치게 단순하다. 선구적인 신학자 존 보커의 주장에 따르면, (죄 없는 사람이 고통 받고 죄지은 사람은 벌을 면하는) 이 세상에 만연한 불의 때문에 인간은 형이상학적 해결책을 절실히 필요로 한다. 종교가 내세에서의 정의를 지향하거나 우리가 아는 세상을 환상에 불과하다고 일축해 버리는 것도 이 때문이다. 그렇지 않으면 진실을 참을 수 없을 테니 말이다. 영원히 죽지 않는 것의 핵심은 단순히 죽음을 모면하는 데 있는 게 아니라, 인간의 죽을 운명 때문에 좌절되는 정의 실현의 가능성을 여는 것이다. 덕이 있는 사람들은 반드시 보상을 받고 악한 자들은 벌을 받아야 한다. 이 세상에서 이루어지지 않는다면 다른 세상에서라도 반드시 이루어져야 한다. 정의가 최우선이란 뜻이다. 삶의 의미에 관한 나의 해석도 그렇다.

나는 현세를 보상해 주는 내세를 믿지 않는다. 찾아내야 할 의미가 있다면 역사의 형태 안에서, 정의를 향해 기울어진 또는 기울어지지 않은 도덕 세계의 서사적 전개 안에서 찾아야 한다. 인간 역사와 그것이 미래와 맺는 관계를 이렇게 이해하는 방식은 계몽 운동 직후, 삶의 의미라는 개념이 착상된 그 무렵에 시작되었다. 헤겔은 역사란 자각과 인간 자유를 위해 애쓰는 영혼의 지적 과정이라고 보았고, 마르크스는 (일반적으로 해석하면) 원시 공산주의가 농경 사회, 봉건제, 자본주의를 거쳐 결국 "능력에 따른 노동, 필요에 따른 분배"의 기치를 지닌 더 높은 수준의 공산주의로 대체되는 불변의 경제체제 이행 순서라고 보았다. 문제는 헤겔과 마르크스가 종말

신학자들처럼 인간 역사의 방향이 이미 정해져 있다고 본 것이다. 인간의 진보 끝에 필연적으로 도달하게 될 최종 상태가 있다는 말이다. 나는 이것이 사실이라고 보지 않는다. 도덕 세계의 서사적 전개는 우리가 무엇을 하느냐에 달려 있고, 우리가 무엇을 하느냐는 우리에게 달려 있다.

나는 천성적으로 낙천적이지 않다. 인류가 향해 가는 미래를 생각할 때마다 나는 두려움에 사로잡힌다. 대개는 기후변화 때문이다. 그것은 대대적으로 부당한 피해를 초래하고 있고 앞으로 점점 더 많이 초래할 것이다. 그뿐만 아니라 사회·경제적 불평등, 폭력과 배척, 민주주의 쇠퇴 등 모든 측면의 불공정을 개선하는 일은 이 난관을 극복하는 데에 달려 있다. 기후변화가 식량 및 물 부족의 만연, 대규모 이주, 분쟁, 전쟁으로 이어진다면 우리는 평등과 인권을 잊어버릴 수도 있다.

기후변화가 삶의 의미를 위협한다는 것은 단순한 레토릭이 아니라 엄연한 사실이다. 인간의 삶은 의미를 지닐 수 있다. 그리고 그 의미는 과거의 만행을 최대한 바로잡는 정의를 향해, 예측할 수 없지만 느릿느릿 힘겹게 나아가는 것일지 모른다. 인간 역사가 그런 형태라면, 우리는 그것을 받아들이고 우리의 역할을 다 해야 한다. 이 광활하고 무심한 우주의 한 작은 귀퉁이에 인간은 나름의 보금자리를 마련한 것일지 모른다. 그러나 만약 기후변화가 사회적 붕괴로 이어진다면, 그 의미는 부조리가 아니라 수치심 속에서 사라져 버릴 것이다.

프랑크푸르트학파 철학자 발터 벤야민(아도르노의 친구이자 동료)은 「역사의 개념에 대하여」라는 논고에서 진보적 관점에서 과거를 묘사하기를 거부했다. 그는 과거가 "역사의 천사" 앞에 "끊임없이 폐허 위에 폐허를 쌓아 가고 그의 발 앞에 내동댕이쳐지는 단 하나의 파국"으로 나타나고, "천사는 그 자리에 머물며 죽은 자들을 깨우고 산산이 부서진 것들을 복원하고 싶어 한다."라고 썼다. 그러나 벤야민의 예언적 표상에서 "폭풍이 불어와 천사를 미래로 날려 보내"는 바람에 천사는 멈춰 서 피해를 수습하지 못한다. "이 폭풍이 바로 우리가 진보라고 부르는 것이다." 폭풍을 멈추고 현재를 지배하여 과거에 의미를 부여하는 일은 우리 몫이다. 역사에 관한 소논문을 집필하며 남긴 노트에서 벤야민은 증기기관차라는 또 다른 적절한 비유를 들어 다음과 같이 설명한다. "마르크스는 혁명이 세계 역사의 기관차라고 말한다. 그러나 그것은 전혀 그렇지 않다. 혁명은 기차에 탄 승객들(인류)이 비상 브레이크를 작동시키려는 시도와 같다."

이제 우리의 과업은 기후변화에 비상 브레이크를 거는 것이다. 또 기후변화와 복잡하게 얽혀 있는, 국내는 물론 전 세계에서 나타나는 성과 인종에 따른 불공정에도 브레이크를 걸어야 한다. 우리의 노력이 우리가 어떤 생각을 지녀야 하는지 아는 것을 결정지을 것이다. 우리는 인류에게 닥친 이 문제에 잘 대처할 수도 대처하지 못할 수도 있다. 상황이 그리 좋아 보이지는 않지만, 부조리라는 진공 상태를 직면했던 과거가 어땠는지를 기억하자. 삶의 의미라는 문제는 명쾌하고 그 대답은 우리에게 달려 있다.

오늘날 미래는 불확실하다. 역사라는 서사가 어떤 방향으로 흐를지 알 수 없고 짐작하기도 어렵다. 그러므로 우리는 인간의 삶이 지니는 의미(의미하는 게 있다면)가 무엇인지 말할 수 없다. 남아 있는 문제는 많은 것이 안갯속일 때 우리가 어떤 생각을 가져야 하느냐다. 삶의 의미가 불확실하고 위험에 처해 있을 때 과연 어떤 총체적 반응이 타당할까? 희망으로 활기에 넘쳐야 할까 아니면 절망으로 침울해야 할까?

인간은 불합리함과 마주 서 있다.
인간은 내면 깊은 곳에서 행복과 이유를 갈망한다.
부조리는 인간의 욕구와 세상의 불합리한
침묵 사이의 대립에서 생겨난다.

—카뮈

많은 사람에게 희망은 부질없는 바람과 잘 구분되지 않는다.
게다가 더 많이 희망할수록 절망의 위험도 커진다.
그런데도 우리는 희망에 매달린다.

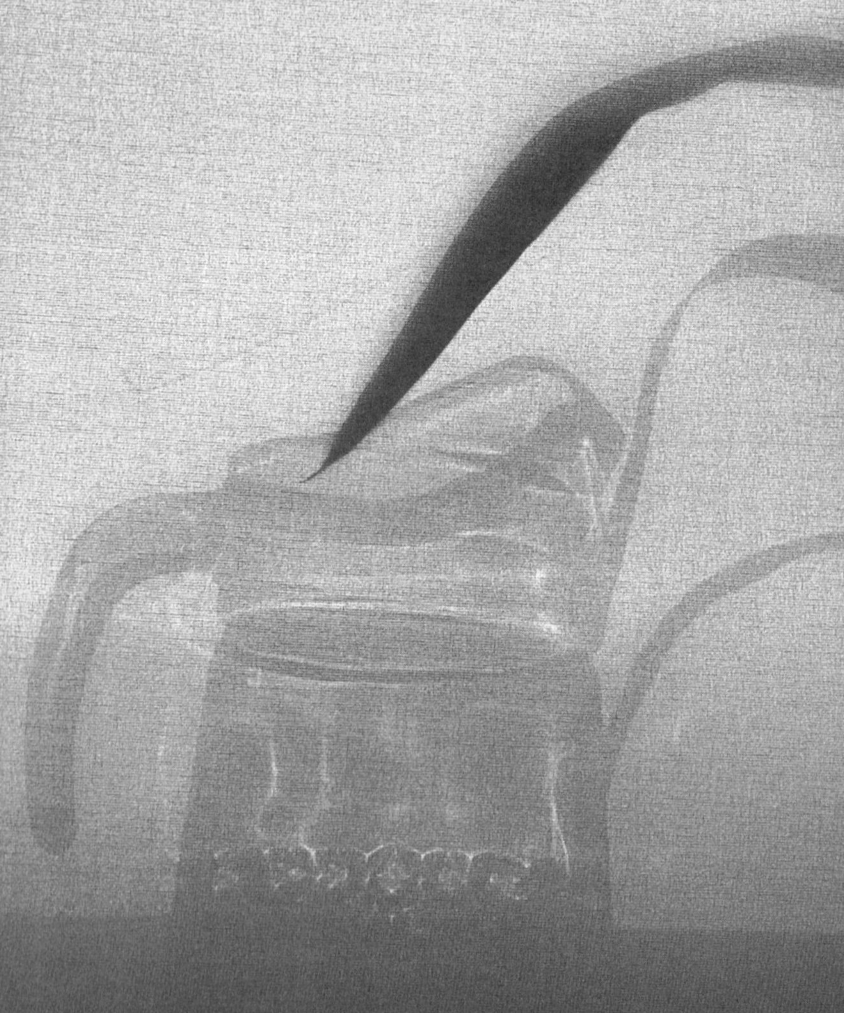

희망

고대 그리스에서 플라톤의 적수였던 견유학파 디오게네스는 내가 동경하는 철학자 중 하나다. 디오게네스는 재미있는 사람이었다. 플라톤이 인간을 깃털 없는 두 발 동물이라고 했다는 이야기를 듣고는 아카데미아 앞에서 털 뽑은 닭 한 마리를 가져와 흔들며 "여기 플라톤이 말한 인간이 있소!"라고 소리쳤다고 한다. 디오게네스에게 철학은 일종의 행위 예술이어서 단지 논하는 게 아니라 살아내는 것이었다. 그는 절개가 굳은 사람이었다. 플라톤의 대화를 시간 낭비라고 무시한 그는 아테네 거리 위에서 항아리 안에서 살면서 이론보다는 실천을, 부유함보다는 덕을 중시하는 자신의 신념을 몸소 보여 주었다. 진정한 인간을 찾겠다며 대낮에 등불을 들고 나선 일도 있었다.(물론 성공하지 못했다.) 디오게네스는 감동을 주는 철학자였다. 그는 정치 혁명가이자, 당시로는 상상조차 하지 못했던 평등을 꿈꾼 세계 시민이었다. "누가 삶에서 가장 소중한 것이 무엇인지 묻자 (디오게네스는) '희망'이라고 답했다."

희망이 사람들에게 힘을 북돋워 주고 숭고하며 대담하기까지 하다는 생각은 이미 통념이 되었다. 그러나 희망이 언제나 그런 건 아니었다. 왜 희망이 이 책의 한 장을 차지해야 하는지, 왜 인간의 고난을 열거한 목록에 포함되어 있는지 설명하려면 판도라의 상자(사실 본래 이것도 항아리다.)와 플라톤보다 400년 앞서 살았던 그리스 시인 헤시오도스의 이야기를 꺼내야 한다.

기원전 8세기 호메로스와 동시대를 산 헤시오도스는 프로메테우스가 신들에게서 불을 훔치고 그로 인해 제우스가 인간에게 복수하는 이야기를 전한다. 제우스는 헤파이스토스에게 아름다운 여성을 빚어 만들 것을 명령한다. 아테나에게 생명을 받은 이 여성은 헤르메스에 의해 지구로 보내진다. 판도라라는 이름의 이 여성은 선물이 든 항아리를 가지고 있었는데, 이 항아리에는 질병, 슬픔 등 온갖 불행이 들어 있었다. 판도라가 이 항아리를 열면서 이 불행들이 뛰쳐나와 인간 세계에 퍼져 나갔고, 깜짝 놀란 그녀가 뚜껑을 닫는 바람에 희망만이 항아리에 남게 되었다. 어떤 사람들은 이것을 신의 위로라고 묘사하지만, 그것은 희망 사항에 불과하다. 판도라가 가져온 항아리에는 재앙들이 가득 담겨 있었고 희망도 그중 하나였을 뿐이다. 헤시오도스의 설명처럼

"빈둥거리며 / 공허한 희망을 기다리는 바보는 / 먹고살 방법이 없어 푸념을 한다. / 하지만 부양자로서, 희망은 그다지 좋은 게 아니다." 우리는 어떤 일을 실현하기 위해 고되고 확신 없는 노력을 들이는 대신, 모든 일이 결국 잘 풀리기를 바라며 행운을 기원한다. 헤시오도스에게 희망은 마약과 같은 것이다.

그러나 희망을 재앙으로 묘사하는 것처럼 보이지만, 헤시오도스의 신화는 알고 보면 뜻이 모호하다. 문제는 희망만 항아리에서 빠져나가지 못하고 남은 것이 무슨 의미냐는 것이다. 인간 세계에 다른 재앙을 가져다준 것들은 모두 빠져나갔다. 희망이 여전히 갇혀 있다면, 그건 우리에게 희망의 유혹이 없다는 뜻 아닐까? 아니면 희망 없이 사는 것이 인간의 저주라는 뜻일까? 이 경우라면 희망은 좋은 것이지만 우리가 갖지 못한다는 뜻이 된다. 그렇다면 애초에 희망은 왜 판도라의 항아리 안에 있었을까? 희망은 이해할 수 없는 것처럼 보인다.

나는 최근까지 희망에 대해 별로 생각해 본 적이 없었고, 생각하더라도 불신했다. 내 만성 통증은 여전히 그대로다. 그렇지 않기를 바라는 것은 정직하지 못한 일이다. 무언가 완수해야 할 일이 있을 때, 중요한 건 그 일을 하는 것이지 희망을 품든 체념하든 그건 중요하지 않다. 희망은 내게 중요하지 않다. 하지만 내 주치의는 생각이 다르다. 그녀는 내 삶에서 희망이 중요하다는 사실이 내가 그것을 거부하는 데서 드러난다고 믿는다. 문제는 내가 희망하기를 두려워하는 것이라면서 내게 용기가 필요하단다.

나뿐만이 아니다. 많은 사람에게 희망은 부질없는 바람과 잘 구분되지 않는다. 게다가 더 많이 희망할수록 절망의 위험도 커진다. 왜 굳이 그런 고통을 겪어야 하는가? 그런데도 우리는 희망에 매달린다. 어려운 시기에 한 줄기 빛이 되어 주기 때문이다.

나는 누구도 틀리지 않았다는 생각을 하게 되었다. 희망은 모순되는 감정의 대상이고 그런 대상이어야 한다. 판도라의 항아리에 갇혀 있는 희망은 쓸모없기도 하고 꼭 필요한 것이기도 하다.

그렇다면 희망은 무엇인가? 최근 몇 년 동안 이 주제에 대한 철학적 연구가 제법 많이 이루어졌고, 이견이 있긴

하지만 폭넓은 합의가 형성되었다. 희망에는 바람과 믿음이라는 두 가지 요소가 있다. 무언가를 희망하는 것은 그것을 바라는 것이면서도 필연적이지는 않을지라도 그것이 가능하다고 생각하는 것이다. 바라지 않는 것을 희망하는 사람은 없다. 의심의 여지가 없는 것이나 반드시 일어날 거라고 확신하는 것을 희망하는 사람도 없다. 게다가 무언가를 희망한다는 건 그것이 전적으로 자신에게 달려 있지 않다고 생각하는 것이다. 자신이 손쉽게 해낼 수 있는 일을 희망한다는 것은 말이 되지 않는다. 희망은 자기가 통제할 수 없음을 시인하는 것이다.

희망의 두 가지 측면, 즉 바람과 믿음은 실질적인 형태를 취한다. 따라서 희망은 단순한 헛된 열망이 아니다. 그것은 정서적인 애착을 포함한다. 쇠렌 키르케고르가 희망을 "가능한 것에 대한 열정"이라고 정의하며 "열정"이라는 표현을 쓴 것도 그래서다. 마찬가지로 흔히 말하는 '헛된 믿음'을 가지는 것으로는 부족하다. 이 말인즉슨 무언가를 가능하다고 보는 것만으로는 희망이라고 볼 수 없다는 말이다. 그 가능성이 "살아 있다."고 여겨야 한다. 꼭 낙관적일 필요는 없다. 가능성은 얼마든지 낮을 수 있다. 하지만 그 가능성을 실제로 진지하게 받아들여야 한다. 만일의 경우에 대비해서라도 계획할 수 있는 그런 종류의 일이다. (예를 들어, 혈액 검사 결과가 틀렸기를 바라고 있다고 해보자. 당신은 원칙적으로 그럴 가능성이 있음을 알고 있다. 그러나 그 가능성을 부정하면, 검사 결과가 정상이었을 거라고 더 이상 희망하지 않게 된다.) 자기가 부정한 가능성에 애착을 느낄 때 갖게 되는 마음이 절망이다. 그리고 그 애착이 점차 사라지는 것이 체념이다.

희망이 왜 좋은지보다 절망이 왜 나쁜지를 이야기하기가 훨씬 쉽다. 가망이 없어 보일 때 우리는 절망한다. 그러나 여전히 애착을 갖는다. 연인에게 버림받은 이가 눈물을 흘린다. "우리 관계는 끝났어. 그녀는 완전히 떠났어." 말기 암 환자가 흐느껴 운다. "치료 방법이 없어." 이들이 느끼는 감정은 상실의 슬픔 또는 그 비슷한 것이다. 죽어 버린 가능성에 대한 열정이 낳은 고통이다.

하지만 그렇다고 희망이 이롭다는 의미는 아니다. 불가능하다는 사실이 진실일 때도 있다. 내 어머니의 알츠하이머는 호전되지 않을 것이다. 오히려 더 나빠지는 일만 남았기에 나의 바람과는 상관없이 좋아질 거라 기대하는 것은 어리석은 일이다. 희망이 합리적인 경우라도, 그 희망이 무슨 소용이 있을까? 문득 2016년과 2020년 미국 대선이 떠오른다. 나는 고통스러운 희망을 안고 개표 결과를 지켜보았다. 불안을 다스리며 더 나은 결과를 간절히 염원하는 일 외에는 할 수 있는 게 없었다. 여기에 어떤 가치가 있나? 희망은 침묵과 공존한다. 희망하는 일에 용기가 필요하다면, 그건 희망이 낳는 실망에 대한 두려움을 마주하는 용기다. 결국에 일이 잘못될 때 희망은 절망보다 더 끔찍하다.

그러므로 헤시오도스 말에는 일리가 있다. 희망은 기만적이고 유순하며 두려운 것일 수 있다. 그렇다면 왜 사람들은 삶에서 희망이 하는 역할을 찬양할까? 작가이자 활동가인 리베카 솔닛은 2003년 미국의 이라크 침공 이후 집필한 책에서 희망을 적극적으로 옹호하며 이렇게 썼다. "희망은 운이 좋다고 생각하면서 소파 위에 앉아 움켜쥘 수 있는 복권이 아니다." 대신,

> 희망은 우리를 문밖으로 떠민다. 끊임없는 전쟁과 지구의 보물들이 전멸하고 가난하고 소외된 이들이 고통에 내몰리는 현실로부터 미래를 구해 내기 위해서는 우리가 가진 모든 것이 필요하기 때문이다. 희망은 장담할 수도 보장할 수도 없지만, 그저 다른 세상이 가능할지도 모른다는 의미다. 희망은 행동을 부른다. 그리고 행동은 희망 없이는 불가능하다.

문제는 희망이 복권을 움켜쥐는 것 같을 수도 있고, 우리를 꼭 문밖으로 떠밀지도 않는다는 것이다. 내가 아주 잘 아는데 소파에 누워 뉴스를 보면서도 열렬히 희망할 수 있다. 행동을 부르는 것은 다른 데에 있다.

행동은 희망 없이 불가능하다는 솔닛의 주장이 옳을지도 모른다. 성공을 장담할 수 없을 때 성공이나 적어도 개선을 희망하지 않으면서 자신이 중요하다고 생각하는 것을 위해 애쓸 수는 없다. 희망의 가치라는 신화가 시작되는 지점이 바로 여기다. 희망은 중요한 것, 의미 있는 변화를 추구하는 데 필요한 전제 조건이다. 그러나 그것이 희망 그 자체를 가치 있게 만들지는 않는다.

불로 쇠를 벼린 프로메테우스를 떠올려 보자. 그는 뜨거운 불이 있어야만 쟁기나 칼을 만들 수 있었지만, 쇠의 온도, 연기, 불똥은 기껏해야 목적을 위한 수단이다. 희망은 쇠가 벼려지는 시점, 즉 연철이 되는 온도와 같다. 희망은 우리의 마음이 움직여 행동할 수 있게 되는 지점이다. 그러나 희망은 우리를 그 지점까지 이끌어 주는 불의 원천도 우리를 앞으로 나아가게 하는 힘도 아니고, 세상을 바꾸는 망치질도 아니다. 뜨거운 쇠처럼 희망은 위험하다. 우리를 다치게 할 수 있어서다. 그리고 희망은 그 자체로 아무것도 하지 않는다.

희망을 중요하게 여기는 사회운동가들은 이런 사실을 깨닫는 경우가 많다. 솔닛이 좀 더 최근에 펴낸 저서에는 블랙 라이브스 매터의 설립자 중 한 명인 패트리스 쿨러스의 말이 인용되어 있다. 쿨러스는 블랙 라이브스 매터의 목적을 "슬픔과 분노에 뿌리를 두었으나 비전과 꿈을 향한 공동체의 변혁을 이루기 위해, 공동체의 힘을 구축하는 집단행동에 대한 희망과 영감"을 제공하는 것이라고 썼다. 여기에서 추진력은 슬픔과 분노이지 희망이 아니다. 희망은 우리를 행동하도록 자극하지 않는다. 행동의 여지를 만드는 것은 슬픔과 분노다. 두려움도 추진력이 될 수 있다. 기후변화를 막기 위해 애쓰는 사람들이 대표적인 예다. "나는 여러분들이 희망에 차 있지 않기를 바랍니다." 다보스에서 열린 세계경제포럼에서 환경 운동가 그레타 툰베리가 청중에게 한 말이다. "나는 여러분들이 두려움을 갖기를 바라요." 희망은 아무것도 하지 않는 것과 서로 통한다. 희망이 확신 없이 중요한 것을 위해 애쓰는 일과 같은 좋은 것의 필수 조건이기는 하지만, 그 자체로 좋은 것은 아니다.

만약 앓고 있는 병의 치료법을 찾고 있다면, 장애에 익숙해지기 위해 노력하고 있다면, 외로움을 이겨 내거나 외로움에서 벗어나기 위해 발버둥 치고 있다면, 역경을 딛고 성공하기 위해 애쓰고 있거나 실패에서 교훈을 얻고자 한다면, 당신은 희망 속에 사는 것이다. 각자의 기질에 따라 예감이 좋을 수도 있고, 나처럼 두려움에 떨 수도 있다. 희망이 불안을 초래하는 사람이라면 용기가 필요하다. 내 주치의가 옳았다. 나는 나를 모험하지 못하게 막는 희망에 대한 두려움과 싸워야 한다. 그러나 희망 그 자체는 무익하다. 그것은 필요조건이지 목표가 아니다.

나는 희망이 모순적인 감정의 대상이고 그런 대상이어야 한다고 말했지만, 지금까지 대체로 부정적이기만 했다. 희망은 우리에게 크게 도움이 되지 않는다고, 기껏해야 좋은 것과 상관관계가 있을 뿐이며, 그마저도 불완전한 관계라고 말이다. 우리가 희망을 포기하면 시도하기를 포기하지만, 아무것도 하지 않으면서도 희망할 수 있다고, 중요한 건 희망이 아니라 행동이라고도 했다.

내가 희망에 양면적인 태도를 보이는 이유는 희망이 하나가 아니기 때문이다. 희망에는 우리가 특정한 결과를 바랄 때 그것에 보이는 태도뿐만 아니라, 희망이 발견되어야 하는 곳에서 희망을 찾는 낙관성이라는 특징도 있다. 여기서 우리는 『신학 대전』에 나오는 희망에 대한 설명을 빌려 올 수 있다. 『신학 대전』은 13세기 후반에 성 토마스 아퀴나스가 쓴 무려 3000페이지에 달하는 가톨릭 신학 이론서다. 아퀴나스는 이 책에서 "성마른 열정"으로서의 희망(장담할 수 없는 것에 대한 힘찬 열망)과 영원한 생명을 목적으로 하는 신학적 미덕으로서의 희망을 비교한다. 우리가 지금껏 고찰한 희망은 열정, 즉 의미 있는 행동에 필요한 바람과 믿음의 융합이다. 이런 의미에서 희망은 열정의 어원이 증명하듯이 정념에 의한 것일 수 있다. 신학적 미덕은 다르다. 그것은 신과의 결합에 대한 약속에 매달리는 능동적인 성향의 의지로 절망의 유혹과 싸운다. 나는 종교가 없지만 (나는 신이나 초월성, 불멸성을 믿지 않는다.) 인간이 그와 유사한 미덕을 인식할 수는 있다고 생각한다.

아퀴나스는 덕을 상반되는 악덕 사이의 '중용'이라고 보는 아리스토텔레스의 덕 윤리학에서 영감을 받았다. 이를테면 무모함과 소심함 사이에는 용기가 있고, 관대한 사람은 낭비하지도 인색하지도 않다는 식이다. 각각의 덕은 중간의 길을 찾는 행동과 감정을 감독한다. 용감한 사람은 '적절한 때에, 적절한 대상에 대하여, 적절한 사람들을 향해, 적절한 동기를 지니고, 적절한 방식으로' 두려움을 경험한다. 관대함은 주고받는 것과 유사하다.

아리스토텔레스가 희망을 덕성으로 인식하지는 않았지만, 그의 이론은 여기에 맞아떨어지는 것 같다. 지나칠 만큼 희망에 가득 차서 바라는 것이 일어날 가능성을 부풀리거나, 가능성이 너무 요원해서

금방이라도 사라질 것 같은데도 포기를 거부하는 경우가 있다. 또는 지나치게 체념해서 그 일이 일어날 가능성을 축소하거나, 시도해 볼 만한 모험을 전혀 고려하지 않는 경우도 있다. 덕은 이 두 극단 사이에 있다. 잘 희망한다는 것은 일어날 가능성에 대해 현실적으로 생각하고, 부질없는 기대에 속절없이 빠져들지 않으며, 두려움으로 인해 겁먹지 않는 것이다. 다시 말해 가능성을 열어 두어야 할 때는 가능성을 열어 두는 것이다. 가능성에 매달리는 것의 핵심은 기분이 좋다는 것이 아니라 (희망은 절망보다 고통스러울 수 있다.) 잠재적 주체성의 불씨를 살려 두는 것이다.

이것이 디오게네스가 중요하다고 생각한 것인지는 모르겠으나, 바로 솔닛의 책에 등장하는 미덕이다. 이 책의 본문은 희망에 대한 이론이 아니라 가까운 과거의 역사적 사실을 담고 있다. 남아프리카공화국 아파르트헤이트의 폐지부터 베를린 장벽의 붕괴, 멕시코의 사파티스타 봉기, 동성 결혼 합법화, 그 외에도 오큐파이 월스트리트 운동, 화석연료 금지 운동, 블랙 라이브스 매터 등등 변화가 가능하다는 증거들을 모아 놓았다. "폐허 위에 폐허"를 바라보고 행동하지 못하는 "역사의 천사"에 대항하여, 솔닛은 "대안적 역사의 천사"를 그려낸다. 이 천사는 우리에게 "우리의 행동이 중요하고, 일어난 일만큼이나 일어나지 않은 일 때문에 우리는 항상 역사를 만들고 있는 셈이다."라고 이야기하며, "역사의 천사는 '끔찍하다.'라고 말하지만, 이 천사는 '더 끔찍했을 수도 있어.'라고 말한다." 저항은 결코 헛되지 않다.

잘 희망한다는 덕은 믿음의 문제이며, 진실의 편에 서거나 진실을 추구하는 문제이고, 가능한 것에 애쓰는 노력의 문제다. 그리고 의지의 문제, 무엇을 해야 할지 분명치 않을 때도 대안을 생각해 내는 용기의 문제이기도 하다. 이것이 바로 우리가 삶의 고난에 대처해야 하는 자세다. 장애나 질병과 함께 번영할 수 있는 가능성, 외로움이나 실패, 슬픔을 극복할 수 있는 가능성과 같이 우리가 찾을 수 있는 가능성을 찾으면서 말이다. 그렇다면 문제는 희망하느냐 마느냐가 아니라 무엇을 희망해야 하느냐다. 이 책의 정신에 따르면, 그 답은 이상적인 삶이 아니다. 우리에게 필요한 것은 우리에게 주어진 삶을 인정하고 주의 깊게 해석하는 것이다. 내 경우라면 치료법을 희망하지는 않더라도 통증을 무시하면서 살거나 그것을 잘 활용하기를 바라는 것이 될 수 있다. 또 어머니를 다시 만나 어머니의 손을 잡고, 어귀에는 물결이 출렁이고 하구에는 커다란 다리가 뻗어 있는 굽이진 강가를 따라 함께 걷기를 바랄 수도 있다. 그러나 어머니가 좋아지지 않을 거라는 것을 나는 안다.

희망에는 한계가 있다. 죽음이 그중 하나다. 어떤 사람들은 자기 머릿속에 든 것을 기계에 복사하는 일명 '업로딩'을 통해 영원히 사는 것을 꿈꾼다. 그러나 간단한 주장을 통해 증명할 수 있듯이, 그런 사람들은 어느 날 기계에 의식이 생긴다 해도 실패할 수밖에 없다. 가령, 당신의 머릿속 내용물이 업로드되었는데 당신의 뇌는 지워지지 않은 채 '데이터'가 복사 프로세스를 통해 저장되었다고 가정해 보자. 그리고 그 기계가 인터넷에 연결되었다고 해보자. 이제 본래의 당신과 기계, 두 개의 주체가 있다. 기계는 기껏해야 당신의 정신을 복제한 것이지 당신이 아니다. 그러나 이 사실은 당신이 죽고 그 기계가 켜진다 해도 달라지지 않는다. 당신은 계속 살아가는 게 아니라 단순히 복제된 것뿐이다.

자연적인 수단으로 죽음을 이겨 낼 방법은 없다. 그것은 환생이나 신의 의지와 같은 초월적인 어떤 것을 필요로 한다. 종교가 없는 사람은 영원히 사는 것을 바랄 수 없다. 사랑하는 사람들이 영원히 사는 것도 바랄 수 없다. 그래도 그들의 죽음을 슬퍼하는 것은 합리적인 절망의 한 형태로서 이치에 맞는 일이다. 모든 관계는 과거의 기록으로 남고, 모든 능력은 한 번에 하나씩 또는 한꺼번에, 그러나 마침내 그리고 영원히 사라진다. 결국에 희망은 없는 것처럼 보인다. 불이 꺼진다.

그러나 우리는 지금껏 눈을 감고 있거나 눈을 내리뜨고 있었다. 고개를 들어 주변을 둘러보라! 세상에는 수십억의 사람들이 있고 매년 수천만 명이 태어난다. 프란츠 카프카의 말을 다른 말로 하면, 희망은 끝이 없을 만큼 충분하다. 단지 우리를 위한 것이 아닐 뿐이다. 하지만 그건 너무 우울하다. 그래서 우리는 누구란 말인가? 우리는 단순한 생명체가 아니라 인간이고, 인류에게 희망이 있으니 우리에게도 희망이 있다. 다시 말하지만 문제는 희망하느냐가 아니라 무엇을 희망하느냐다. 우리는 삶에 의미가 있음을 희망할 수 있다. 느리고 비틀거리지만 더 정의로운 미래를 위한 전진이라는 의미를.

과거의 잘못을 바로잡을 수 있는 것은 없으므로 그것들은 영원히 우리 곁에 남는다. 더 좋은 세상을 위한 싸움은 끝이 없을지 모른다. 그래도 희망은 있다. 기후변화를 생각해 보자. 지구온난화를 피할 수는 없다. 이미 시작되었고 점점 더 심각해지고 있으니까. 그러나 이 재앙은 차츰 단계적으로 다가오고 있고, 온도가 증가할 때마다 변화를 일으킨다. 우리가 2도를 희망할 수 없을 때 2.5도를 희망하면 되고, 2.5도를 희망할 수 없을 때는 3도를 희망하면 된다. 희망 속에서 함께 행동에 나서야 한다. 우리는 언젠가 우리의 노력으로 지구 온도가 내려갈 것이라고 희망할 수 있다. 희망은 절대 사라지지 않는다. "'지금이 최악이야.'라고 말할 수 있는 한 최악이 아니다."

무엇을 희망해야 하는지 모를 때, 우리는 배움을 희망할 수 있다. 이제 어떻게 해야 진정한 민주주의를 세울 수 있을지 또는 무엇을 과거에 대한 유의미한 보상이라고 말할 수 있을지 상상하기는 쉽지 않다. 그러나 철학자 조너선 리어가 말한 "그것이 무엇인지 이해하는 현재의 능력을 초월하는 미래의 선을 향한 …… 극단적인 희망”의 여지는 있다. 아이리스 머독이 이야기한 것처럼 우리는 새로운 개념들이 “언어의 한계를 …… 확장하고 이전에는 어둠이었던 영역을 환하게 밝히기”를 희망할 수 있다.

버려야 하는 개념들도 있다. 최고의 삶을 어떤 지침이나 목표처럼 생각하고, 행복을 인간 선이라 생각하며, 자신의 이익을 타인에게 이로운 것과 분리해서 생각하는 개념들이다. 장애가 있다 해서 삶이 더 불행한 것도 아니고, 고통이 말로 표현되지 않는 것도 아니다. 사랑은 꼭 얻어야 하는 것이 아니고, 상실의 슬픔은 잘못이 아니며, 상실의 슬픔이 누그러지는 것은 배신이 아니다. 삶은 “절정에 이를 때까지 고조되고 긴장이 계속되는” 서사가 아니다. 일의 성취와 완수가 전부도 아니다. 정의에 대한 책무는 비난에 근거할 필요가 없다. 우리가 할 만큼 했는지 알 수는 없지만, 그것이 아무것도 하지 않을 이유가 되지는 않는다. 인간의 삶은 필연적으로 부조리하지 않고 희망의 여지가 있다.

이런 사실 중 일부는 현대에 이루어진 발견이고, 일부는 새로운 것이다. 그러나 오랜 과거에 뿌리를 둔 것들도 있다. 1991년에 아일랜드의 시인 셰이머스 히니는 디오게네스 탄생 무렵인 기원전 409년에 그리스 극작가 소포클레스가 처음 무대에 올린 한 연극을 각색하여 희곡 『트로이에서의 치유』를 썼다. 내용은 이렇다. 그리스가 트로이를 포위하고 난 후 그리스의 영웅 아킬레우스가 죽는다. 그리스인들은 예언자로부터 필로크테테스와 그의 화살 없이는 전쟁에서 이길 수 없다는 이야기를 듣는다. 문제는 필로크테테스가 트로이로 오던 도중 뱀에 발을 물렸는데, 상처가 덧나면서 악취가 심해지는 바람에 오디세우스에게 버려졌다는 것이다. 오디세우스는 "내가 바로 / 그를 버린 장본인이오."라고 인정한다. "그와 그의 썩어 문드러진 발 / 아니 그것이 썩어 궤양으로 뒤덮이기 전에는 / 한때 발이었던 것을 버린 사람이 바로 나요." 유일한 희망은 오디세우스가 필로크테테스가 기다리는 외딴섬 렘노스로 돌아가는 것이다. 오디세우스는 죽은 아킬레우스의 아들 네오프톨레모스를 데려간다. 그들의 계획은 네오프톨레모스가 오디세우스를 공공의 적으로 그려 필로크테테스를 속인 후, 그를 트로이로 데려가 전쟁에서 이기는 것이다.

일은 예상과는 다른 방식으로 풀린다. 거짓말이 내키지 않았던 네오프톨레모스지만 처음에는 오디세우스의 계획대로 필로크테테스의 신뢰를 얻는다. 그러나 필로크테테스가 다음과 같이 하는 말을 듣고 수치심에 사로잡힌다. "상상해 보아라, 얘야. / 해만은 텅 비고, 배는 모두 사라졌었지. / 지독한 외로움만 남았고, 그곳에는 / 파도 부딪히는 소리와 욱신거리는 내 쓰라린 상처 외엔 아무것도 없었단다." 네오프톨레모스는 모든 것을 털어놓으며 필로크테테스에게 그럼에도 신들의 예언은 반드시 이루어져야 한다고 말한다. 그리고 트로이로 가서 의술의 신인 아스클레피오스에게 상처를 치료받아야 한다고 말한다. "자, 그러니 당신의 활을 가지고 나와 함께 / 최전선에 가 트로이를 정복해야 합니다.// 이 모든 것은 현실이 될 것입니다." 그리고 그것은 현실이 된다.

『트로이에서의 치유』는 질병, 외로움, 슬픔, 실패, 불공정, 부조리, 희망에 관한 희곡이다. 또 아프고 상처받은 사람들, 고통이 초래하는 외로움, 고통 속에서도 찾아오는 삶의 회복력을 대할 때 우리가 때때로 보이는 냉담함에 관한 희곡이다. 인간을 실수로 이끄는 상실의 슬픔, 실패와 성공의 부침, 불공정의 유혹과 개선의 가능성에 관한 것이기도 하다. 또 도덕 세계에 관한 이야기이자 이 세상의 수수께끼, 신들의 변덕이라고도 할 수 있는 이 세상의 예측 불가능성이 어떻게 의미를 만들어 내고 또 좌절시키는지, 그것이 어떻게 희망과 행동의 여지를 만들어 내는지에 관한 이야기다. 또 연민과 용기를 호소하고, 불공정한 세상에서 정의를 요구하는 이야기다. 희곡 끝부분에 이르면 코러스가 필로크테테스에게 트로이로 가 전쟁에 참여해 달라고 간청한다.

> 역사가 말한다. 무덤의 이쪽 편에서는
> 희망하지 말라고.
> 그렇지만 평생에 한 번은
> 간절히 기다리던 정의의 파도가 일고,
> 희망과 역사가 운(韻)이 맞는다.

시인은 희망과 역사가 운이 맞지 않는다는 사실을 우리만큼이나 잘 알고 있다. 그러나 언젠가는, 꿈에도 생각지 못한 어떤 조화 속에서 그 둘이 운이 맞을지 모른다.

감사의 글

이 책을 꼭 쓸 필요는 없다고 말해 준 나의 에이전트 앨리슨 데브뢰 덕분에 이 책이 나올 수 있었다. 그녀의 인내심과 기지, 편집과 관련한 현명한 조언에 고마운 마음을 전한다. 특히 작가로서 나를 믿어 준 데에 감사하다. 고마워요, 앨리슨.

리버헤드의 코트니 영은 창의적이고 예리한 편집자였다. 모호함과 불분명한 생각을 정확하게 간파해 내는 그녀 덕분에 나는 많은 실수를 바로잡을 수 있었다. 크리스 웰비러브는 이 책이 헬렌 콘포드의 허친슨 하인만에 완벽한 둥지를 틀 수 있도록 도와주었다. 꼼꼼하게 읽고, 나의 단조로운 글을 더욱 유려하게 만들어 주고, 주관적인 판단으로 비판한 부분과 논리에 맞지 않는 것을 지적해 준 크리스와 헬렌에게 고마운 마음을 전한다.

몇몇 친구가 2021년 여름 마감을 앞두고 원고를 읽어 주었다. 적극적으로 의견을 주고 나를 독려하며 비평해 준 맷 보일과 딕 모런에게 고맙다. 그들은 내게 지식인의 규준을 보여 주는 모범과 같다. 많은 지지를 보내 준 그들에게 감사한 마음이다. 초안에 세세한 의견을 준 이언 블레처 덕분에 여러 가지를 수정할 수 있었다. 그가 쓴 탁월한 글과 대등할 만한 수준이 되지 않는다는 것을 알지만, 내 나름의 최선을 다했다. 책 도입부에 대해 중요한 조언을 제공해 준 세라 니콜스에게도 고맙다.

엘과 마라에게 고마운 마음은 말로 다 할 수 없다. 언제나 활기 넘치는 두 사람이 함께해 주는 덕분에 나는 정서적 안정을 느낀다. 나는 두 사람에게서 사랑과 상실, 정의와 실패에 대해 배웠다. 엘은 침착함과 올곧음, 강인한 정신력의 표본이다. 하지만 그런 장점이 없었어도 나는 그녀를 사랑했을 것이다. 마라의 번뜩이는 아이디어는 이 책 구석구석에 영향을 주었다. 그녀는 나의 학자로서의 삶과 작가로서의 정체성에 가장 크게 기여한 사람이다. 그도 그럴 것이 우리는 25년 동안 외적으로나 내적으로나 서로의 삶에 영향을 미쳐 왔다. 이 혼탁한 시대를 그녀와 함께 살 수 있어 참 다행이다.

주

제사

p5 **“알지 못합니다”**: 다음 문헌에서 그의 큰누나 헤르미네 비트겐슈타인에 의해 인용됨. “Mein Bruder Ludwig,” *Ludwig Wittgenstein: Personal Recollections*, ed. Rush Rhees (Oxford: Blackwell, 1981), 14–25, 18; 번역을 도와준 이언 블레처에게 고맙다.

서문

p19 **그렇게 말해야 한다**: 존 베리먼에게 사과의 말을 전한다. 다음을 참고할 것. “Dream Song 14,” *The Dream Songs* (New York: Farrar, Straus and Giroux, 1969), 16: “친구들이여, 삶이 지루하구나. 우리는 그렇게 말해서는 안 된다.”

p19 **어려움도 있었지만**: 내가 공포/공상과학 소설가 H. P. 러브크래프트를 통해 어떻게 철학의 길로 들어섰는지 설명한 글이다. “Correspondence: Revisiting H. P. Lovecraft,” Yale Review 108: 135–52; published online as “Lovecraft and Me,” yalere view.org/article/lovecraft-and-me.

p20 **중년의 위기를 겪었다**: 그래서 중년의 위기에 관한 책을 쓰게 되었다. *Midlife: A Philosophical Guide* (Princeton, NJ: Princeton University Press, 2017).

p21 **민주주의는 불안정해졌다**: 다음을 참고할 것. Thomas Piketty, *Capital in the Twenty-First Century*, trans. Arthur Goldhammer (Cambridge, MA: Harvard University Press, 2014); Anne

Applebaum, *Twilight of Democracy: The Seductive Lure of Authoritarianism* (New York: Doubleday, 2020).

p21 "주제와 관련이 있다": Plato, Republic, trans. G. M. A. Grube and C. D. C. Reeve (1992), 352d, in Plato, *The Complete Works*, ed. John M. Cooper (Indianapolis: Hackett Publishing, 1997), 996.

p22 구분된 적은 거의 없었다: 다음을 참고할 것. Aaron Garrett, "Seventeenth-Century Moral Philosophy: Self-Help, Self-Knowledge, and the Devil's Mountain," *Oxford Handbook of the History of Ethics*, ed. Roger Crisp (Oxford: Oxford University Press, 2013), 229–79.

p22 선택할 수밖에 없는 삶이다: 다음을 참고할 것. Gavin Lawrence, "Aristotle and the Ideal Life," *Philosophical Review* 102 (1993): 1–34.

p23 "불멸의 존재로 만들고": Aristotle, *Nicomachean Ethics*, trans. David Ross and ed. Lesley Brown (Oxford: Oxford University Press, 2009), 1177b32–1178a2.

p23 이론을 세우는 경향이 있다: 알래스데어 매킨타이어는 예외다. (*in Dependent Rational Animals: Why Human Beings Need the Virtues* [Chicago: Open Court Publishing, 1999], 4): "따라서 다음과 같은 질문이 제기된다. 취약성 및 고통이라는 사실과 의존성이라는 관련 사실을 인간 조건의 중심에 둔다면, 도덕 철학에 어떤 변화가 생길까?"

p23 "직접 영향을 주는 요소들"; "대개 다루어지지 않는다": Shelly Kagan, "An Introduction to Ill-Being," Oxford Studies in *Normative Ethics* 4 (2015): 261–88, 262, 263.

p23 "긍정적인 사고의 힘": 다음의 두 책이 이런 경향을 비판하고 있다. Barbara Ehrenreich, *Bright-Sided: How Positive Thinking Is Undermining America* (New York: Picador, 2009), and Oliver

Burkeman, *The Antidote: Happiness for People Who Can't Stand Positive Thinking* (New York: Farrar, Straus and Giroux, 2012).

p24 **달려 있다고 믿었다:** 다음을 참고할 것. Epictetus, "Handbook," Discourses, Fragments, Handbook, trans. Robin Hard (Oxford: Oxford University Press, 2014); 현대적으로 각색한 것을 원한다면 다음을 참고할 것. William Irvine, *A Guide to the Good Life: The Ancient Art of Stoic Joy* (Oxford: Oxford University Press, 2008) and Massimo Pigliucci, How to Be a Stoic (New York: Basic Books, 2017).

p25 **독자적인 생명력을 갖는다:** 철학자 수전 니만은 근대 철학의 역사를 자연적, 도덕적 악의 사실에 대한 고찰로 다시 쓰기까지 한다. 다음을 참고할 것. *Evil in Modern Thought: An Alternative History of Philosophy* (Princeton, NJ: Princeton University Press, 2002).

p26 **"흠 없이 고결한 인간"; "머리 꼭대기까지":** Stephen Mitchell, *The Book of Job* (San Francisco: North Point Press, 1987), 6, 8.

p26 **"올바른 것을 말하지 않았다"; "암나귀 천 마리":** Mitchell, *Book of Job*, 91.

p28 **"도덕적 노력에 [달려 있다]":** Iris Murdoch, *The Sovereignty of Good* (London: Rout- ledge, 1970), 35–36.

p29 **"유일한 방법이다":** Robert Frost, "A Servant to Servants," *Complete Poems of Robert Frost* (New York: Holt, Rinehart and Winston, 1964), 83.

p29 **의식을 주입받는다:** 마야는 로버트 노직의 "경험 기계"에서 착안한 것이다. 다음을 참고할 것. *Anarchy, State, and Utopia* (Cambridge, MA: Harvard University Press, 1974), 42–45.

p30 **"영국인들만 하는 짓이다":** Friedrich Nietzsche, *Twilight of the Idols* (1889), trans. Richard Polt (Indianapolis: Hackett Publishing,

1997), 6.

p31 "불로 눈이 멀었으나": Plato, *Republic*, 361e; Plato, *Complete Works*, 1002.

p32 이야기로 끝맺을 것이다: William James, *The Varieties of Religious Experience: A Study in Human Nature* (1902), ed. Matthew Bradley (Oxford: Oxford University Press, 2012), 35.

p35 "갈망 없이 행복은 없다": John Berger, *Hold Everything Dear: Dispatches on Survival and Resistance* (New York: Vintage, 2007), 102.

p35 세심하게 "읽음"으로써: Simone Weil, "Essay on the Concept of Reading" (1941/1946), *Late Philosophical Writings*, trans. Eric O. Springsted and Lawrence E. Schmidt (South Bend, IN: University of Notre Dame Press, 2015), 21–28.

p37 "오도할 위험이 있다는 사실이다": Bernard Williams, *Morality: An Introduction to Ethics* (Cambridge, MA: Cambridge University Press, 1972), xvii.

1. 질병

p46 "음경의 은유일까?": Sandra Gilbert and Susan Gubar, *The Madwoman in the Attic: The Woman Writer and the Nineteenth-Century Literary Imagination* (New Haven, CT: Yale University Press, 1979), 3.

p47 버지니아 울프에 동의한다: Susan Gubar, *Memoir of a Debulked Woman: Endur-ing Ovarian Cancer* (New York: Norton, 2012); Virginia Woolf, "On Being Ill," *The New Criterion* 4 (1926): 32–45.

p47 "장을 절제했을 수 있다": Hilary Mantel, "Meeting the Devil,"

London Review of Books, November 4, 2010.

p47 "통증 침대"; "통증과 피로가 몰려왔다": Gubar, *Debulked Woman*, 143, 243.

p49 기능 이상이라는 범주: 다음을 참고할 것. Christopher Boorse, "On the Distinction between Disease and Illness," *Philosophy and Public Affairs* 5 (1977), 49– 68, modified by Havi Carel, *Phenomenology of Illness* (Oxford: Oxford University Press, 2016), 17.

p50 "정치적 소수자의 영역으로 옮기고자": Rosemarie Garland-Thomson, *Extraordinary Bodies: Figuring Physical Disability in American Literature and Culture* (New York: Columbia University Press, 1997), 6.

p51 "육체를 지녔다는 뜻이다": Elizabeth Barnes, *The Minority Body: A Theory of Disability* (Oxford: Oxford University Press, 2016), 1. 반스와 마찬가지로 나의 논의는 육체에 집중되어 있다. 인지적, 정신적 장애는 굉장히 복잡한 문제를 제기하기에 내가 다룰 수 있는 사안이 아니다. 이 부분에 관해서는 다음을 참고할 것. Barnes, *Minority Body*, 3, and her "Replies to Commentators," *Philosophy and Phenomenological Research* 100 (2020): 232–43.

p51 장애의 "형이상학": 갈런드 톰슨은 장애를 불운한 사회적 조건에서 (생물학적 기능 이상인) "손상"이 미치는 부정적 영향이라고 생각한다. (Garland-Thomson, *Extraordinary Bodies*, Chapters 1 and 2). 반스는 이것이 장애인 권리 운동의 주안점이라고 생각한다. (Barnes, *Minority Body*, Chapter 1).

p51 손상의 패러다임: 다음을 참고할 것. Barnes, *Minority Body*, Chapters 2 and 3.

p52 복에 관한 도교 우화다: Jon J Muth, *Zen Shorts* (New York: Scholastic, 2005).

p53 “하지는 않는다는 사실이 증명되었다”: Samuel R. Bagenstos and Margo Schlanger, “Hedonic Damages, Hedonic Adaptation, and Disability,” *Vanderbilt Law Review* 60 (2007): 745–800, 763. 다음도 참고할 것. Daniel Gilbert, *Stumbling on Happiness* (New York: Vintage, 2006), 153; Erik Angner, Midge N. Ray, Kenneth G. Saag, and Jeroan J. Allison, “Health and Happiness among Older Adults,” *Journal of Health Psychology* 14 (2009): 503–12; and Carel, *Phenomenology*, 131–35.

p54 최선의 삶은 “부족한 것이 없는” 삶: Aristotle, *Nicomachean Ethics*, trans. David Ross and ed. Lesley Brown (Oxford: Oxford University Press, 2009), 1097b16.

p55 “가장 바람직한 상태”: Aristotle, *Nicomachean Ethics*, 1097b17.

p55 “좋은 삶이라는 의미다”: Jonathan Haidt, *The Happiness Hypothesis: Finding Modern Truth in Ancient Wisdom* (New York: Basic Books, 2006), 156–57.

p57 허먼 멜빌의 걸작 단편: Herman Melville, *Bartleby the Scrivener* (Brooklyn: Melville House, 2004); originally published as “Bartleby, the Scrivener: A Story of Wall-Street,” *Putnam's Monthly Magazine*, November–December 1853.

p57 “안 하는 편을 택하겠습니다”: Melville, *Bartleby*, 17.

p58 좋은 삶에는 “부족한 게 없다”: Aristotle, *Nicomachean Ethics*, 1097b16.

p59 마음 가는 대로 할 수 있다: Karl Marx and Friedrich Engels, *The German Ideology* (1846), in Karl Marx: *Selected Writings*, ed. David McLellan (Oxford: Oxford University Press, 2000), 175–208, 185.

p59 존중해야 한다는 의미다: 다음을 참고할 것. Joseph Raz, *Value, Respect, and Attachment* (Cambridge: Cambridge University Press, 2001).

p60 야구판에 발을 들였다: 이 문단에 상술된 내용은 다음을 참고한 것이다. *Veeck as in Wreck: The Autobiography of Bill Veeck* (New York: Putnam, 1962), written by Bill Veeck with Ed Linn.

p61 중년의 나이까지 살기는 했으나: Harriet McBryde Johnson, *Too Late to Die Young* (New York: Picador, 2005), 15.

p62 "많은 변수가 존재하죠": Johnson, *Too Late to Die Young*, 207–8.

p62 증언을 통해 얻은 믿음인가?: 다음을 참고할 것. Barnes, *Minority Body*, Chapter 4.

p62 도덕 교육의 도구다: 다음을 참고할 것. "'Terrible Purity': Peter Singer, Harriet McBryde Johnson, and the Moral Significance of the Particular," *Journal of the American Philosophical Association* 4 (2016): 637–55.

p63 훨씬 빨리 잊힌다고 한다: Bagenstos and Schlanger, "Hedonic Damages, Hedonic Adaptation, and Disability."

p63 그른 일인지 반문할 것이다: 예를 들어 다음을 참고할 것. Guy Kahane and Julian Savulescu, "Disability and Mere Difference," *Ethics* 126 (2016): 774–88.

p63 쉽지 않다는 데 있으며: Barnes, *Minority Body*, 148.

p63 옳지 않다는 데 있다: Barnes, *Minority Body*, 147.

p63 다음과 같은 상황을 가정했다: Seana Shiffrin, "Wrongful Life, Procreative Responsibility, and the Significance of Harm," *Legal Theory* 5 (1999): 117–48, 127–28.

p64 같은 맥락에서 보면: 이 점에 대해 나는 반스와 생각이 다르다. 반스는 더 극단적인 노선을 취한다. "실제로 어린아이에게 장애를 입히는 경우와 장애를 입히지 않는 경우 사이에는 차이가 없다." (Barnes, *Minority Body*, 154).

p66 "저해하는 것으로 나타난다": Erik Angner et al., "Health and

Happiness among Older Adults," 510.

p70 "설명할 수 있는 단어가 없다": Woolf, "On Being Ill," 34.

p70 "육체적 고통은": Elaine Scarry, *The Body in Pain: The Making and Unmaking of the World* (Oxford: Oxford University Press, 1985), 5.

p70 "지시 대상이 없다": 다음을 참고할 것. George Pitcher, "Pain Perception," *Philosophical Review* 79 (1970): 368–93.

p71 "고통을 겪는 사람은 아무도 없다": Mantel, "Meeting the Devil."

p71 "감각하는 것이다": Pitcher, "Pain Perception," 371.

p74 "타동사로서의 용도는 폐기된다": Drew Leder, *The Absent Body* (Chicago: University of Chicago Press, 1990), 74. 리더는 초기 현상학자들에게 영향을 받았는데, 특히 "몸"에 대한 사르트르의 이론에서 영향을 받은 듯하다. 다음을 참고할 것. Jean-Paul Sartre, *Being and Nothingness* (1943), trans. Sarah Richmond (London: Routledge, 2018).

p75 "파손을 눈으로 인지하듯이": René Descartes, *Meditations on First Philosophy* (1641), trans. John Cottingham (Cambridge: Cambridge University Press, 1986), 64.

p75 "가시적인 형태다": Maurice Merleau-Ponty, *The Primacy of Perception: And Other Essays*, ed. James M. Edie (Evanston, IL: Northwestern University Press, 1964), 5, quoted in Carel, *Phenomenology*, 34.

p77 "electro-fink"이었다: David K. Lewis, "Finkish Dispositions," *Philosophical Quarterly* 47 (1997): 143–58; C. B. Martin, "Dispositions and Conditionals," *Philosophical Quarterly* 44 (1994): 1–8.

p77 "현실은 그렇지 않다": Alphonse Daudet, *In the Land of Pain* (1930), trans./ed. Julian Barnes (New York: Vintage, 2003), 44.

p79 하나는 "개인의 개별성"이다: 이 표어는 흔히 존 롤스가 한 말로 알려져 있는데, 롤스는 이런 단어를 사용하지 않는다. 그는 "개인 간의 차이"나 "개인의 다양성과 구별성"을 인용했을 뿐이다. (*A Theory of Justice* [Cambridge, MA: Harvard University Press, 1971], 27, 29). 이 말은 잘 알려지지 않은 남아프리카공화국의 철학자 J. N. 핀들리가 삽입어구로 언급한 "개인의 개별성은 [……] 도덕의 기초적 사실"에서 유래한 것으로 보인다. (*Values and Intentions: A Study in Value-Theory and Philosophy of Mind* [London: Allen & Unwin, 1961], 299). 다음도 참고할 것. Robert Nozick on "side-constraints," or rights against interference, and "the fact of our separate existences" (*Anarchy, State, and Utopia* [Cambridge, MA: Harvard University Press, 1974], 32–33).

p80 "살갗이 떨어져 나왔다": Daudet, *In the Land of Pain*, 6, 24–25.

p83 "미래도 상상할 수 없다": Leder, *Absent Body*, 76.

p84 "감지할 줄만 알 뿐이다": Emily Dickinson, *The Complete Poems* (New York: Little, Brown and Company, 1960), 323–24.

p86 "'행동했다.'라고 쓰고 있다": Daudet, *In the Land of Pain*, 79.

p86 "오줌을 눌 수 없는 거지?": 이 표현이 언제 어떻게 시작되었는지는 전혀 알려진 바가 없다. 내가 이 표현의 유래를 조사하다가 검색해서 찾은 건 스코틀랜드의 철학자이자 혁명가였던 존 오즈월드의 말이 유일하다. 오즈월드가 대의 민주주의를 "대리로 오줌을 누어"야 한다는 개념에 비유했다는데, 이건 말도 안 된다. 다음을 참고할 것. John Oswald, *The Government of the People, Or a Sketch of a Constitution for the Universal Commonwealth* (1792), quoted in David V. Erdman, *Commerce Des Lumières: John Oswald and the British in Paris, 1790–1793* (Columbia: University of Missouri Press, 1986), 293.

p87 "비동일성도 상처를 줄 수 있다"; "소회에 대해 쓰려는 이유다": Anne

Boyer, *The Undying* (New York: Picador, 2019), 239.

p89 "통증이 다시 찾아오긴 했지만": Daudet, *In the Land of Pain*, 25.

p89 "더 큰 노력이 필요하게 된다": Carel, *Phenomenology*, 77.

2. 외로움

p95 만성적인 외로움도 구분된다: Emily White, *Lonely: Learning to Live with Solitude* (New York: Harper, 2010), 74–75.

p96 약 25억 명: Noreena Hertz, *The Lonely Century* (London: Sceptre, 2020), 1.

p96 「다섯 가지 질문(Five Questions)」이라는 팟캐스트: Kieran Setiya, *Five Questions*, podcast audio, anchor.fm/kieran-setiya.

p97 꾸준하게 출판되어 왔다: David Riesman, Nathan Glazer, and Reuel Denney, *The Lonely Crowd* (New Haven, CT: Yale University Press, 1950); Philip Slater, *The Pursuit of Loneliness* (Boston: Beacon Press, 1970); Vance Packard, *A Nation of Strangers* (Philadelphia: D. McKay Company, 1972); Robert D. Putnam, *Bowling Alone* (New York: Simon & Schuster, 2000); Sherry Turkle, *Alone Together* (New York: Basic Books, 2011).

p97 미국은 "중요한 문제": Miller McPherson, Lynn Smith-Lovin, and Mat- thew E. Brashears, "Social Isolation in America: Changes in Core Discussion Networks over Two Decades," *American Sociological Review* 71 (2006): 353–75; cited in John Cacioppo and William Patrick, *Loneliness: Human Nature and the Need for Social Connection* (New York: Norton, 2008), 52, 247; White, *Lonely*, 222–23; and Hertz, *The Lonely Century*, 10–11.

p101 '소유적 개인주의'라는 이념: C. B. Macpherson, *The Political Theory of*

Possessive Individualism: Hobbes to Locke (Oxford: Oxford University Press, 1962).

p98 '홀로움(oneliness)'이었다: 다음을 참고할 것. Fay Bound Alberti, *A Biography of Loneliness* (Oxford: Oxford University Press, 2019), 18–20.

p98 1800년이라고 주장하기도 한다: Alberti, *A Biography of Loneliness*, 10, 30–37.

p99 "기억하는 이가 아무도 없기 때문이다": Charles Dickens, *Sketches by Boz* (London: John Macrone, 1836), "Thoughts about People."

p99 "통계적 인공물": Claude S. Fischer, "The 2004 GSS Finding of Shrunken Social Networks: An Artifact?" *American Sociological Review* 74 (2009): 657–69.

p99 영향을 미친 것으로 밝혀졌다: Anthony Paik and Kenneth Sanchagrin, "Social Isolation in America: An Artifact," *American Sociological Review* 78 (2013): 339–60.

p99 여전히 건재하다는 증거: Claude S. Fischer, *Still Connected: Family and Friends in America Since* 1970 (New York: Russell Sage Foundation, 2011).

p100 "살기를 원하지 않을 것이다": Aristotle, *Nicomachean Ethics*, trans. David Ross and ed. Lesley Brown (Oxford: Oxford University Press, 2009), 1155a5–6.

p100 "불행할 것이다": David Hume, *A Treatise of Human Nature* (1739–40), eds. David Fate Norton and Mary J. Norton (Oxford: Oxford University Press, 2007), 2.2.5.

p100 "고독의 축복이노라": William Wordsworth, "'I Wandered Lonely as a Cloud'" (1804), *Selected Poems*, ed. Stephen Gill (London: Penguin, 2004), 164.

p101 "탄식으로 참아내라": Rainer Maria Rilke, *Letters to a Young Poet* (1929), trans. M. D. Herter Norton (New York: Norton, 1934), 30.

p101 "외로움의 산타클로스": W. H. Auden, "New Year Letter," *Collected Poems* (New York: Vintage, 1976), 204.

p101 생산적 힘을 찬양했다: Anthony Storr, *Solitude: A Return to the Self* (New York: Free Press, 1988).

p101 초기 근대 영국 사회의 우정을 분석: Keith Thomas, *The Ends of Life: Roads to Fulfilment in Early Modern England* (Oxford: Oxford University Press, 2009), Chapter 6.

p101 "반드시 '좋아할' 필요는 없었다": Thomas, *The Ends of Life*, 191.

p102 스코틀랜드의 계몽사상가였다: Allan Silver, "Friendship in Commercial Society: Eighteenth-Century Social Theory and Modern Sociology," *American Journal of Sociology* 6 (1990): 1474–504; Adam Smith, *An Inquiry into the Nature and Causes of the Wealth of Nations* (1776), eds. R. H. Campbell and A. S. Skinner (Oxford: Oxford University Press, 1975).

p102 덜 외롭다고 할 수 있는 대목이다: 다음을 참고할 것. David Vincent, *A History of Solitude* (Cambridge: Polity, 2020), 153–55; Radclyffe Hall, *The Well of Loneliness* (London: Jonathan Cape, 1928).

p103 인간의 능력을 훼손: 다음을 참고할 것. Vincent, *A History of Solitude*, 251, responding to Turkle, *Alone Together*.

p103 "생리학적 사건들을 초래한다": Cacioppo and Patrick, *Loneliness*, 5.

p103 "동시 이환" 행동뿐만 아니라: Cacioppo and Patrick, *Loneliness*, 93–99.

p103 "투쟁 도피 반응"과 연관된 염증: Cacioppo and Patrick, *Loneliness*, 105.

p104 9년간 진행된 한 연구: L. F. Berkman and S. L. Syme, "Social

Networks, Host Resistance and Mortality: A Nine-Year Follow-up Study of Alameda County Residents," *American Journal of Epidemiology* 109 (1979): 186–204.

p104 같다는 사실을 알 수 있다: Cacioppo and Patrick, *Loneliness*, 8.

p105 "고로 나는 존재한다": René Descartes, *Meditations on First Philosophy* (1641), ed. John Cottingham (Cambridge: Cambridge University Press, 1986), 21.

p106 '나'는 없다는 의미다: 다음을 참고할 것. G. W. F. Hegel, *Phenomenology of Spirit* (1807), trans. A. V. Miller (Oxford: Oxford University Press, 1977), 더 명시적인 문헌을 원한다면 *Encyclopedia of the Philosophical Sciences* (1830)의 일부를 모아 펴낸 다음을 참고할 것. *Philosophy of Mind*, trans. W. Wallace and A. V. Miller, revised with introduction and commentary by Michael Inwood (Oxford: Oxford University Press, 1971/2007).

p106 "타인에 대해서도 확신한다": Jean-Paul Sartre, *Existentialism Is a Humanism* (1945), trans. Carol Macomber (New Haven, CT: Yale University Press, 2007), 41.

p106 "사적 언어"는 있을 수 없다면서: Ludwig Wittgenstein, *Philosophical Investigations*, trans. G. E. M. Anscombe (Oxford: Blackwell, 1953).

p109 "정치적 동물이다": Aristotle, *Politics*, trans. Ernest Barker and ed. R. F. Stalley (Oxford: Oxford University Press, 1995), 1253a.

p109 인간의 독특한 사회성; 취약성에 관한 이야기다: 다음을 참고할 것. Michael Tomasello, *A Natural History of Human Thinking* (Cambridge, MA: Harvard University Press, 2014).

p110 비정상적인 행동을 보였다: Cacioppo and Patrick, *Loneliness*, 129–30.

p110 유사한 행동을 발견했다: Inge Bretherton, "The Origins of

Attachment Theory: John Bowlby and Mary Ainsworth," *Developmental Psychology* 28 (1992): 759–75, 760–2.

p110 비슷한 행동이 나타났다: Cacioppo and Patrick, *Loneliness*, 130–31.

p110 애착 유형이라는 체계적 이론이 탄생: Cacioppo and Patrick, *Loneliness*, 132–33.

p111 "인간과의 접촉이 전무한": Jean Casella and James Ridgeway, "Introduction," *Hell Is a Very Small Place*, eds. Jean Casella, James Ridgeway, and Sarah Shourd (New York: New Press, 2016), 1–20, 7.

p111 "개심시키는 게 아니라 살해한다": 다음에서 인용됨. Casella and Ridgeway, "Introduction," 3.

p111 "영향과 유사할 수 있다": 다음에서 인용됨. Casella and Ridgeway, "Introduction," 10–11.

p111 학교에서도 사용된다: Dan Moshenberg, "For Vulnerable Children, the School Day Can Include Solitary Confinement," *Solitary Watch*, January 30, 2020, solitarywatch.org/2020/01/30/for-vulnerable-children-the-school-day-can-include-solitary-confinement.

p112 "저항과 결합한 성향"; "인간 본성에 자리한다": Immanuel Kant, "Idea for a Universal History with a Cosmopolitan Aim" (1784), in *Anthropology, History, and Education*, eds. Robert B. Louden and Günter Zöller (Cambridge: Cambridge University Press, 2007), 111.

p112 만찬회를 즐기는 것으로도 유명했다: 다음을 참고할 것. Manfred Kuehn, *Kant: A Biography* (Cambridge: Cambridge University Press, 2001), 322–25.

p113 "한마디로 정리하면 '고독'"; "지옥은 타인": Victor Hugo, *La Fin de Satan* (1886), trans. R. G. Skinner, in *God and the End of Satan: Selections* (Chicago: Swan Isle Press, 2014); Jean-Paul Sartre, No

Exit (1944), trans. Stuart Gilbert, in *No Exit and Three Other Plays* (New York: Vintage, 1989).

p113 "시련을 견뎌야 하는 고통이다": Thomas Merton, "Notes for a Philosophy of Solitude," *Disputed Questions* (New York: Farrar, Straus and Giroux, 1960), 190.

p114 '필리아(philia)'에 할애한 아리스토텔레스: Aristotle, *Nicomachean Ethics*, Books VIII and IX.

p118 "사랑받을 수 있기 때문이다": Aristotle, *Nicomachean Ethics*, 1165b13–14.

p119 "인지적 편파성"이라고 부른다: Simon Keller, "Friendship and Belief," *Philosophical Papers* 33 (2004): 329–51; Sarah Stroud, "Epistemic Partiality in Friendship," *Ethics* 116 (2006): 498–524.

p121 "친구에 대한 관심과 다르다": Michael Stocker, "Values and Purposes: The Limits of Teleology and the Ends of Friendship," *Journal of Philosophy* 78 (1981): 747–65, 755.

p121 "다른 것으로 대체될 수 있다": Immanuel Kant, *Groundwork of the Metaphysics of Morals* (1785), trans. Mary Gregor (Cambridge: Cambridge University Press, 1998), 46–47.

p122 부른 것도 이 때문이다: J. David Velleman, "Love as a Moral Emotion," *Ethics* 109 (1999): 338–74; 다음도 참고할 것. Kieran Setiya, "Love and the Value of a Life," *Philosophical Review* 123 (2014): 251–80.

p122 "필수적인 최저점"; "선택에 따른 것"이지만: Velleman, "Love as a Moral Emotion," 366.

p124 파이브 무알림악(Five Mualimm-ak): Five Mualimm-ak, "Invisible," *Hell Is a Very Small Place*, 147–52, 147.

p124 "보이지 않는 존재가 되었다": Mualimm-ak, "Invisible," 149.

p124 카프카 스타일로 시작한다: Haruki Murakami, *Colorless Tsukuru Tazaki and His Years of Pilgrimage* (New York: Vintage, 2014).

p125 "눈치채지 못한 사람 같았다": Murakami, *Colorless Tsukuru Tazaki*, 4.

p125 "엄두를 내지 못했다": Murakami, *Colorless Tsukuru Tazaki*, 5.

p125 "그러면 알게 될 거야": Murakami, *Colorless Tsukuru Tazaki*, 32.

p126 "내가 처리해야 할 일들": Murakami, *Colorless Tsukuru Tazaki*, 194.

p127 "그냥 그런 생각이 들어": Murakami, *Colorless Tsukuru Tazaki*, 193.

p127 "더 많은 시간을 혼자 보낸다": White, *Lonely*, 162.

p128 더 주의를 기울이지만: Cacioppo and Patrick, *Loneliness*, 161; 이 문단의 나머지 내용은 10장에서 도움을 받았다.

p128 기술 부족은 관련이 없다: White, *Lonely*, 148–49.

p129 "네덜란드 심리학자 난 스티븐스": White, *Lonely*, 274–75.

p130 "고통 밖으로 나가는 것이다": Cacioppo and Patrick, *Loneliness*, 230–31.

p131 "누군가 응답한다": Cacioppo and Patrick, *Loneliness*, 237.

p131 결코 우연이 아니다; 한 여자 농구팀에 합류: White, *Lonely*, 67.

p132 통근자들을 대상으로 한 연구: Nicholas Epley and Juliana Schroeder, "Mistakenly Seeking Solitude," *Journal of Experimental Psychology* 143 (2014): 1980–99, cited in Kate Murphy, *You're Not Listening: What You're Missing and Why It Matters* (New York: Celadon Books, 2020), 42–46.

p133 사시가 있었다고 했다: Stephen Darwall, interviewed by Kieran Setiya, *Five Questions*, May 18, 2021, anchor.fm/kieran-setiya/episodes/Stephen-Darwall-es59ce.

p133 이야기로 답을 대신했다: Stephen Darwall, *The Second-Person Standpoint: Morality, Re- spect, and Accountability* (Cambridge, MA: Harvard University Press, 2006).

p133 **증거가 점점 더 많아지고 있다:** 최근 연구의 개관을 원한다면 다음을 참고할 것. Murphy, *You're Not Listening*.

p134 **"'난 안 갔는데'":** F. P. Ramsey, "Epilogue," *Philosophical Papers*, ed. D. H. Mellor (Cambridge: Cambridge University Press, 1990), 245–50, 247.

p134 **얼마나 유용한지 입증해 왔다:** Murphy, *You're Not Listening*, 150–51, 179–80.

3. 상실의 슬픔

p139 **"활동이 없었던 걸 감안하면 [……]":** Tig Notaro, "No Questionnaires to Dead People," *Live* (Secretly Canadian, 2012)

p140 **단순한 감정이 아니다:** 다음을 참고할 것. George A. Bonanno, *The Other Side of Sadness: What the New Science of Bereavement Tells Us about Life After Loss* (New York: Basic Books, 2009), 34.

p140 **"'두려움'으로 고통스럽다":** Roland Barthes, *Mourning Diary: October 26, 1977–September 15, 1979* (2009), trans. Richard Howard (New York: Hill & Wang, 2010), 122.

p140 **농담을 하는 사람도 있다:** 사별한 사람이 웃는 일이 흔하다는 사실에 대해서는 다음을 참고할 것. Bonanno, *Other Side of Sadness*, 38–39.

p140 **자연스럽게 '행하는' 것이다:** 상실의 슬픔의 역동적인 특징에 대해서는 다음을 참고할 것. Peter Goldie, "Grief: A Narrative Account," *Ratio* 24 (2011): 119–37. 하지만, 앞으로 논의하겠지만, 나는 슬픔의 시간성을 시작, 중간, 끝으로 구분하는 건 도움이 되지 않는다고 생각한다.

p142 **"찾아온다는 사실도 알지 못한다":** Joan Didion, *The Year of Magical Thinking* (New York: Vintage, 2005), 188–89.

p142 **"심각한 반응을 나타냈다":** Bonanno, *Other Side of Sadness*, 103.

p143 **프로이트의 "애도 작업(grief work)" 개념**: Bonanno, *Other Side of Sadness*, 15–20.

p144 **"상세히 이야기"하도록 강요당하는 것**: Bonanno, *Other Side of Sadness*, 107–8.

p144 **이야기도 입증할 증거가 없다**: Bonanno, *Other Side of Sadness*, 21–22. 이 5단계 모델은 말기 암 환자가 자신의 죽음을 직면하는 과정에 대한 퀴블러로스의 연구를 모방한 것이다. 다음을 참고할 것. Elisabeth Kübler-Ross, *On Death & Dying* (New York: Scribner, 1969).

p144 **"오고 가기를 반복하기 때문이다"**: Bonanno, *Other Side of Sadness*, 40.

p144 **휘갈겨 쓴 글을 모은 것이다**: Barthes, *Mourning Diary*, ix.

p145 **"감정 속에 서둘러 썼다"**: Annie Ernaux, *I Remain in Darkness* (1997), trans. Tanya Leslie (New York: Seven Stories Press, 1999), 10.

p145 **상자 속 책이다**: B. S. Johnson, *The Unfortunates* (London: Panther Books, 1969).

p146 **한 가지에는 모두 동의했다**: 개관을 원한다면 다음을 참고할 것. Scott LaBarge, "How (and Maybe Why) to Grieve Like an Ancient Philosopher," *Oxford Studies in Ancient Philosophy, Supplementary Volume* (2012): 321–42.

p147 **"상처받지 않을 것이다"**: Epictetus, "Handbook," *Discourses, Fragments, Handbook*, trans. Robin Hard (Oxford: Oxford University Press, 2014), 288.

p148 **현명한 조언 때문이다**: 현대적인 스토아철학을 원한다면 다음을 참고할 것. William Irvine, *A Guide to the Good Life: The Ancient Art of Stoic Joy* (Oxford: Oxford University Press, 2008), and Massimo Pigliucci, *How to Be a Stoic* (New York: Basic Books, 2017).

p149 **상상하며 몸서리쳤다**: 다음을 참고할 것. Beth Blum, *The Self-Help Compulsion: Searching for Advice in Modern Literature* (New York:

Columbia University Press, 2020), 225–26.

p149 신 포도와 유사하다: 다음을 참고할 것. Jon Elster, *Sour Grapes: Studies in the Subversion of Rationality* (Cambridge: Cambridge University Press, 1983).

p150 길들여진 사람들을 생각해보자: 다음을 참고할 것. Martha Nussbaum, "Adaptive Preferences and Women's Options," *Economics and Philosophy* 17 (2001): 67–88.

p150 관점을 기반으로 한다: John M. Cooper, *Pursuits of Wisdom: Six Ways of Life in Ancient Philosophy from Socrates to Plotinus* (Princeton, NJ: Princeton University Press, 2012), Chapter 4.

p150 신정론에 근거를 두고 있다: 이 사실은 피글리우치에 대한 카를로스 프렝켈의 비평에서 두드러진다. "Can Stoicism Make Us Happy?," *The Nation*, February 5, 2019.

p151 "굴어서는 안 된다": A. O. Bell, ed., *The Diary of Virginia Woolf, Volume 2: 1920–1924* (New York: Harcourt Brace & Company, 1978), 221.

p152 "마음이 죽는다": Iris Murdoch, *The Sea, the Sea* (London: Chatto & Windus, 1978), 84.

p153 "실질적인 지침서가 없다": Stacey May Fowles, *Baseball Life Advice: Loving the Game That Saved Me* (Toronto: McClelland & Stewart, 2017), 224.

p154 "자기 연민의 문제": Didion, *Magical Thinking*, 3.

p156 상대방이 살아 있는 관계를; 죽은 관계를 의미한다: Samuel Scheffler, "Aging as a Normative Phenomenon," *Journal of the American Philosophical Association 2* (2016): 505–22, 505–6.

p156 "이해하지 못하는 것이다"; "자연스럽게 느껴진다": Julian Barnes, "The Loss of Depth," in *Levels of Life* (New York: Vintage, 2013), 111.

p158 "그렇게 멀리 있을지라도": Denise Riley, "Time Lived, Without Its Flow" (2012), in *Say Something Back: Time Lived, Without Its Flow* (New York: New York Review Books, 2020), 69–124, 98.

p158 방해할 가능성이 있다는 점이다: 이 점에 대해서는 다음을 참고할 것. Scheffler, "Aging as a Normative Phenomenon," 514–18.

p158 "마음 붙일 수 있을까?": Denise Riley, "Time Lived, Without Its Flow," 100.

p158 "견딜 수 없을 만큼 커"; "이별을 원치 않았을 것이다": Denise Riley, "Time Lived, Without Its Flow," 121.

p159 '죽은' 부모와 더 다른 것은 없다": Palle Yourgrau, *Death and Nonexistence* (Oxford: Oxford University Press, 2019), 49.

p160 "다음 동작이다": C. S. Lewis, *A Grief Observed* (London: Faber and Faber, 1961), 50.

p160 즐거움과 위안을 느낀다: Bonanno, *Other Side of Sadness*, 72–74.

p161 "단절시키기 때문이다": Lewis, *A Grief Observed*, 54.

p161 "사랑의 관계의 공백": Barthes, *Mourning Diary*, 40.

p161 또 하나의 사실이 있다: 다시 다음을 참고할 것. LaBarge, "How (and Maybe Why) to Grieve Like an Ancient Philosopher."

p162 "우리에게 아무것도 아니다": Epicurus, "Letter to Menoeceus," *Epicurus: The Extant Remains*, trans. Cyril Bailey (Oxford: Oxford University Press, 1926), 82–93, 85.

p163 "찬란한 호기심": Barnes, "Loss of Depth," 85.

p163 슈퍼맨이 되고 싶은 한 친구: Kieran Setiya, *Midlife: A Philosophical Guide* (Princeton, NJ: Princeton University Press, 2017), 118–19.

p166 "어릴 적 내가 종종 했던 말": Ernaux, *I Remain in Darkness*, 19.

p166 "어머니가 살기를 바란다": Ernaux, *I Remain in Darkness*, 39.

p167 "억누를 수 없는 감정이 차오른다": Ernaux, *I Remain in Darkness*, 70.

p167 "슬픔을 가누지 못한다": Ernaux, *I Remain in Darkness*, 71.

p168 '정서적 회복력'이 있어서: Bonanno, *Other Side of Sadness*, 6–8, 70, 96; George A. Bonanno, Judith Tedlie Moskowitz, Anthony Papa, and Susan Folkman, "Resilience to Loss in Bereaved Spouses, Bereaved Parents, and Bereaved Gay Men," *Journal of Personal and Social Psychology* 88 (2005): 827–43.

p169 "스스로 좋아진다": Bonanno, *Other Side of Sadness*, 24.

p169 "덜 사랑했다는 뜻일까 [……]?": Barthes, *Mourning Diary*, 68.

p170 "마음 쓰지 않게 될 것만 같다": Berislav Marušić, "Do Reasons Expire? An Essay on Grief," *Philosophers' Imprint* 18 (2018): 1–21, 2–3. 다음도 참고할 것. Dan Moller, "Love and Death," *Journal of Philosophy* 104 (2007): 301–16.

p171 사랑도 마찬가지다: 사랑을 통한 고찰은 다음 문헌의 도움을 받았다. Patrick Quinn White, *Love First*, (PhD thesis, MIT, 2019), dspace.mit.edu/handle/1721.1/124091.

p172 이해할 수 없는 것처럼 보임을 의미한다: 다음을 참고할 것. Marušić, "Do Reasons Expire?" 17–18, 하지만 그는 타당한 것과 우리가 느껴야 할 이유가 있는 것을 동일시하는 데에 매달리면서 역설을 과장한다.

p173 상관관계가 있다: Bonanno, *Other Side of Sadness*, 75–76.

p174 서아프리카의 다호메이; 수리남의 사라마카 민족: Bonanno, *Other Side of Sadness*, 163–64.

p174 모형을 사용하여 장례를 치른다: Bonanno, *Other Side of Sadness*, 171–74.

p175 "공개적으로 망신을 당한다": David Konstan, *The Emotions of the Ancient Greeks*(Toronto: University of Toronto Press, 2006), 252.

p175 해소되지 않아서라고 추측한다: Konstan, *Emotions of the Ancient Greeks*, 247, 253.

p175 의례화되어 있었다: 이 문단은 다음 문헌의 도움을 받았다. Philippe Ariès, *Western Attitudes toward Death: From the Middle Ages to the Present* (Baltimore, MD: Johns Hopkins University Press, 1974).

p176 또 한 번의 변화가 있었는데: Geoffrey Gorer, *Death, Grief, and Mourning in Contemporary Britain* (New York: Doubleday, 1965).

p182 "흑백으로만 입어야 할까?": Lydia Davis, "How Shall I Mourn Them?," *The Collected Stories of Lydia Davis* (New York: Picador, 2009), 697–99.

p182 "품고 있을 수 있는 능력일까?": Barnes, "Loss of Depth," 125–26.

4. 실패

p187 쓸모가 많은 스포츠다: Kieran Setiya, "Going Deep: Baseball and Philosophy," *Public Books*, October 23, 2017, www.publicbooks.org/going-deep-baseball-and-philosophy.

p188 "그 자체일 것이다": James Richardson, *Vectors: Aphorisms & Ten-Second Essays* (Keene, NY: Ausable Press, 2001), 91.

p189 "배우기를 원하지도 않았던": Joe Moran, *If You Should Fail: A Book of Solace* (Lon- don: Viking, 2020), 148–49.

p190 사회적 실패에 관한 위대한 연구: Christopher Hill, *The Experience of Defeat* (London: Verso Books, 1984).

p192 매듭을 푼다: Joshua Prager, *The Echoing Green: The Untold Story of Bobby Thomson, Ralph Branca, and the Shot Heard Round the World* (New York: Vintage, 2006).

p193 "브랑카는 햄을 곁들여 먹었다": Prager, *Echoing Green*, 215.

p194 "따라잡은 것이었다": Prager, *Echoing Green*, 7, 11, 13.

p194 "우리 잘못이라는 믿음이다": Moran, *If You Should Fail*, 4.

p195 "우리 시대의 허상"이라고 표현했다: Galen Strawson, "A Fallacy of Our Age," *Things That Bother Me: Death, Freedom, the Self, Etc.* (New York: New York Review Books, 2018); 이 글은 스트로슨의 대표작 "Against Narrativity,"(Ratio 17 (2004): 428–52)보다 이해하기 쉽게 쓴 수정본이다.

p195 "이 서사가 곧 우리다": Oliver Sacks, *The Man Who Mistook His Wife for a Hat* (New York: Touchstone, 1985), 110.

p195 "자전적 서사가 된다": Jerome Bruner, "Life as Narrative," *Social Research* 54 (1987), 11–32, 15.

p196 철학계의 거물 올스타 팀: Alasdair MacIntyre, *After Virtue* (South Bend, IN: Notre Dame University Press, 1981); Daniel Dennett, "Why Everyone Is a Novelist," *Times Literary Supplement*, September 16, 1988; Charles Taylor, *The Sources of the Self* (Cambridge, MA: Harvard University Press, 1989); Paul Ricoeur, *Oneself as Another* (1990), trans. Kathleen Blamey (Chicago: University of Chicago Press, 1992).

p196 "이야기로 이해하는 것이다": Taylor, *Sources of the Self*, 47.

p196 "우리의 자서전이다": Dennett, "Why Everyone Is a Novelist."

p196 "서사라고 생각하지 않는다": G. Strawson, "A Fallacy of Our Age," 51.

p197 개념화한 것으로 유명하다: 다음을 참고할 것. P. F. Strawson, "Freedom and Resentment," *Proceedings of the British Academy* 48 (1962): 187–211; P. F. Strawson, *Individuals* (London: Routledge, 1959).

p197 완전히 사로잡혀 있었다: G. Strawson, "Introduction," *Things That Bother Me*, 13.

p198 스토르슨은 이를 동사로 사용한다: G. Strawson, "The Unstoried Life," Things *That Bother Me*, 178: "나는 모든 사람이 자기 자신을 이야기화한다고 생각하지 않으며, 그것이 언제나 좋은 것이라고 생각하

지도 않는다."

p199 **유명한 사람들을 언급하는데:** G. Strawson, "A Fallacy of Our Age," 50.

p199 **여기에 빌 비크도 추가할 수 있는데:** 다음을 참고할 것. Bill Veeck, with Ed Linn, *Veeck as in Wreck: The Autobiography of Bill Veeck* (New York: Putnam, 1962).

p199 **머독을 예로 들어보자:** 머독의 일대기에 관한 나의 설명은 다음 문헌에서 도움을 받았다. Peter J. Conradi, *Iris Murdoch: A Life* (New York: Norton, 2001).

p200 **나뿐만이 아니다:** Iris Murdoch, *Under the Net* (London: Chatto & Windus, 1954).

p200 **"셀 수 없이 많은 의도와 매력":** Iris Murdoch, "Literature and Philosophy: A Conversation with Bryan Magee," in *Existentialists and Mystics: Writings on Philosophy and Literature*, ed. Peter J. Conradi (London: Chatto & Windus, 1997), 4.

p201 **"외적 요인 그리고 위기":** Bruner, "Life as Narrative," 18. 브루너는 케네스 버크의 도움을 받았다. Kenneth Burke, *The Grammar of Motives* (New York: Prentice-Hall, 1945).

p201 **"강요받은 그 길이다"; "팽팽해지는 것"; "떠올리게 하지 않는가?":** Jane Alison, *Meander, Spiral, Explode* (New York: Catapult, 2019), 6.

p202 **잘게 나누어지기도 한다:** 다음을 참고할 것. Alison, *Meander, Spiral, Explode*, 21–23.

p202 **사무실로 돌아오는 과정을 그리는데:** Nicholson Baker, *The Mezzanine* (New York: Grove Press, 1988).

p203 **자아를 형성하는 방법이라는 주장:** 이 주장에 대해서는 다음을 참고할 것. Helena de Bres, "Narrative and Meaning in Life," *Journal of Moral Philosophy* 15 (2018): 545–71, 하지만 그녀는 다른 수단을 통해서도 이해할 수 있음을 인정한다. 끊임없이 정체성에 대한 주도권

을 가지려는 인간의 특성에 대해서는 다음도 참고할 것. Rahel Jaeggi, *Alienation*, trans. Frederick Neuhouser and Alan E. Smith, ed. Frederick Neuhouser (New York: Columbia University Press, 2014).

p205 "삶은 그냥 사는 것이다": Moran, *If You Should Fail*, 146.

p205 "잘못된 완전한 거짓!": Baker, *Mezzanine*, 120.

p206 집중하지 못하는 일이 없도록 해야 한다: 더 자세한 내용은 다음을 참고할 것. Kieran Setiya, *Midlife: A Philosophical Guide* (Princeton, NJ: Princeton University Press, 2017), Chapters 3 and 4.

p206 위기를 겪은 것도 그래서다: 특히 다음을 참고할 것. Setiya, *Midlife*, Chapter 6.

p207 《뉴욕 타임스》 칼럼을 썼다": Kieran Setiya, "The Problem of 'Living in the Present,'" *New York Times*, September 11, 2017.

p208 "좌절이 같게 하라": Bhagavad Gita, trans. Laurie L. Patton (London: Penguin, 2008), 29.

p209 어떤 과정을 거쳐 집필되었는가: 다음을 참고할 것. Gary Saul Morson, "Return to Process: The Unfolding of *The Idiot*," *New Literary History* 40 (2009): 843–65, 856; 해당 문단의 나머지 내용도 이 훌륭한 논문에서 도움을 받았다.

p209 "완벽하게 아름다운 인간": 다음에서 인용됨. Joseph Frank, *Dostoevsky: The Miraculous Years, 1865–1871* (Princeton, NJ: Princeton University Press, 1995), 271.

p210 "어려움을 느끼기 때문이다": Fyodor Dostoevsky, *The Idiot* (1869), trans. Richard Pevear and Larissa Volokhonsky (New York: Vintage, 2001), 572–73.

p211 소설을 쓰는 것이었다고 한다: 다음을 참고할 것. Morson, "Return to Process," 854.

p213 "그 자체에 있는 것이 아니라!": Dostoevsky, *The Idiot*, 394.

p213 "성취하려는 노력에 있다": Fyodor Dostoevsky, *A Writer's Diary: Volume One, 1873–1876*, trans. Kenneth Lantz (Evanston, IL: Northwestern University Press, 1993), 335.

p213 "완료하지 않았다"; "그 속성인 [……] 종류의 행위": Aristotle, *Metaphysics* (9.6, 1048b18–34), as translated in Aryeh Kosman, *The Activity of Being* (Cambridge, MA: Harvard University Press, 2013), 40.

p214 언어학의 용어를 빌리면: Bernard Comrie, *Aspect* (Cambridge: Cambridge University Press, 1976), §2.2.

p215 바가바드 기타가 말하는 것도 이와 비슷하다: Bhagavad Gita, 29.

p218 "이미 잘 산 것이다": Aristotle, *Metaphysics* (9.6, 1048b18–34), as translated in Kosman, *Activity of Being*, 40.

p219 "일하기를 기다릴 차례다": 다음에서 인용됨. John Gurney, *Gerrard Winstanley: The Digger's Life and Legacy* (London: Pluto Press, 2012), 73.

p219 "쓰라린 미몽에서 깨어난": Hill, *Experience of Defeat*, 39.

p219 민요를 통해 기념되었다: Leon Rosselson, "The World Turned Upside Down," *That's Not the Way It's Got to Be*, with Roy Bailey (Fuse Records, 1975).

p219 음악 리스트의 고정곡이었다: Billy Bragg, "The World Turned Upside Down," *Between the Wars* EP (Go! Records, 1985).

p220 「사랑의 블랙홀」이다: *Groundhog Day* (Columbia Pictures, 1993), directed by Harold Ramis, screenplay by Danny Rubin and Harold Ramis.

p223 34년이 조금 못 된다: 자세한 내용은 다음을 참고할 것. Simon Gallagher, "Just How Many Days Does Bill Murray REALLY Spend Stuck Reliving Groundhog Day," *WhatCulture*, February 2,

2011, whatculture.com/film/just-how-many-days-does-bill-murray-really-spend-stuck-reliving-groundhog-day.

p223 삶을 거듭하여 사는 것이다: 불교에 관한 나의 설명은 다음을 참고한 것이다. Donald S. Lopez, Jr.: *The Story of Buddhism: A Concise Guide to Its History and Teachings* (New York: HarperCollins, 2001) and *The Scientific Buddha: His Short and Happy Life* (New Haven, CT: Yale University Press, 2012).

p225 명상에 관해 논의했다: 다음을 참고할 것 Setiya, *Midlife*, 145–54. 이는 "무아(無我)"의 통찰을 위한 불교의 명상과 매우 다르다."

p225 중반까지 거슬러 올라간다: Scott A. Sandage, *Born Losers: A History of Failure in America* (Cambridge, MA: Harvard University Press, 2005), 11–12. 다음도 참고할 것. Moran, *If You Should Fail*, 26.

p226 "상품의 언어로 인격을 평가했다": Sandage, *Born Losers*, 103, 134.

p226 "버는 일에서도 마찬가지다": 다음에서 인용됨. Sandage, *Born Losers*, 74.

p226 "부의 복음": Sandage, *Born Losers*, 249.

p226 "자수성가한 인간"에서 이렇게 주장했다: Sandage, *Born Losers*, 222.

p227 "노력은 필수 불가결하다"; "재능을 갈고닦은 것이다": Frederick Douglass, "Self-Made Men" (1859), *The Speeches of Frederick Douglass* (New Haven, CT: Yale University Press, 2018), 424–25, 426.

p227 "쓰러지게 내버려 두라": Douglass, "Self-Made Men," 428–29.

p228 "몸살을 앓고 있다": 다음에서 인용됨. Sandage, *Born Losers*, 6.

p228 "절망사": Anne Case and Angus Deaton, *Deaths of Despair and the Future of Capitalism* (Princeton, NJ: Princeton University Press, 2020).

p229 "손을 씻어 버리면 그만이다": Ta-Nehisi Coates, *Between the World and Me* (New York: One World, 2015), 33.

p230 사회적 낭비의 문제를 외면한다: Michelle Alexander, *The New Jim*

Crow: Mass Incarceration in the Age of Colorblindness (New York: New Press, 2010).

p230 고용은 점점 양극화되어: 다음을 참고할 것. Arne L. Kalleberg, *Good Jobs, Bad Jobs: The Rise of Polarized and Precarious Employment Systems in the United States, 1970s to 2000s* (New York: Russell Sage Foundation, 2011), cited by Malcolm Harris in *Kids These Days: Human Capital and the Making of Millennials* (New York: Little, Brown, 2017), 67–68, 72–73.

p230 불평등은 급증했다: 다음을 참고할 것. Harris, *Kids These Days*, 20–24, 40–41, 75, 86.

p230 인적 자본에 투자하는 것: 역시 다음을 참고할 것. Harris, *Kids These Days*, 97–101.

p231 결정적인 기능을 한다: C. B. Macpherson, *The Political Theory of Possessive Individualism: Hobbes to Locke* (Oxford: Oxford University Press, 1962).

p231 공공의 선으로 탈바꿈했는지; 연대와 어떻게 상충하는지: 다음을 참고할 것. Max Weber, *The Protestant Ethic and the Spirit of Capitalism* (1905), trans. Talcott Parsons (London: Routledge, 1930); David Wootton, *Power, Pleasure, and Profit: Insatiable Appetites from Machiavelli to Madison* (Cambridge, MA: Harvard University Press, 2018); and Waheed Hussain, "Pitting People Against Each Other," *Philosophy and Public Affairs* 48 (2020): 79–113.

p117 "간청했거나 빚졌거나 훔쳤다": Douglass, "Self-Made Men," 419.

5. 불공정

p240 "몹시 병든 까닭이다": Theodor Adorno, *Minima Moralia: Reflections from Dam-aged Life* (1951), trans. E. F. N. Jephcott (London: Verso Books, 1974), §128.

p241 "왕국을 차지한다": Plato, Republic, trans. G. M. A. Grube and C. D. C. Reeve (1992), 359d–60a; in Plato, *Complete Works*, ed. John M. Cooper (Indianapolis: Hackett Publishing, 1997), 1000.

p242 "같은 길을 따라갈 것입니다": Plato, *Republic*, 360bc; Plato, *Complete Works*, 1001.

p242 냉소주의가 유일한 근거다: 진화 인류학자 마이클 토마셀로가 수집한 증거에 따르면, "대부분의 현대인들은 자신의 행동을 남에게 보이지 않게 해주는 [반지]가 있더라도 대개 여전히 도덕적으로 행동할 것이다." (*A Natural History of Human Morality* [Cambridge, MA: Harvard University Press, 2016], 160).

p243 "대항하여 싸우는 것이다"; "바로 그 동작이다": Ludwig Wittgenstein, *Philosophical Investigations*, trans. G. E. M. Anscombe (Oxford: Blackwell, 1953), 47, 103.

p245 배급 식량만 먹었다: 다음을 참고할 것. Palle Yourgrau, *Simone Weil* (London: Reaktion Books, 2011), 97, 101.

p245 "초콜릿을 끊었다": Yourgrau, *Simone Weil*, 16–17.

p245 가뜩이나 쇠약한 몸을 혹사했다: 다음을 참고할 것. Yourgrau, *Simone Weil*, 18, 41, 43, 50–54, 86–87.

p246 "숙제를 도와주었다": Yourgrau, *Simone Weil*, 86–87.

p246 "아름다운 방이군요": Yourgrau, *Simone Weil*, 104.

p247 "떼어놓는 행복을 모두 거부했다": Yourgrau, *Simone Weil*, 35.

p247 "치마를 입은 정언 명령": Yourgrau, *Simone Weil*, 26.

p247 "실현 불가능해 보일 수 있다": Simone Weil, *Seventy Letters: Some Hitherto Untranslated Texts from Published and Unpublished Sources*, trans. Richard Rees (Oxford: Oxford University Press, 1965), 146, letter to Maurice Schumann, July 30, 1942.

p247 그리스도 체험을 하게 된다: Yourgrau, *Simone Weil*, 64, 68.

p248 "아니었다는 것을 확신할 수 없다": Simone Weil, *Letter to a Priest*, trans. A. F. Wills (London: Routledge, 1953), 8.

p248 설립하는 일을 도왔다: Yourgrau, *Simone Weil*, 39.

p248 시위와 파업에 참여; 직접 만나 비판했다: Yourgrau, *Simone Weil*, 46, 49.

p248 반대하는 운동을 펼치기도 했다: Yourgrau, *Simone Weil*, 57.

p248 폭력의 기능에 대한 글: Yourgrau, *Simone Weil*, 50.

p249 "하나의 길이 될 수 있다": Simone Weil, "The Power of Words" (1937), in Simone Weil, *An Anthology*, ed. Siân Miles (London: Penguin, 2005), 228–58, 242.

p250 자유로울 수 없다고 주장한다: Immanuel Kant, *Groundwork of the Metaphysics of Morals* (1785), trans. Mary Gregor (Cambridge: Cambridge University Press, 1998).

p251 "느낌이 들기 때문이다": Simone Weil, "Essay on the Concept of Reading," (1941/1946), *Late Philosophical Writings*, trans. Eric O. Springsted and Lawrence E. Schmidt (South Bend, IN: University of Notre Dame Press, 2015), 21–28, 27.

p251 "우리가 그렇게 해석한 것": Weil, "Essay on the Concept of Reading," 22–23.

p252 이야기로 돌아가 보자: Herman Melville, *Bartleby the Scrivener* (Brooklyn: Melville House, 2004), originally published as "Bartleby, the Scrivener: A Story of Wall-Street," *Putnam's Monthly Magazine*, November–December 1853.

p252 해석하는 것만큼 위험한 일이다: 다음을 참고할 것. Leo Marx, "Melville's Parable of the Walls," *Sewanee Review* 61 (1953): 602–27; Robert D. Spector, "Melville's 'Bartleby' and the Absurd,"

Nineteenth-Century Fiction 16 (1961): 175–77; Kingsley Widmer, "The Negative Affirmation: Melville's 'Bartleby,'" *Modern Fiction Studies* 8 (1962): 276–86; Christopher W. Sten, "Bartleby the Transcendentalist: Melville's Dead Letter to Emerson," *Modern Language Quarterly* 35 (1974): 30–44; Louise K. Barnett, "Bartleby as Alienated Worker," *Studies in Short Fiction* 11 (1974): 379–85; Egbert S. Oliver, "A Second Look at 'Bartleby,'" *College English* 6 (1944–45): 431–39; Frederick Busch, "Thoreau and Melville as Cellmates," *Modern Fiction Studies* 23 (1977): 239–42; Michael Rogin, *Subversive Genealogy: The Politics and Art of Herman Melville* (New York: Knopf, 1985), 195.

p252 인간 복사기: Andrew Delbanco, *Melville: His World and Work* (New York: Knopf, 2005), 214.

p252 "그의 침묵을 앗아간다": Dan McCall, *The Silence of Bartleby* (Ithaca, NY: Cornell University Press, 1989), 98.

p253 "그것이 바틀비였다": Melville, *Bartleby*, 15.

p254 "[……] 평범한 복종": Melville, *Bartleby*, 29, 30, 33.

p254 묘사가 그렇다: Melville, *Bartleby*, 15, 17.

p254 "성가실 정도로 유치"; "유쾌하게 발랄하다": Iris Murdoch, *The Sovereignty of Good* (London: Routledge, 1970), 16–17.

p255 "특정한 도덕 원칙의 결과다": Murdoch, *Sovereignty*, 37.

p256 "대할 수 없게 된다": Murdoch, *Sovereignty*, 64.

p256 "유일한 이타주의 계산식이다": Kristen Monroe, *The Heart of Altruism: Perceptions of a Common Humanity* (Princeton, NJ: Princeton University Press, 1996), 212.

p256 "고통을 보면 달아난다": Simone Weil, *Waiting for God*, trans. Emma Craufurd (London: Routledge, 1951), 118.

p257 도덕적 감정임을 확인했다: J. David Velleman, "Love as a Moral Emotion," *Ethics* 109 (1999): 338–74. 다음도 참고할 것. Kieran Setiya, "Love and the Value of a Life," *Philosophical Review* 123 (2014): 251–80.

p258 "존재만이 완전히 실현된다": Simone Weil, *Gravity and Grace* (1947), trans. Emma Craufurd and Mario von der Ruhr (London: Routledge, 1952), 64.

p258 "사랑할 수 있게 되는 것이다": Weil, *Waiting for God*, 206.

p258 "어려운 사실을 깨닫는 것이다": Iris Murdoch, "The Sublime and the Good" (1959), *Existentialists and Mystics: Writings on Philosophy and Literature*, ed. Peter J. Conradi (London: Chatto & Windus, 1997), 205–20, 215.

p258 "비대하고 무자비한 자아": Murdoch, *Sovereignty*, 51.

p259 "환하게 밝히는 일이다": Iris Murdoch, "Vision and Choice in Morality" (1956), *Existentialists and Mystics*, 76–98, 90.

p260 존 롤스의 저작 속에서 살아남았다: 다음을 참고할 것. John Rawls, *A Theory of Justice* (Cambridge, MA: Harvard University Press, 1971).

p260 '이상론'으로 시작한다: 나의 해석은 대략 다음의 문헌을 따른 것이다. A. John Simmons, "Ideal and Nonideal Theory," *Philosophy and Public Affairs* 38 (2010): 5–36, and Ben Laurence, "Constructivism, Strict Compliance, and Realistic Utopianism," *Philosophy and Phenomenological Research* 97 (2018): 433–53.

p261 "현실적인 유토피아": John Rawls, The Law of Peoples, with "*The Idea of Public Reason Revisited*" (Cambridge, MA: Harvard University Press, 1999), 7, adapting Jean-Jacques Rousseau, *On the Social Contract* (1762), trans. Donald A. Cress (Indianapolis: Hackett Publishing, 1987).

p261 지향하라고 말한다: Simmons, "Ideal and Nonideal Theory," 21–22.

p261 과거와 현재를 보라: 이를테면 다음을 참고할 것. David I. Roediger, *How Race Survived U.S. History: From Settlement and Slavery to the Obama Phenomenon* (London: Verso Books, 2008).

p261 불공정을 감지할 수 있다: 이상론의 한계에 대해 알고 싶다면 다음을 참고할 것. Amartya Sen, "What Do We Want from a Theory of Justice," *Journal of Philosophy* 103 (2006): 215–38.

p262 억압의 구조를 제거한다: Charles Mills, "'Ideal Theory' as Ideology," *Hypatia* 20 (2005): 165–84.

p262 '비판 이론': 비판 이론의 역사에 대해서는 다음을 참고할 것. Stuart Jeffries, *Grand Hotel Abyss: The Lives of the Frankfurt School* (London: Verso Books, 2016).

p263 맺을지 알 수 없다는 것이다: 여기에서 인류학적 증거는 결정적이지는 않아도 시사하는 바가 있다. 다음을 참고할 것. James Suzman, *Work: A Deep History, from the Stone Age to the Age of Robots* (New York: Penguin Press, 2021); 이와 관련한 중요한 선구적 문헌은 다음과 같다. Marshall Sahlins, *Stone Age Economics* (London: Routledge, 1974).

p263 "해방된 사회"; "인간 가능성의 실현"; "난폭한 요구에만 다정함": Adorno, Minima *Moralia*, §100. 아도르노의 견해를 검토하는 데에 다음 문헌의 도움을 받았다. Fabian Freyenhagen, *Adorno's Practical Philosophy: Living Less Wrongly* (Cambridge: Cambridge University Press, 2013).

p264 "효과적인 이타주의": 다음을 참고할 것. William MacAskill, *Doing Good Better: Effective Altruism and a Radical New Way to Make a Difference* (London: Faber and Faber, 2015), and Peter Singer, *The Most Good You Can Do: How Effective Altruism Is Changing Ideas about Living Ethically* (New Haven, CT: Yale University Press, 2015).

p264 간과한다는 비판을 받아왔다: 다음을 참고할 것. Amia Srinivasan, "Stop the Robot Apocalypse," *London Review of Books*, September 24, 2015.

p265 "사회적 연결 모델": Iris Marion Young, *Responsibility for Justice* (Oxford: Oxford University Press, 2011).

p266 "과정에 원인을 제공하기 때문": Young, *Responsibility for Justice*, 105.

p267 엄청난 차이: Neil Bhutta, Andrew C. Chang, Lisa J. Dettling, and Joanne W. Hsu, with assistance from Julia Hewitt, "Disparities in Wealth by Race and Ethnicity in the 2019 Survey of Consumer Finances," September 28, 2020, www.federalreserve.gov/econres/notes/feds-notes/disparities-in-wealth-by-race-and- ethnicity-in-the-2019-survey-of-consumer-finances-20200928.htm.

p267 원주민에 대한 자료: Jay L. Zagorsky, "Native Americans' Wealth," in *Wealth Accumulation & Communities of Color in the United States: Current Issues*, eds. Jessica Gordon Nembhard and Ngina Chiteji (Ann Arbor: University of Michigan Press, 2006), 133–54, 140.

p268 "마비시키지 않게 하는 것이다": Adorno, *Minima Moralia*, §34.

p268 "과거를 좇는 일이 아니다"; "집단행동을 조직하는 것이다": Young, *Responsibility for Justice*, 112.

p268 "사람을 무력하게 만든다": Young, *Responsibility for Justice*, 123.

p269 "변화의 주체의 문제"를 따져 묻는다: Ben Laurence, "The Question of the Agent of Change," *Journal of Political Philosophy* 28 (2020): 355–77.

p270 영원히 잃게 된다; 엄청난 재앙이 닥칠 것이다; 못할 처지에 놓여 있다: Mark Lynas, *Our Final Warning: Six Degrees of Climate Emergency* (London: Fourth Estate, 2000), 76, 92–93, 96–97.

p271 15퍼센트를 차지한다; 12퍼센트에 달한다: 다음을 참고할 것. Climate

Watch, "Historical GHG Emissions," www.climatewatchdata.org./ghg-emissions?source=CAIT.

p271 20분의 1 수준이다: Lynas, *Our Final Warning*, 91.

p272 탄소 발자국을 계산했다: 다음을 참고할 것. David Chandler, "Leaving Our Mark," MIT News, April 16, 2008, news.mit.edu/2008/footprint-tt0416.

p272 장려한 것은 우연이 아니다: 다음을 참고할 것. Geoffrey Supran and Naomi Oreskes, "Rhetoric and Frame Analysis of ExxonMobil's Climate Change Communications," *One Earth* 4 (2021): 696–719, 712.

p272 둘러쳐져 있는 것이 보였다: 자세한 내용은 해당 단체(Fossil Free MIT)가 배포한 보도 자료를 참고할 것. "Four-Mile 'Global Warming Flood Level' Demonstration Makes Waves Across MIT Campus," April 29, 2014, www.fossilfreemit.org/wp-content/uploads/2014/05/MIT- Press-Advisory-Fossil-Free-MIT-Climate-Change-Demonstration.pdf.

p273 '기후변화 대담': "Report of the MIT Climate Change Conversation Committee: MIT and the Climate Challenge," June 2015, sustainability.mit.edu/sites/default/files/resources/2018-09/mit_climate_change_conversation_report_2015_0.pdf.

p274 사상 첫 '기후변화 행동 계획': "A Plan for Action on Climate Change," October 21, 2015, web.mit.edu/climateaction/ClimateChangeStatement-2015Oct21.pdf.

p274 기부자 중 하나였다: "David H. Koch, Prominent Supporter of Cancer Research at MIT, Dies at 79," MIT News, August 23, 2019, news.mit.edu/2019/david-koch-prominent-supporter-cancer-research-mit-dies-79-0823.

p274 조직하는 것을 돕고; 더 많은 것을 요구했다: "A Response to President

Reif's Announced 'Plan for Action on Climate Change,'" November 3, 2015, web.mit.edu/fnl/volume/282/climate.html; Zahra Hirji, "MIT Won't Divest, but Students End Protest After Compromise," March 3, 2016, insideclimatenews.org/news/03032016/mit-not-divest-students-sit-in-fossil-fuel-investment-climate-policy.

p276 "세계를 변혁하는 것이다": Karl Marx, "Theses on Feuerbach" (1845), in *Karl Marx: Selected Writings*, ed. David McLellan (Oxford: Oxford University Press, 2000), 171–74, 173.

p277 "고통받고 있을 때 더욱 그렇다": Laurence, "The Question of the Agent of Change," 376.

p277 무역상의 아들로 태어났다: Stefan Müller-Doohm, *Adorno: A Biography* (2003), trans. Rodney Livingstone (Cambridge: Polity, 2005), 13–16.

p277 연주할 수 있었고; 작곡을 배우기도 했다: Müller-Doohm, *Adorno*, 28, 98.

p277 라일과 함께 수학했다; 출간한 곳도 옥스퍼드다: Müller-Doohm, *Adorno*, 178, 199.

p278 "태평양의 바이마르": 다음을 참고할 것. Jeffries, *Grand Hotel Abyss*, 224.

p278 "선물하는 법을 잊어버리고 있다": Adorno, *Minima Moralia*, §21.

p279 "부속물로서 질질 끌려다닌다": Adorno, *Minima Moralia*, Dedication.

p280 은둔적 행위를 경멸했다: György Lukács, *The Theory of the Novel* (1920), trans. Anna Bostock (Cambridge, MA: MIT Press, 1971), 22.

p280 학생들을 체포하게 했다; "튤립 꽃잎을 뿌리면서": Jeffries, *Grand Hotel Abyss*, 345, 347.

p281 "똑같다는 식으로 말했다": 다음에서 인용됨. Jeffries, *Grand Hotel*

Abyss, 321.

p281 수배 대상 1순위: 다음을 참고할 것. Jeffries, *Grand Hotel Abysss*, 321.

p281 대신할 수 있다고 굳게 믿었다: 이 부분에 관한 아도르노 비평은 다음을 참고할 것. Gillian Rose, *The Melancholy Science: An Introduction to the Thought of Theodor W. Adorno* (London: Verso Books, 1978), Chapter 7.

p281 "올바르게 살 수 없다": Adorno, *Minima Moralia*, §18.

p282 난해한 문제가 있다: 다음을 참고할 것. Laurence, "The Question of the Agent of Change," 371–73.

p284 "삶에 대한 권리가 있다": Richard Hugo, *The Triggering Town: Lectures and Essays on Poetry and Writing* (New York: Norton, 1979), 65.

p285 "실존적 가치"라고 일컫는다: 다음을 참고할 것. Kieran Setiya, *Midlife: A Philosophical Guide* (Princeton, NJ: Princeton University Press, 2017), Chapter 2.

p285 평범한 활동들도 그렇다: Zena Hitz, "Why Intellectual Work Matters," *Modern Age* 61 (2017): 28–37.

p286 "굶주려 본 적이 없는 건 분명하군요": 이 일화는 다음에 상술되어 있다. Yourgrau, *Simone Weil*, 40.

6. 부조리

p291 장 폴 사르트르의 "구토": Jean-Paul Sartre, *Nausea* (1938), trans. Lloyd Alexander (New York: New Directions, 2007).

p291 "의미를 처음 깨달았다"; "땅속으로 가라앉았다": Sartre, *Nausea*, 127, 133.

p292 "무(無)가 아니라 유(有)인가?": Gottfried Wilhelm Leibniz,

"Principles of Nature and of Grace, Based on Reason" (1714), *Philosophical Essays*, trans./ eds. Roger Ariew and Daniel Garber (Indianapolis: Hackett Publishing, 1989), 206–12, 210.

p292 "여전히 투덜거릴걸세!": 다음에서 인용됨. Robert M. Martin, *There Are Two Errors in the the Title of This Book*: A Sourcebook of Philosophical Puzzles, Problems, and Paradoxes* (Peterborough, ON: Broadview Press, 2012), 29.

p292 묻지 못하는 것은 아니다: 정답을 구하려는 시도를 탐구하는 즐거움을 느껴보고 싶다면, 다음을 참고할 것. Jim Holt, *Why Does the World Exist?: An Existential Detective Story* (New York: Liveright Publishing, 2012).

p295 성공적으로 참여하는 것이다: Susan Wolf, *Meaning in Life and Why It Matters* (Princeton, NJ: Princeton University Press, 2012).

p296 "욕구가 없었으니까요": Leo Tolstoy, "A Confession" (1882), *A Confession and Other Religious Writings*, trans. Jane Kentish (London: Penguin, 1987), 17–80, 30.

p298 은하계 컴퓨터의 일부다: Douglas Adams, *The Ultimate Hitchhiker's Guide to the Galaxy* (New York: Del Rey, 2002).

p299 "의미를 부여하는 것은 아니다"; "다르다는 것을 인정한다"; "하지 않는 것과 같아야 한다": Thomas Nagel, "The Absurd," *Journal of Philosophy* 68 (1971): 716–27, 721.

p300 "지성의 현혹"을 떠올려보자: Ludwig Wittgenstein, *Philosophical Investigations*, trans. G. E. M. Anscombe (Oxford: Blackwell, 1953), 47.

p301 입을 통해 처음 등장한다: Thomas Carlyle, Sartor Resartus (1833–1834), ed. Kerry McSweeney and Peter Sabor (Oxford: Oxford University Press, 1987), 140.

p301 "정수는 이 '의상 철학'에 있다": Carlyle, *Sartor Resartus*, 57–58.

p301 "나의 사지를 찢어놓았다": Carlyle, *Sartor Resartus*, 127.

p302 절박한 문제가 된다: Søren Kierkegaard, *Either/Or: A Fragment of Life* (1843), trans. Alastair Hannay and ed. Victor Eremita (London: Penguin, 1992).

p303 설명과 정서를 결합한다: 이 해석 방식은 한때 문학 연구에서 지배적이었던 "의심의 해석학" 및 "징후적 독법"과 대조를 이룬다. 다음을 참고할 것. Rita Felski, *The Limits of Critique* (Chicago: University of Chicago Press, 2015).

p303 "인간의 총체적 반응이다"; "궁금증에 가닿아야 한다": William James, *The Varieties of Religious Experience* (1902), ed. Matthew Bradley (Oxford: Oxford University Press, 2012), 35.

p304 "종교가 암시되어 있다": Albert Einstein, *The World As I See It* (1934), trans. Alan Harris (London: Bodley Head, 1935), 1.

p307 "무엇이든, 옳다."라는 것이다: Alexander Pope, *An Essay on Man* (1734), ed. Tom Jones (Princeton, NJ: Princeton University Press, 2018), 26–27.

p307 교의에서 분리했다: Susan Neiman, *Evil in Modern Thought: An Alternative History of Philosophy* (Princeton, NJ: Princeton University Press, 2002).

p307 최선의 것이라고 주장했다: Gottfried Wilhelm Leibniz, *Theodicy: Essays on the Goodness of God, the Freedom of Man, and the Origin of Evil* (1710), trans. E. M. Huggard (New Haven, CT: Yale University Press, 1952).

p308 고칠 수 있다고 주장했다: 다음을 참고할 것. Neiman, *Evil in Modern Thought*, 37, 49–53.

p308 "모습으로 존재한다는 사실": G. W. F. Hegel, *Introduction to the Philosophy of History*(1837), trans. Leo Rauch (Indianapolis:

Hackett Publishing, 1988), 39.

p308 "우주를 받아들인다": James, *Varieties of Religious Experience*, 39.

p309 "추론할 수 있는 관계성이 없다": James, *Varieties of Religious Experience*, 120.

p310 간염으로 죽은 천재다: 램지의 훌륭한 전기를 원한다면 다음을 참고할 것. Cheryl Misak, *Frank Ramsey: A Sheer Excess of Powers* (Oxford: Oxford University Press, 2020).

p310 "여기지 않는다는 점이다": F. P. Ramsey, "Epilogue," *Philosophical Papers*, ed. D. H. Mellor (Cambridge: Cambridge University Press, 1990), 245–50, 249.

p311 "더 도움이 되기 때문이다": Ramsey, "Epilogue," 249–50.

p312 "대립에서 생겨난다": Albert Camus, *The Myth of Sisyphus* (1942), trans. Justin O'Brien (New York: Vintage, 1955), 28.

p312 인류는 불임이 되었다: P. D. James, *Children of Men* (New York: Vintage, 1992); 「칠드런 오브 맨」, 알폰소 쿠아론 연출 및 공동 각본 (유니버설 픽처스, 2006).

p313 "이기지 못하고 무너졌다"; "방벽처럼 느껴진다": James, *Children of Men*, 9.

p314 "미래 세대의 말살"; "냉혹하리만큼 분명해질 것이다": Jonathan Schell, *The Fate of the Earth* (New York: Knopf, 1982), 115, 169.

p314 철학 연구에 이용했다: Samuel Scheffler, *Death and the Afterlife*, ed. Niko Kolodny (Oxford: Oxford University Press, 2013).

p315 "될 가능성이 충분하다": Scheffler, *Death and the Afterlife*, 40.

p315 "집단적 후생(後生)": Scheffler, *Death and the Afterlife*, 64.

p316 "고통과 분간되지 않는다": James, *Children of Men*, 9; see Scheffler, *Death and the Afterlife*, 43.

p317 "앨비 싱어 문제": Scheffler, *Death and the Afterlife*, 62–64, 188–90;

「애니 홀」, 우디 앨런 연출 (유나이티드 아티스츠, 1977).

p318 **인류 멸종을 옹호해왔다**: Alan Weisman, *The World Without Us* (New York: St. Martin's Press, 2007), 241–44. 분명히 밝혀두지만, 나는 이 견해에 대해 회의적이다. 플라톤의 '형상 이론'에서든 칸트의 '순수 이성론'에서든 인간 외의 윤리학적 근거는 없다. 그래서 인간에 근거한 윤리는 인간 중심적일 수밖에 없다. 이것이 부모가 되는 일에 어떤 의미인지 알고 싶다면 다음을 참고할 것. Kieran Setiya, "Creation: Pro(-) and Con," *Hedgehog Review* 23 (2021): 103–8.

p320 **과학자들이 이야기하는 "생태 슬픔"**: Ashlee Cunsolo and Neville R. Ellis, "Ecological Grief as Mental Health Response to Climate Change-Related Loss," *Nature Climate Change* 8 (2018): 275–81.

p320 **책무가 있기 때문이다**: 인구 윤리학에서 이 관념을 어떻게 설명하는지 알고 싶다면 다음을 참고할 것. Jonathan Bennett, "On Maximizing Happiness," *Obligations to Future Generations*, eds. R. I. Sikora and Brian Barry (Philadelphia: Temple University Press, 1978), 61–73.

p323 **해결책을 절실히 필요로 한다**: John Bowker, *The Meanings of Death* (Cam-bridge: Cambridge University Press, 1991).

p324 **지적 과정이라고 보았고**: 다음을 참고할 것. G. W. F. Hegel, *Lectures on the Philosophy of World History* (1857), trans. H. B. Nisbet (Cambridge: Cambridge University Press, 1975).

p324 **"능력에 따른 노동, 필요에 따른 분배"**: Karl Marx, "Critique of the Gotha Programme" (1875), in *Karl Marx: Selected Writings*, ed. David McLellan (Oxford: Oxford University Press, 2000), 610–16, 615.

p326 **「역사의 개념에 대하여」라는 논고**: 다음의 제목으로 발표됨. "Theses on the Philosophy of History" (1940), in Walter Benjamin, *Illuminations: Essays and Reflections*, trans. Harry Zohn and ed. Hannah Arendt (New York: Schocken Books, 1969), 253–64.

p326 "복원하고 싶어한다"; "천사를 미래로 날려 보내": Benjamin, "Theses on the Philosophy of History," 257, 257–58.

p327 "작동시키려는 시도와 같다": 다음에서 인용됨. Michael Löwy, *Fire Alarm: Reading Walter Benjamin's 'On the Concept of History'*, trans. Chris Turner (London: Verso Books, 2005), 66–67.

7. 희망

p333 "플라톤이 말한 인간이 있소!": Diogenes Laertius, *Lives of the Eminent Philosophers*, trans. Pamela Mensch and ed. James Miller (Oxford: Oxford University Press, 2018), 279.

p333 시간 낭비: Diogenes the Cynic, *Sayings and Anecdotes*, trans. Robin Hard (Oxford: Oxford University Press, 2012), 32.

p333 세계 시민: Diogenes Laertius, *Lives of the Eminent Philosophers*, 288. 이 상투적인 말의 해석에 대해서는 다음을 참고할 것. John L. Moles, "Cynic Cosmopolitanism," *The Cynics*, ed. R. Bracht Branham and Marie-Odile Goulet- Cazé (Berkeley: University of California Press, 1996), 105–20.

p333 "'희망'이라고 답했다": Diogenes, *Sayings and Anecdotes*, 68.

p335 "희망은 그다지 좋은 게 아니다": Hesiod, *Works and Days*, trans./ed. A. E. Stallings (London: Penguin, 2018), 21–22, lines 498–501.

p335 이해할 수 없는 것처럼 보인다: 이후 다르게 쓰인 버전에서도 나타나는 이 신화의 불명확성에 대해 알고 싶다면, 다음을 참고할 것. Dora and Erwin Panofsky, *Pandora's Box: The Changing Aspects of a Mythical Symbol* (Princeton, NJ: Princeton University Press, 1962).

p337 폭넓은 합의가 형성되었다: 희망의 본질에 관한 나의 설명은 다음 문헌의 도움을 받았다. Luc Bovens, "The Value of Hope," *Philosophy and Phenomenological Research* 59 (1999): 667–81; Sarah Buss, "The Irrationality of Unhappiness and the Paradox of Despair," *Journal of Philosophy* 101 (2004): 167–96; Victoria McGeer, "The Art of Good Hope," *Annals of the American Academy of Political and Social Science* 592 (2004): 100–27; Ariel Meirav, "The Nature of Hope," Ratio 22 (2009): 216–33; and Adrienne M. Martin, *How We Hope: A Moral Psychology* (Princeton, NJ: Princeton University Press, 2013).

p337 달려 있지 않다고 생각하는 것이다: 이 점은 다음 문헌에서 강조되어 있다. McGeer, "The Art of Good Hope," 103, and Meirav, "The Nature of Hope," 228–29.

p337 "가능한 것에 대한 열정": Søren Kierkegaard, *Fear and Trembling: A Dialectical Lyric* (1843), trans. Robert Payne (University Park: Penn State University Press, 1939), 37.

p339 "복권이 아니다"; "희망 없이는 불가능하다": Rebecca Solnit, *Hope in the Dark: Untold Histories, Wild Possibilities* (Chicago: Haymarket Books, 2004; third edition, 2016), 4.

p341 "집단행동에 대한 희망과 영감": 다음에서 인용됨. Solnit, *Hope in the Dark*, xiv.

p342 "두려움을 갖기를 바라요": Greta Thunberg, "Our House Is On Fire," *No One Is Too Small to Make a Difference* (London: Penguin, 2019), 24.

p343 "성마른 열정": Aquinas, *Summa Theologica*, II-I, q. 40; II-II, qq. 17–22.

p344 "적절한 방식으로": Aristotle, *Nicomachean Ethics*, trans. David Ross and ed. Lesley Brown (Oxford: Oxford University Press, 2009), 1106b20–23.

p344 덕성으로 인식하지는 않았지만: 다음을 참고할 것. G. Scott Gravlee,

"Aristotle on Hope," *Journal of the History of Philosophy* 38 (2000): 461–77.

p346 "역사의 천사"에 대항하여; "대안적 역사의 천사": Walter Benjamin, "Theses on the Philosophy of History" (1940), *Illuminations: Essays and Reflections*, trans. Harry Zohn and ed. Hannah Arendt (New York: Schocken Books, 1969), 253–64, 257; Solnit, *Hope in the Dark*, 71–72.

p347 영원히 사는 것을 꿈꾼다: 이에 대한 자세한 설명을 원한다면, 다음을 참고할 것. Mark O'Connell, *To Be a Machine: Adventures among Cyborgs, Utopians, Hackers, and the Futurists Solving the Modest Problem of Death* (New York: Anchor Books, 2017).

p347 실패할 수밖에 없다: 이 주장은 다음에 근거한다. "Branch-Line case" in Derek Parfit's *Reasons and Persons* (Oxford: Oxford University Press, 1984), Part Three. 단, 그가 내린 결론은 더 복잡하다.

p348 프란츠 카프카의 말을 다른 말로 하면: 다음을 참고할 것. Max Brod, *Franz Kafka: A Biography* (Boston: Da Capo Press, 1960), 75: "Plenty of hope—for God—no end of hope—only not for us."

p349 "최악이 아니다": William Shakespeare, *King Lear* (1606), ed. R. A. Foakes (London: Arden, 1997), 305.

p350 "[……] 극단적인 희망": Jonathan Lear, *Radical Hope: Ethics in the Face of Cultural Devastation* (Cambridge, MA: Harvard University Press, 2006), 103.

p350 "어둠이었던 영역을 환하게 밝히기": Iris Murdoch, "Vision and Choice in Morality" (1956), *Existentialists and Mystics: Writings on Philosophy and Literature*, ed. Peter J. Conradi (London: Chatto & Windus, 1997), 76–98, 90.

p350 "긴장이 계속되는" 서사가 아니다: Jane Alison, *Meander, Spiral,*

Explode (New York: Catapult, 2019), 6.

p351 "버린 사람이 바로 나요": Seamus Heaney, *The Cure at Troy: A Version of Sophocles' Philoctetes* (London: Faber and Faber, 1991), 3.

p352 "상처 외엔 아무것도 없었단다": Heaney, *The Cure at Troy*, 18.

p352 "이 모든 것은 현실이 될 것입니다": Heaney, *The Cure at Troy*, 73.

p353 "희망과 역사가 운(韻)이 맞는다": Heaney, *The Cure at Troy*, 77.

이미지 크레딧

p16-17	Patrick Hendry @unsplash
p40-41	Andrey Grinkevich @unsplash
p92-93	Cassidy Towers @unsplash
p136-137	Christian Keybets @unsplash
p184-185	Todd Trapani @unsplash
p236-237	Michael Held @unsplash
p288-289	K. Mitch Hodge @unsplash
p330-331	Masha Kotliarenko @unsplash

옮긴이 연아람

한국외국어대학교 영어교육학과를 졸업한 후 서강대학교에서 국제관계학을, 영국 런던정치경제대학(LSE)에서 인권학을 공부하고 이주 정책 및 청소년 교육 관련 공공기관에서 근무했다. 한국외국어대학교 통번역대학원에서 번역 전공으로 석사학위를 받았으며 영미권 도서를 우리말로 옮기는 작업에 매진하고 있다. 옮긴 책으로 『죽음은 최소한으로 생각하라』, 『음식 중독』, 『생명 가격표』, 『주소 이야기』가 있다.

Life is Hard 라이프 이즈 하드

1판 1쇄 펴냄 2024년 1월 2일
1판 2쇄 펴냄 2024년 5월 28일

지은이 키어런 세티야
옮긴이 연아람

발행인 박근섭 박상준
펴낸곳 (주)민음사

출판등록 1966. 5. 19. 제16-490호
주소 서울시 강남구 도산대로 1길 62(신사동)
강남출판문화센터 5층 (우편번호 06027)

대표전화 02-515-2000
팩시밀리 02-515-2007
홈페이지 www.minumsa.com

ISBN 978-89-374-5613-8 03100
잘못 만들어진 책은 구입처에서 교환해 드립니다.